本书为 2016 年度江西省社科规划基金项目"矿业用地取得的地役权模式研究"（项目编号：16FX04）的阶段性成果。同时，本书受东华理工大学学术专著出版基金资助。

Study on the
Legal System of
Mining Land Acquisition

采矿用地取得
法律制度研究

黄胜开 ◎ 著

中国社会科学出版社

图书在版编目(CIP)数据

采矿用地取得法律制度研究 / 黄胜开著 . —北京：中国社会科学
出版社，2017.11
ISBN 978-7-5203-1469-5

Ⅰ.①采… Ⅱ.①黄… Ⅲ.①矿山开采-工业用地-法律-研究-
中国 Ⅳ.①D922.624

中国版本图书馆 CIP 数据核字(2017)第 279263 号

出 版 人	赵剑英
责任编辑	任　明
责任校对	王　龙
责任印制	李寡寡

出　　版	中国社会科学出版社
社　　址	北京鼓楼西大街甲 158 号
邮　　编	100720
网　　址	http：//www.csspw.cn
发 行 部	010-84083685
门 市 部	010-84029450
经　　销	新华书店及其他书店

印刷装订	北京君升印刷有限公司
版　　次	2017 年 11 月第 1 版
印　　次	2017 年 11 月第 1 次印刷

开　　本	710×1000　1/16
印　　张	16.75
插　　页	2
字　　数	262 千字
定　　价	68.00 元

序　言

任何矿产资源的利用都离不开土地。我国长期实行的在矿业权只由国家行使、土地使用权禁止流转的制度基础上推动的资源市场配置模式改革，虽然使土地权与矿业权分别成为两种独立物权，但由于两种权利在设置、取得模式以及取得程序等方面的缺陷，特别是土地有偿使用制度的完善，使矿业权陷入越来越尴尬的境地：要么采矿权的行使可能侵害相关土地的权利，要么因不能有效获得采矿用地而使通过市场高价拍得的采矿权在其有效期限内归于无形。总之，目前"地、矿权利"冲突，已成为矿业用地领域矛盾的焦点。

矿业用地取得制度涉及复杂的物权理论。如采矿用地的法律性质，采矿权面对土地权利冲突是否具有优先行使权，矿业权出让人有无保障矿业权人依法行使矿业权的法定义务等，无论是理论研究或者现行立法，都没有解决这些问题的合理方案。对于域外经验借鉴，虽然大陆法系和英美法系的不同立法模式都产生了良好的实践效果。但其法律制度都建立在土地私有制基础之上，与我国法治基础存在明显差异，如何将外国制度经验与我国土地公有制基础的土地物权法体系融合，也是一项重大理论课题。

在研究方法上，本书以法学物权理论以及制度经济学相关理论为分析工具，遵循"概念厘定→制度反思→理论探究→经验借鉴→制度重塑"的研究思路，以规范分析为主导研究方法，对我国以及西方国家采矿用地制度进行梳理、比较与分析，目的在于试探着对我国采矿用地取得的法权模式进行重构。值得充分肯定的是，本书作者深入我国首个采矿用地试点——广西平果铝土矿区，分析了我国当前采矿用地试点实际运作中的问题，并提炼出具有普遍推广意义的制度方案。

在研究视角上，本书试图从公私法相融合的视角探讨采矿用地取得的新模式，从而抛弃了传统的单纯公法视角的理论研究路线，以产权确认与保护的新视角来考虑问题，提出了建构采矿用地法定地役权的新模式。采矿用地法定地役权兼具公权与私权的双重法律属性，不仅能够有效促成公益用地目标的达成，而且具有"简化用地程序、节约交易成本"的制度优势，从而扩展了我国采矿用地制度的新模式。

在研究内容上，本书作者认为，在市场经济模式下，我国应将传统的行政配置采矿用地模式转换为政府宏观调控下的市场配置土地模式，即根据市场竞争关系由当事人协商确定具体的采矿用地模式，可以采用协议出让、转让、地役权、租赁、股份合作等方式。市场机制配置矿业土地资源，一方面有利于资源配置效率的提高；另一方面通过市场主体间的充分协商，维护了土地权利人的利益，有助于社会利益关系的平衡。但是，基于采矿用地特殊的自然属性和社会属性，我们在赋予市场机制配置采矿用地基础地位的同时，还应该赋予采矿用地的优先法律地位。针对采矿用地的合理需求，在无法通过市场进行用地供应时，可以以国家强制力为保障强制取得采矿用地。换言之，须通过行政权力对土地物权人的物权行使进行干预或限制，其干预的强度根据矿业用地范围、利用方式、利用强度而有所区别。对于长期整体性用地，且用地后难以恢复原土地用途的，应采用征收的方式；对于短期性用地，且可以恢复原用途的，宜采用临时性用地解决；对于部分用地，且对原土地权利人权利影响较小的，可以采用法定地役权的模式。采矿用地即使必须采用强制用地方式，也应首先采用设权式模式，次选权属转移模式，以此降低供地成本，提高用地效率。强制性用地方式由政府进行主导，用地双方地位并不平等，容易导致原土地权利人受损，因此，强制性用地方式应充分保障土地私权，引入私法调整机制，前置用地协商程序，规范用地程序，提供公正补偿。通过国家强制方式取得采矿用地，目标在于弥补土地市场失灵情形下能够保障矿业权有效行使，实现社会利益的协调与平衡。无论是土地征收或者法定地役权，都应该给予原土地权利人公正的补偿。由于通过国家行政权力干预土地资源配置过程容易导致价格机制失灵，市场配置机制扭曲，降低土地资源配置的效率，因此，行政干预应在穷尽市场机制之后才能实施。

青年学者黄胜开副教授是我指导的研究生，在其博士论文选题时，我鼓励他确定这一既有现实意义和理论研究价值，也有一定挑战性的问题作为博士论文选题。经过三年的资料收集、调查研究以及艰辛写作，终于完成了博士论文，并顺利通过论文答辩。以博士论文为基础进一步修改完善，最终成书出版，也算是对这一人生阶段研究经历的记载。当然，我国矿业用地制度改革是个系统工程，所涉及的现实问题，远非单纯的采矿用地取得制度能够解决。因此，对这一问题的研究范围还有待拓展，资料的收集分析有待进一步充实，实证考察研究还需要增加更多的样本，提出的一些观点还有待社会实践验证。总之，殷切期望黄胜开博士能够在该学术领域精耕细作。

刘 俊

2017 年 7 月 重庆

内容摘要

矿产资源赋存于地表或者地下，采矿活动离不开对土地的占有和使用，采矿权必然与土地物权发生联系。目前我国采矿用地主要来源于农村集体土地，然而，由于我国现行制度中采矿权与集体土地物权在权利设置、取得模式以及取得程序等方面存在缺陷，导致采矿权行使与集体土地物权发生冲突，采矿权陷入尴尬的困境，即：或者采矿权的行使必然侵害土地上原有的权利，或者因不能有效获得采矿用地而使采矿权陷入尴尬，以至于矿产资源因无法开采而成为无法取用的"呆矿"。随着国民经济的快速发展，我国采矿用地数量不断增加，使得矿产开发利用中的地矿权利冲突变得愈加激化，矿业开发领域的采矿权与土地权利的协调发展已经成为我们时代无法回避的重大社会课题。本书主要以法学物权理论以及制度经济学理论为分析工具，遵循"概念厘定—制度反思—理论探究—经验借鉴—制度重塑"的研究思路，对我国采矿用地取得的法权模式、具体制度以及相关配套制度展开系统研究。

第一章：采矿用地取得制度基本概述

本章主要对我国采矿用地取得制度的基本概念和法律关系进行阐述与辨析，即通过对采矿用地概念、特征、类型，采矿用地使用权内涵、法律属性、法律特征的理论研究，以及对我国集体土地上矿产资源开采所涉及的采矿权与土地物权之间关系的梳理，为本书的展开提供逻辑的起点，以及框定本书发生作用所特有的场域和逻辑边界。

第二章：采矿用地取得制度改革的必要性

本章主要对我国采矿用地取得制度的生成进路，现有用地制度的特征及其所面临的逻辑与实践困境进行详细阐述，意图论证我国市场经济体制下采矿用地取得制度亟待改革的必要性。由于采矿权客体与土地权客体上下相邻或者相互包容，矿业开采不可避免要对地表土地进行占有和利用，这样，当矿业权与土地产权分属不同社会主体时，必然发生采矿权与土地物权的潜在冲突。同时，基于采矿用地的先定性和不可替换性的自然属性，市场机制在采矿用地领域往往失灵，国家必须通过行政权力对采矿用地市场进行干预。在计划经济时代，包括土地在内的所有社会资源统一由国家行政权力配置，且由于当时农村集体土地不具有财产属性，在此社会背景下，国家通过征收方式取得采矿用地无疑具有合理性。另外，计划经济体制下采矿权基本为国有企业所垄断，国有矿业企业本身就代表国家利益，矿业企业通过征收方式直接取得集体土地使用权也具有法律上的正当性。但是，随着我国转型为市场经济体制，我国资源配置方式发生了重大改变，即由计划配置逐步转向市场配置。同时，随着我国采矿权市场化改革的深化，大量私有资本介入矿业开发，采矿用地公益属性逐步淡化和消弭，采矿用地征收不再具有法律上的正当性。还有，随着我国农村土地产权制度改革深化，农村土地财产属性逐步凸显，农民土地权利意识逐步加强，开始"为权利而斗争"，在此背景下继续通过征收模式取得采矿用地，必然会遭受农民集体的阻滞与抗争，引发大量的社会矛盾。另外，由于我国现行物权制度中采矿权与土地物权在权利设置、取得方式、取得程序等方面存在制度缺陷，不仅矿业企业用地困难，采矿权难以得到实现，而且也严重损害了农民集体的土地权益，导致土地隐形市场泛滥，土地管制秩序受到严重破坏。因此，目前行政化采矿用地制度模式亟待变革。

第三章：域外采矿用地取得制度的考察与启示

本章主要对域外采矿用地取得制度进行比较分析，意图为我国采矿用地制度改革提供可资借鉴的样本经验。通过比较分析国际上代表性国家和地区的采矿用地取得制度可以发现，对于采矿权与土地物权关系的处理，基于各国社会发展阶段的不同，其对土地是否用于采矿用地的价值考量也不一样。发展中国家一般比较重视土地的经济价值，倾向于将土地用于矿业用途，因而通常在实体法上直接赋予采矿用地优先地位，采矿权优先于土地上其他权利；而发达国家一般重视土地的综合价值，因此，在处理采矿权与土地权利关系时，注重土地经济价值与其他价值的协调与平衡，一般通过平等协商机制解决土地利用的权利冲突。在采矿用地程序处理上，由于各国产权管理体制不一样，各国程序处理也不太一样，但是，各国普遍注重采矿权取得与土地权利取得程序的协调一致。在采矿用地取得机制与途径上，大多国家普遍注重采矿用地取得市场机制的基础作用，重视通过民事协商方式取得采矿用地。体现在法律上，就是重视通过民法手段解决矿地冲突问题，赋予采矿用地购买、租赁和地役权的法律地位，并对其提供民事私法上的救济机制。当然，鉴于采矿用地市场并非完全竞争市场，资源配置效率无法达到最优，域外国家也注重采矿用地国家强制干预，即当市场机制无法有效供应采矿用地时，一般都会创设强制性的法权工具，从而为采矿用地取得提供有效的制度保障。

第四章：我国采矿用地取得模式改革的试点探索

我国采矿用地制度亟待变革，除了现有的制度具有内在无法克服的自身逻辑矛盾外，还具有现实的采矿用地制度发展趋势相佐证和实践检验。在我国由计划经济向市场经济转型过程中，我国农村土地使用制度发生了深刻的变化。在农地非农化市场发展历程中，由国家统一征收集体土地，控制土地出让一级市场，到目前逐步放开农村建设用地市场，允许经营性建设用地在符合国家土地用途管制的前提下进入建设用地市场，在政策层面获得了土地自由流转的权利。在此社会发展背景下，从2005 年开始，我国开始在全国范围内对采矿用地改革开展试点，并取得了巨大成功，产生了良好的经济和社会效益。采矿用地改革试点最主要的成果是创新了我国采矿用地供给模式，即由传统的土地征收转为直接利用集体土地的临时用地，这种用地模式不转变土地的权属格局，不用办理农地转用和土地征收手续，确保了矿业开发完毕后土地迅速恢复农业用途，从而保障了我国耕地保护目标的实现。就采矿用地取得方式而言，采矿临时用地兼具强制性用地与意定性用地特征，其强制性体现在采矿用地取得体现国家单方意志性，不以土地权人意志为转移；其意定性在于土地补偿要求与土地权人达成一致，从而保障了土地权人合法的利益。采矿用地改革试点的成功对于我国今后类似采矿用地取得提供了良好的示范作用。

第五章：市场经济体制下我国采矿用地取得制度改革的思路与依据

本部分主要对我国集体土地上采矿用地取得的宏观制度进行设计，

探讨采矿用地取得制度的基本理念、价值目标、基本原则与实现路径等问题。随着我国国民经济快速发展，我国社会已经进入到"工业反哺农业，城市反哺农村"的社会发展阶段。在此社会经济条件下，原有采矿用地所秉持的"抑私扬公"理念必须得到修正，应逐步转变为公共利益与私人利益协调发展，在一定情况下"抑公扬私"的新理念。在采矿用地取得制度价值取向上，应秉持"效率与公平协调发展，更加注重社会公平"的价值取向，统筹协调好土地资源所负载的矿业保障、农民利益、生态环境以及粮食安全等价值目标的实现。在采矿用地取得制度基本原则上一方面要坚持采矿用地优先保障原则，另一方面也要注重矿业开发与土地利用相互协调的原则。在采矿用地取得实现路径上，必须变革现有的以征收用地为主导的用地模式，转变为在尊重矿产资源土地权属原有格局前提下，赋予农民集体采矿用地处置权的用地模式，即通过平等协商用地机制为主导，在协商无效情况下，再启动政府强制用地模式。政府强制用地程序中，要淡化行政权力强制性，更多地采用民事协商的私法机制，从而最终建构起以市场方式为主导，强制方式为保障、创新方式为补充的刚柔相济、公私兼顾，公法与私法相融合回应型的集体采矿用地新制度。

我国采矿用地取得制度实行公私法相兼容用地模式，不仅具有试点改革经验的支撑，而且在理论层面上也具有正当性与合理性。从经济学维度而言，根据经济学交易成本理论，在完全竞争条件下，市场具有更高的资源配置效率。在此条件下，政府通过权力对资源配置进行干预与经济效率无关。而在市场交易成本较高情况下，市场无法通过自身矫正其内在缺陷，从而导致市场失灵时，政府干预因而具有合理性。但是，政府配置资源也存在干预成本，政府干预只有在其干预成本小于市场成本时，才具有正当性和有效性。在采矿用地取得领域，市场取得和土地征收都是资源配置方式，我们要比较市场成本和行政成本的大小，从而决定采矿用地的供应途径，即使是选择行政手段配置用地，也应选择行政干预成本较小的模式。一般而言，法定地役权相较于行政征收而言，其取得成本相对较低，因此应该优先得到适用。而根据经济学外部性理论，由于矿业经济为国民经济发展提供物质和能量，矿业开采因而具有正外部效应。对于正外部性问题的解决，一般不能采用纯粹的私法手段，国家只能通过公法方式进行干预。而在采矿用地取得领域，公法方式一般指的是通过行政法手段，其中法定地役权和土地征收是基本手段。

从法学维度而言，现有采矿用地模式亟待改革的法理基础在于公私法相兼容理论。从私法公法化角度看，基于土地资源的有限性和承载众多的社会功能，因此土地财产负有社会义务。土地不仅具有实现私人财产价值最大化的功能，而且要承担社会利益分配与协调、增进社会福祉的社会功能。因此，基于矿业权与土地权利协调的需要，国家必须通过立法对土地产权进行一定限制，对土地权人的契约自由进行一定干预。而从公法私法化角度看，尽管国家基于协调物权利用关系的社会公共利益出发，对土地财产进行征收具有一定的正当性。但是，由于行政手段的刚性容易导致土地利用效率的降低，从而损害原土地权利人利益。因此，采矿用地取得制度的改革方向就是要弱化现有的行政化取得模式，采矿用地取得要由行政取得主导转变成市场机制为主导，行政强制为补充的模式。

第六章：集体土地上采矿用地取得具体制度

本部分主要对我国集体土地上采矿用地取得具体制度进行设计，提出要对我国采矿用地进行类型化分析，不同的采矿用地适用不同供地途径。在市场经济条件下，采矿用地首先要在国家宏观调控下采用市场机制解决，具体用地模式应根据市场竞争关系由当事人协商确定，可以采用租赁、地役权、股份合作等模式。但是，由于采矿用地具有先定性和不可替代性，完全通过市场机制会导致市场效率降低，甚至市场机制完全失灵，因此，在无法通过市场方式进行供地时，必须以国家强制力为保障，对私人土地权利进行限制与干预，其干预的强度应根据采矿用地范围、利用方式、利用强度而有所区别。对于长期性、规模化采矿用地，或者采矿用地后难以恢复土地原用途的，应采用土地征收的方式，采矿用地使用权直接取代原土地物权；对于短期性用地且可以恢复土地原用途的，或者局部性用地且对土地权人影响较小的，可以采用法定地役权的模式。但是，无论土地征收还是法定地役权模式，共同点都是国家基于土地利用的效率原则而对私人土地财产权的干预，属于政府对财产权利再分配领域的介入，因此，必须强化行政干预的正当性认定、规范行政干预程序以及提供公正合理的补偿，从而在确保社会基本公平的基础上，实现采矿用地效率优化的价值目标。

第七章：集体土地上采矿用地取得相关配套制度

本部分主要对我国集体土地上采矿用地取得相关配套制度进行设计。提出采矿用地取得制度改革有赖于相关配套制度的完善，尤其是建立城乡统一的采矿用地市场必须要以国家土地宏观调控为前提，必须严格遵循土地用途管制制度。采矿用地用途管制不仅要求采矿用地要符合矿业用地规划，同时也要遵循矿业用地计划，从而避免采矿用地市场失灵情况下产生政府管制失灵。在采矿用地利益分配制度完善上，笔者认为，在新的用地模式下，土地收益分配应该采取"初次分配根据产权，再次分配根据税收"的分享模式。

关键词：集体土地　采矿用地　土地征收　法定地役权　用途管制

目　录

第一篇

第二篇

导　论

一　研究背景以及意义

矿产和土地都是自然资源的一个重要组成部分，是人类赖以生存的物质基础，是国民经济与社会发展的重要保证，二者的自然属性和经济特征虽然不同，但关系非常密切，绝大部分矿产资源埋藏于地下或地表中，矿产资源的勘探、采掘等活动离不开地表土地的利用。随着我国国民经济快速发展，矿业需要占用土地的数量在不断增加。据统计，目前全国采矿用地约占建设用地比值为 10%。矿业企业在矿业开发中不可避免地压占、损毁大量土地，使得采矿用地与其他用地矛盾日益突出，土地矛盾成为引发矿区社会矛盾的主要诱因。

我国目前有关矿业用地的规定散见于《物权法》《土地管理法》《矿产资源法》等法律法规中。但是，我国矿业开发的现行制度安排一般比较重视矿产权利的支配而轻视土地利用的控制，无论是《土地管理法》，还是《矿产资源法》都缺乏对采矿用地法律制度做出系统性安排，更遑论对采矿权和土地使用权如何有效衔接进行明确的界定。现行《矿产资源法》主要围绕采矿权的配置方式和程序进行规定，没有关于如何获得矿区土地的法律条文。而《土地管理法》中仅仅规定勘查用地法律制度，对采矿用地仅规定其按工业用地的法律制度执行。由于采矿用地的先定性和不可移动性，以及其使用期限受制于矿产资源的赋存条件、开采技术等特征，其不同于一般意义上的建设用地，难以适用建设用地供地方式的规定。总之，我国现有这种采矿用地立法现状一方面不利于法律的统一适用；另一方面也造成了我国现行采矿权与土地产权之间在设置上、取得程序上、权利行使上存在冲突，矿地矛盾日益突出，采矿权陷入尴尬的困境，即：或者采矿权的行使必然侵害该土地上原有的权利，或者因不能有效获得采矿用地而使已获得的采矿权形同虚设，以至于矿产资源因无法开采而成为无法取用的"呆矿"。而无论是哪一种情形都会极大地影响经济与社会的发展。这种制度供给的顾此失彼必然使采矿权与土地产权在权利归属、权利内容、权利流转等方面发生冲突。

以上采矿用地领域存在的突出矛盾，一方面是由于采矿用地立法滞后于社会发展的情势。随着我国矿业权制度改革不断深化，采矿权主体逐步多元化，矿业开发目的也日益多样化。现有的采矿用地利用方式单一、僵化，已无法调整复杂多变的社会利益关系，采矿权的市场化改革要求对采矿用地取得模式进行相应的调整。另一方面，相关采矿用地领域法律研究也亟待深入展开，其表现在以下一些方面：采矿用地使用权法律属性应该是什么？其与原集体土地物权是什么法律关系？在市场经济条件下，采矿权是否可以优先于土地权利得到实现？如果可以，其法理基础是什么？条件和程序又应该是什么？采矿用地除了土地征收外，是否还应有其他的用地途径？如果允许，其他用地途径的适用条件和用地程序分别是什么？当前我国采矿用地正在进行改革试点，现有矿业临时用地方式的法律属性是什么？临时用地对我国今后采矿用地取得制度完善有何借鉴价值？随着我国城乡建设用地统一市场改革的推进，采矿用地可以直接使用集体土地，在其用地过程中政府和市场应分别扮演什么角色，二者如何分工，二者权利的边界在哪里？采矿用地受制于土地利用规划和建设用地指标限制，如何破解其中的困境和矛盾？采矿权审批和采矿用地审批不协调是采矿用地矛盾的程序性原因，如何对现有用地程序进行优化？等等。这些理论与实践问题的解决都需要相关理论研究工作扎实向前推进。

随着我国新一轮《矿产资源法》《土地管理法》的修改进入攻坚阶段，采矿权与土地使用权如何有效衔接成为一项重要的修法内容，关于矿业用地专章入法的呼声也与日俱隆。因此，研究集体土地上采矿用地法律制度，探索采矿用地取得方式改革，妥善解决处理好采矿用地中的矛盾和问题，对于推动当前矿业用地立法，促进矿产资源与土地资源可持续性利用，建设我国的生态文明社会等都具有重要的理论价值和实践意义。从理论层面而言，有利于厘清采矿用地法律内涵，明确采矿用地使用权法律属性，从而为我国《土地管理法》与《矿产资源法》的修订提供可资借鉴的理论基础。从实践层面而言，对集体土地上采矿用地取得制度进行深入研究，一方面有利于协调矿业权与土地物权之间的冲突关系，提高土地资源开发利用效率，促进矿业经济可持续性发展；另一方面也有利于实现社会稳定及和谐发展，是落实国家创建资源节约型、环境友好型社会，构建和谐社会，实现经济、环境、社会可持续发展的要求。

二　国内外研究现状

笔者以矿业用地为篇名，在中国期刊网上进行检索可以发现，从20世纪开始，国内以矿业用地为主题的研究成果逐步增多。目前可以查询到的相关论文大约100篇（最早为2003年钟京涛教授发表于《国土资源》第1期的《我国矿业用地使用权的设置与改革》）；以矿业用地作为关键词进行检索，大概可查询到相关研究论文450余篇（最早的是王之顺先生1986年发表于《世界环境》第2期的《苏联采矿后的复土经验》）；以矿业用地进行全文检索，有7800余篇相关文献（最早的为1978年李文彦先生发表于《地理学报》第1期的《煤矿城市的工业发展与城市规划问题》）。

目前，硕士学位论文中以矿业用地为题的有10篇，以矿业用地为关键词的有23篇；博士论文中以矿业用地为题的0篇，以之为关键词的2篇，且均集中在2011年之后。

以矿业用地为题的专著（编著）只有一本，即中国土地矿产法律事务中心编写的《矿业用地管理制度改革与创新》，除此之外，中国土地矿产法律事务中心编写的《土地矿产典型案例评析与法律实务操作指南》、李显冬主编的《矿业权法律实务问题及应对策略》，以及蒋文军先生的《矿业权行政管理实务——矿业律师的实务经验与视角》等几部著作部分章节也论及了矿业用地法律制度。

另外，通过文献梳理可以发现，矿业用地领域研究成果大多发表在行业类期刊上，如《中国土地》《中国矿业》《资源经济》等刊物上，而在法学类核心期刊以及行业类高水平核心期刊，如《中国土地科学》《资源科学》等刊物上的文章尚不多见。由此可见，尽管近年来我国国内研究矿业土地的文章逐步增多，但是普遍缺乏高水平的研究成果，理论研究尚待突破。从研究内容角度看，国内研究关注的焦点主要是矿业用地准入、矿业用地复垦与矿业用地规划等内容，其他研究也涉及矿业用地的可持续性利用、矿业用地取得途径和程序等，但对矿业用地取得模式进行系统研究还有待进一步深化。

（一）国内矿业用地研究现状

1. 矿业用地基本理论研究

（1）矿业用地概念研究

由于我国现有立法没有明确界定矿业用地的概念，目前理论界对此存在较大争议，第一种观点是从矿业用地的功能用途进行分类，其中典型的观点认为矿业用地就是指探矿用地和采矿用地[①]；也有学者认为，矿业用地就是主要功能为采矿或者矿产品初级加工的区域。[②] 除此之外，也有学者认为，矿业用地不仅包括探矿用地和采矿用地，而且包括了工业广场用地、选矿厂用地、矿山生产服务用地[③]以及地质环境恢复治理用地等[④]；第二种观点是从地质资源角度来界定矿业用地，认为矿业用地是指蕴含有一定矿物资源的土地[⑤]；第三种观点是从矿业用地的法律属性对其进行界定，认为矿业用地既然属于法律概念，就应该从权利义务关系角度来明确内涵，认为矿业用地是指"依法取得矿业权的主体，为勘探开发矿产资源的需要，依法向土地管理机关申请，获得用地审批并与土地所有权人和使用权人签署土地使用合同并依法给予补偿，承担复垦义务的土地"。[⑥]

（2）矿业用地特征研究

大多数学者认为矿业用地不同于一般性工业用地，而是具有其自身独特的自然属性与社会属性。首先，肖攀（2011）认为矿业用地具有

---

① 孙英辉：《矿业用地管理制度改革与创新》，中国法制出版社 2013 年版，第 25 页。

② 曹燮明：《采矿手册》，冶金工业出版社 1988 年版，第 56 页。

③ 周伟、白中科、曹银贵：《我国矿业用地现状及其节约集约利用途径》，《资源与产业》2012 年第 4 期。

④ 党新朋：《地与矿的恩恩怨怨——对当前矿业用地管理的思考》，《中国土地》2010 年第 10 期。

⑤ 许坚：《采矿用地取得引起的问题及对策》，《资源经济》2003 年第 12 期。

⑥ 李新：《矿业用地纠纷实务研究》，硕士学位论文，黑龙江大学，2013 年。

依附性，矿业用地位置依赖于矿产资源的赋存区位，且位置具有唯一性和不可变动性；其次，赵淑芹（2010）认为矿业用地具有明显的用地周期性特征，即表现用地准入、土地利用和土地退出的周期过程；张鹤（2014）认为，矿业用地并非是利用土地的承载功能，而是通过对土地地表的利用而获取地表以下的矿产资源，具有明显的取益性特征①；另外，谢立峰（2005）和唐恒等人认为矿业用地具有生态性特征，矿业用地具有严重的负外部性，如果缺乏对其合理的法律规制，矿业用地将造成周边环境的破坏；刘敏（2014）认为由于矿业用地大部分属于采矿挖损和占压用地，因此，在矿业开发完毕后，可以通过复垦的方式恢复到土地原来的用途，所以，采矿用地呈现临时性特征。② 同时由于矿产资源开发方式的复杂性，因此，矿业用地取得也呈现利用类型的多样性特征。③

综而述之，我国目前理论界普遍认为矿业用地包括探、采矿用地两部分，同时认为，矿业用地具有与一般工业用地不一样的法律属性，具有明显的阶段性、取益性、固定性等特征。

（3）矿业用地规划研究

规划管理薄弱是造成目前矿业用地困境的主要原因之一（刘娜，2012），协调好土地利用规划和矿产资源利用规划是解决矿业用地领域权利冲突的治本之策（钟京涛，2003），矿业用地许可的审查与批准，其判断标准就是看是否与土地规划相符合，如果土地利用规划没有将其列入范围，则禁止矿山企业利用（康纪田、刘卫常，2015），但是，由于土地利用规划和矿产资源利用规划编制时间不统一，新探明的矿产资源无法被编制到土地利用规划中，造成矿业开发用地难以符合用地规划而得不到用地审批，另外，由于矿业用地的特殊性，其选址依赖于矿产资源赋存地，不具有变动性，而大多矿产资源开发发生在偏远的农村地区，不属于土地利用规划划定的建设用地范围，导致矿产资源开发用地审批无法通过（刘敏，2014）。

---

① 张鹤：《地役权：在法定与意定之间》，中国政法大学出版社 2014 年版，第 187 页。
② 刘敏：《对我国矿业用地管理改革的若干思考》，《发展研究》2014 年第 6 期。
③ 夏鹏：《矿地和谐需管理有道——现行矿业用地管理存在的问题及对策探析》，《中国土地》2013 年第 5 期。

（4）矿业用地准入研究

由于土地不仅承载着矿产资源，同时也负载着其他对人类社会有用的价值，如粮食安全、环境保护、文物保护等，因此，各国对于矿业用地的利用进行一定的法律规制，其中首要的规制就是实行准入限制制度。相对国外而言，我国目前矿业用地准入制度相对严格，但是，很多国家对于基于人居安全保护考虑限制在城镇边界的矿业用地申请，以及对于宗教用地、墓地保护而言，我国矿业用地准入存在一定改进余地（余国、周伟、李茂，2014）。刘永存认为（2011），矿业权的取得和行使不仅受到公法的限制，而且也受到私法的限制，例如探矿用地发生在城市规划区的，必须取得规划部门的规划审批，矿业用地涉及集体土地的，必须与农民集体组织签订用地协议，并支付土地补偿费。傅英（2006）认为，我国目前矿业用地准入，主要是基于耕地保护目标设置，对于矿业用地与林地、草地的冲突的规定较为缺乏，因此，协调好矿业权与林业权、草原使用权的法律关系，国家必须建立与完善相应的草地、林地上开发矿产资源的准入制度。郭洁（2013）同样认为，包括矿业用地在内的土地用途管制制度，不仅要平衡矿业开发与耕地保护的关系，对于矿业开发涉及生态用地问题，我国相应的准入制度还存在较大的改进空间。

（5）矿业用地复垦和退出机制研究

矿业用地是具有负外部性的用地方式，为保护矿区生态环境，维持土地的可持续性利用，矿业企业应该负担矿业用地的复垦义务。稂颖（2012）认为，我国现有的矿业土地复垦仅仅是通过命令—控制的行政管制模式，而缺乏内在的经济激励，导致复垦效果往往不佳。骆云中（2004）认为我国矿业企业承担了双重土地复垦义务，既有失公平，也影响土地复垦效果，因为矿业企业在征收土地时支付的土地征收费用中，已经包括了耕地占用费，同时，根据我国现有法律规定，矿业企业在闭坑后还需承担复垦的法律义务。对于如何提高复垦的实施效果，学者张凤麟（2006）在其文章《发达国家矿业土地复垦保证金制度对我国的启示》提出我国要完善矿业复垦保证金制度，根据新建矿山、在建矿山、废弃矿山确定不同的土地复垦保证金标准。周一平（2010）认为，我国应该在《土地复垦条例》中开辟专章内容规定矿业用地复垦问题[1]。而顾宁博（2007）在其文章《中国矿区土地复垦的立法研究》中认为，我国应该制定一部统一的《矿业用地复垦法》，从而专门对矿业用地复垦问题进行规范。总之，我国现有研究主要对矿业用地复垦专门立法、矿业用地复垦保证金以及矿业用地复垦的标准等问题进行了讨论。但是笔者认为，我国矿业用地复垦问题症结所在，还在于矿业用地取得方式的区别，不同的矿业用地取得方式，应该采用不同的矿业用地复垦标准以及复垦方式。

（6）矿业用地可持续性利用研究

随着我国国民经济发展进入中后期阶段，矿业土地的可持续利用问题成为目前矿业用地研究的焦点（刘娜，2011）。王霞（2007）在其《基于 RS 和 GIS 的土地利用变化时空格局研究》一文中，以地理学为视角，采用遥感（RS）与地理信息系统（GIS）相结合的技术方法，对土地利用变化时空格局进行系统的分析和阐述，从而为矿区土地可持续性利用政策提供依据。付梅臣、张兰兰（2007）和陆阳（2012）采用个案分析方法，分别对武安市和山西阳朔的矿区土地的可持续利用问题进行了探讨，提出要合理规划矿业用地、整理低效闲置矿区土地，建立生态补偿机制等土地可持续利用的政策建议。葛书红（2015）在其博士论文《煤矿废弃地景观再生规划与设计策略研究》中，以废弃煤矿的可持续性利用为研究对象，探讨了我国废弃煤矿地再生利用的可行性和途径，从而为我国废弃煤矿的再生修复工作提供政策的支持。

2. 矿业权与土地产权关系研究

（1）矿业权与土地产权冲突及原因研究

讨论矿业权与土地产权冲突研究的代表作是崔建远教授的论文《土地上的权利群论纲》（1998），崔建远认为地矿权利冲突是由于矿业权和土地物权客体相邻且无法准确界定导致的。实践中，矿业权和土地物权的客体要么上下紧密相连，要么空间交叉与碰撞，实践中无法准确划分，因此二者存在发生冲突的可能性。袭燕燕、李晓妹（2005）、孙英辉、肖攀（2011）等学者也持相似的学术观点。以上学者认为由于我

---

① 周一平：《论我国矿业用地复垦的立法现状及其完善》，《理论导刊》2010 年第 11 期。

国实行矿业权和土地产权分立设置制度，矿业权的权利客体仅仅为包裹矿产资源的地下土壤层，并不包括地表土地，矿业权人取得矿业权后，还必须另行依法申请以地表为客体的矿业用地使用权；同时，土地产权人，无论是土地所有权还是土地使用权人，由于其所拥有的土地产权也仅仅是地表上下一定空间的土地利用权，其权利范围并不及于地下矿产资源，土地产权人并不能开采矿产资源，因此可以说，正是我国的矿业权和土地权利的分离设置体制，才是我国实践中矿业权和土地产权产生冲突的制度根源。康纪田、刘卫常（2015）认为地矿权利冲突是我国现行用地审批程序不协调的结果。因为根据我国现有的法律规定，矿业权的授予和矿业用地的审批是两个独立的程序，由于两个程序适用的法律不一样和审批的主体不一致，以及我国目前矿业权的审批不以取得土地使用权为前提条件的具体做法，导致矿业权人先取得矿业权后但可能无法获得相应的矿业用地使用权，矿业权最终无法有效行使。师小丽（2011）、李楷（2011）、孙英辉（2013）等人认为地矿权利冲突的社会根源是权利主体利益分化的结果。改革开放前，我国矿业开发为单一的公有制经济，国营矿山企业代表国家统一使用矿业土地，矿业用地不存在大的利用冲突，改革开放后，国家、集体、私人、外资以及港澳台等社会资本开始介入矿业开发领域，我国矿业开发主体逐步多元化，并且即使是国有矿山企业，随着我国国有企业改制，其国家利益色彩也逐步淡化（刘燕鹏、陈念平，2007）；而同时随着我国农村土地制度改革的推进，农民土地权利逐步物权化，这样，矿业用地由于用地主体利益的分化，导致矿业用地冲突日趋严重。傅英（2006）认为，矿业用地领域权利冲突的主要原因在于我国现有的矿业用地法律依据的缺失。我国现有的矿业用地取得沿用于计划经济时代的用地政策，统一采用征收—划拨或者征收—出让方式，而忽视了矿业用地不同于一般工业用地的特殊属性，导致了目前矿业权主体有矿权而无地权的现实尴尬，矿业权最终无法实现。谢立峰（2005）认为，矿业用地本质上属于临时用地，矿业开发完毕后，矿业企业不再需要利用矿业用地，但是由于我国矿业用地缺乏合理的用地退出机制，导致大量矿业用地滞留于矿业企业手中，土地利用效率低下，同时，矿区附近的农民尽管可以事实上耕种矿业企业复垦完毕的矿业土地，但是由于农民并不拥有矿业用地的产权，经常导致复垦后的土地利用冲突。李建功（2011）认为，由于矿业用地采用一般建用地政策，取得矿业用地使用权不仅要符合土地利用总体规划，而且必须取得建设用地指标，但是，由于我国基于耕地保护目标的考虑，实现建设用地指标配给制，地方政府获得的建设用地指标数量有限，同时由于矿业用地数量较大，地方政府从地方经济发展考虑，往往将有限的建设用地指标用于地方重点建设项目，导致矿业企业难以获得地方政府建设用地指标，从而无法获得合法的矿业用地审批手续。钟京涛（2005）认为，我国现有法律允许矿业权的合法流转，但是对于矿业权流转后其所依赖的土地使用权如何处理，并没有相应的法律规范，尤其是一些大型矿山企业，由于其矿业用地大多属于划拨用地，在其矿业权流转后必然导致相应的土地使用权的变动，对其变动后的土地权益归属，我国现有法律没有明确的规定，导致实践中发生土地流转的权利冲突。傅英（2006）认为，由于我国现有的法律对于草地和林地上如何采矿只是做了原则性的规定，对于如何处理草地、林地与矿业用地冲突，也较为简略粗糙或者语焉不详，实践中造成的只能是矿业企业"滥采滥伐，生态环境遭到严重破坏"[1] 的不良后果。

（2）矿业权与土地产权冲突解决机制研究

对于地矿权利冲突的解决机制，张鹤[2]、袭燕燕[3]等认为，可通过设立矿业地役权的方式来满足矿业用地的现实需求，但是，袁华江[4]却认为传统的地役权对于地矿权利冲突的解决无能为力。康纪田[5]先生认为，解决地矿权利冲突应首选土地股份合作制，慎选土地租赁制与出让制，普选地役权与相邻权方式，但是，无论采用哪种用地方式，其都要遵守我国土地用途管理制度。同时，康纪田（2016）在其论文《农村矿业用地用途管制探析》中认为，国家对农村矿业用地的干预应局限于

---

　　① 傅英：《矿产资源法的修改理论研究与制度设计》，中国大地出版社 2006 年版，第376 页。

　　② 张鹤：《采矿用地使用权的取得——以地役权解"采矿用地"之结》，《昆明理工大学学报》（社会科学版）2009 年第 11 期。

　　③ 袭燕燕：《用地役权制度解决矿业用地》，《地质勘查导报》2007 年 4 月 19 日第 7 版。

　　④ 袁华江：《论矿产开发对土地物权的产权革命——以美国地热动力学公司诉联合石油公司为例》，《广东土地科学》2011 年第 6 期。

　　⑤ 康纪田：《对农村矿业用地首选租赁制的质疑》，《中国煤炭》2009 年第 11 期。

矿业用地产业市场，而非矿业用地交易市场，否则容易扭曲市场机制，损及用地市场配置的效率；余红、罗玮琦（2014）在其论文《矿业权与土地产权间的冲突解决方式研究》提出采用经济学的层次分析法（AHP）构建矿产资源开采评价指标体系，通过对矿业权与土地产权间两两比较求出权重，为采矿权和土地产权冲突的解决获得基础数值，进而解决二权冲突时哪个权利优先的问题。董艳红（2012）在其论文《矿业权与土地上相关权利关系研究》提出，要通过创建矿业用地优先权制度以及创新矿业用地获得方式的思路，来解决矿业权与土地相关权利的关系；郑娟尔等（2014）认为，我国矿业用地试点改革在产权细分和可操作性方面做了大量有益的探索，我国矿业用地改革下一步改革的方向就是继续向地权细分、保障矿业权与土地产权正当权益的实现及提高名义产权与实践产权一致度的方向迈进。① 余果（2013）在其论文《国外矿业权与土地使用权关系简析》中介绍了国外矿业权与土地使用权关系法律制度，从而为我国相关制度完善提供借鉴。王秀波（2013）在其论文《矿业权与土地使用权冲突的解决原则》中提出了解决矿业权和土地使用权冲突应遵循的基本原则，即先占者优先原则、价值优先原则、重要性原则、以和为本原则。郭丽韫（2013）在其论文《矿业用地使用权法律问题研究》中，以土地承包经营权人利益保护为视角，提出应严格限制国家征收方式的运用，通过将土地承包经营权作价入股等丰富矿业用地使用权的取得方式，并完善矿业用地使用权的取得程序。李新（2012）在其论文《矿业用地纠纷实务研究》中，以矿业企业用地纠纷的案例分析为研究路径，提出应明确规定矿业用地优先权、法定的地役权，以及在矿业权和矿业用地使用权之间建立联动绑定机制等矿地冲突解决途径。刘佳（2012）在其论文《缓解矿业用地矛盾——辽宁进行采矿用地方式改革试点》中，介绍了辽宁采矿用地方式改革试点相关经验和内容，分析了其成功的经验与不足。苏志军（2011）在其论文《矿业用地存在的问题及对策——以广西为例》，介绍了广西平果铝土矿采矿用地改革试点经验，提出了应该创新采矿用地取得方式，缩小矿业用地征地范围等政策建议。

---

① 郑娟尔、付英：《地权细分及可实施性与采矿用地制度改革》，《国土资源科技管理》2014 年第 2 期。

概而言之，学者们在探讨矿业权与土地产权的关系上，大致提出了两种不同观点：一种观点从财产权的社会化理论出发，认为基于矿业开发在国民经济中具有特殊的地位，且由于矿产资源具有可消耗性特征，因此，土地物权的效力必须受到一定的限制，矿业开发相对于土地物权具有优先实现的效力；另一种观点认为，矿业权与土地产权是物权间的一般关系，不存在谁的效力优先问题，其实现以权利成立的先后为标准。该种观点的理论基点为财产权的排他性原理。

在如何解决地矿权利冲突问题上，学者们主要提出了三种协调解决方案：一是对于具有明显公益性的矿业用地实行优先保障，如涉及国计民生、国家安全的矿产开发；二是通过优化资源利用规划的衔接来保障矿业用地有效供给，在编制土地利用规划和矿产资源利用规划时，要综合考虑二者之间的协调关系；三是创新矿业用地的获取方式，在传统土地出让用地的基础上，要根据所占土地的用途、矿业用地的环节、矿业用地目的以及开采方式的不同而灵活准用征收出让制、土地租赁制、地役权制与股份合作制等不同的用地方式。

综上所述，学者们研究地矿权利冲突，大多是从保障矿业开发、从行业管理的视角讨论"两权"冲突协调机制，较少以市场机制为视角来考虑问题，忽视了通过民事权利的设计来对双方利益进行平衡。现有研究大多是绕过关于"矿业优先权"的基础理论研究，而直接对"两权"冲突解决方案进行简单设计。随着我国矿业权市场化改革的推进，矿权与地权冲突日益显化与激化，出现了一系列需要我们关注的理论问题，如为什么地矿权利冲突变得更加普遍和广泛？如何解决地矿权利之间的冲突？我们应该确立哪些解决地矿权利冲突的原则与标准？这些都是研究地矿权利冲突问题要涉及的理论问题，也是矿业开发中需要回答的实践问题。

3. 国内研究现状总结

我国已有的矿业用地文献分别对我国目前矿业用地的现状、问题成因、解决途径和发展态势等问题进行了多角度的分析和探讨，为本研究的顺利展开提供了理论素材和基础。但是，现有文献也存在基础理论研究薄弱，研究视角偏重于公法政策，研究对象较为单一等缺陷。

第一，缺少系统化的研究。现有的矿业用地取得大多围绕矿业用地某一方面展开论证，如江平[①]和骆云中等对矿业用地使用权的设置程序进行了研究，张鹤、康纪田等对矿业地役权进行了深入的探讨，孙英辉等对临时用地制度进行了系统的分析，但都缺乏对矿业用地进行类型化分析与整体上的把握。矿业用地制度发展的整体趋势是要引入足够的市场机制因素，发挥矿业企业在矿业用地取得、利用、复垦和退出整个过程中的主导作用，从而兼顾矿业用地公平和用地效率双重制度目标的实现。因此，在其取得制度研究中，必须把矿业用地取得放置在我国整个土地制度改革的大背景中进行探讨，要适应我国土地制度改革的市场化发展总体趋势，并且在具体取得方式设计中，要区分矿山规模、开采方式、土地复垦等不同情况灵活确定矿业用地模式。

第二，矿业用地研究视角偏差。现有的矿业用地研究大多从宏观层面出发，以行业管理效率为目标，通过公法和政策途径探讨如何保障矿业用地，缺少以矿业企业为用地主体，以市场机制为用地途径，以私法保障为手段的微观视角探讨。实际上，由于公法方式的强制性和单一性，已无法适应市场经济环境下多元化的矿业用地需求，不能充分实现矿业经济的可持续性发展以及土地资源的有效利用。另外，矿业用地取得也不能单纯只依靠公法模式，应当充分发挥各种制度的优势和作用，充分发挥公私法相结合的用地模式，而我国目前却欠缺矿业用地取得和利用的私法制度。在这样的现实背景下，可以考虑引入矿业地役权、租赁制等私法制度，从而为我国矿业用地模式提供私法途径的选择。

第三，矿业用地基础理论研究薄弱。我国现有的文献都是从保障矿业用地出发，对矿业用地取得模式和途径进行政策性研究，缺少从理论高度对矿业开发与土地利用关系以及矿业用地优先性等问题进行深入的论证。事实上，无论是对矿业用地优先的正当性问题，还是对矿业用地取得方式的利弊分析，都必须依赖于法学、经济学、政治学等基本理论的支撑。本书将通过运用民事权利结构理论、财产权社会化理论和管制协商理论等法学理论对矿业用地使用权内涵、特征、矿业用地制度改革的理念、价值取向、基本原则与用途管制等问题展开理论论证，探讨矿业用地取得途径的正当性问题，同时，运用法经济学研究方法中的公共

---

① 江平主编：《中国矿业权法律制度研究》，中国政法大学出版社 1999 年版，第 23—34 页。

物品理论、外部性理论、交易成本理论对各种矿业用地取得途径的利弊问题进行理论分析。

（二）国外矿业用地研究现状

1. 国外矿业用地准入制度

所谓的矿业用地准入制度，一般是指政府规定哪些土地可以用于矿业开发，哪些土地禁止矿业开发，以及用地准入的标准和条件的总称。由于矿业用地不仅牵涉矿产权与土地物权的私法关系，应该受到私法的调整，而且矿业用地也涉及土地资源的可持续利用、生态环境保护等社会公共利益，因此，各国普遍通过公法对矿业用地的取得、利用、退出等环节进行干预，于是矿业用地还要受到公法的规范与制约。近年来，各国在修改本国矿业法的时候，对矿业用地准入内容的修改都是其重要内容。矿业用地准入制度内容包括禁止或者限制矿业开发的用地类型，以及禁止或者限制矿业开发的补偿等。根据余果（2014）不完全统计，在其研究的 69 个国家范围内，目前有 64% 的国家和地区对矿业用地禁止区域类型予以明确规定，如《西澳大利亚矿业法》的规定。而其他 36% 的国家对矿业用地禁止范围进行了定性描述，如《菲律宾矿业法》中规定"有价值农作物之下或附近区域，未经许可不能开展采矿活动"，其中"有价值"就属于一个弹性定性描述，因为其是否准予矿业开发，最终还要取决于政府的自由裁量。日本《矿业法》（1951）规定，是否属于允许矿业开发区域，将由公害调整委员会进行决定。如果公害委员会认为某一矿业开发申请有可能损害某一区域生态环境、社会公益设施、文化遗产，或者对该区域一般性公共利益产生破坏，可以将该区域划为禁止采矿区，如果该区域已经被批准为矿业区的，则可以做出缩小和取消矿区的规定。① 根据南非《矿业法》（1991）第 7 条规定，禁止或者限制在下列土地上进行矿业勘查活动。第一款：依照 1976 年《国家公园法》第 20 条，任何人不得在以下土地进行勘查：（a）城镇或城市地区；（b）公路、铁路、公墓；（c）依照本法或其他法律为政府或公共目的保留的或正在使用的土地；（d）除非有部长的书面同意书和按照他确定的条件，其他可在政府公报上通报所规定和确定的土

---

① 国土资源部地质勘查司：《各国矿业法选编》，中国大地出版社 2005 年版，第 113—117 页。

地。第二款：有关的地区局长有权确定和指出上述第一款所提及的地区
边界或使之确定。

2. 国外矿业用地取得制度

由于各国法制环境不一样，各国矿业用地取得制度不尽相同。澳大
利亚是采用租赁制解决矿业用地的典型国家。在澳大利亚，与矿业开发
有关的权利包括探矿权、采矿权以及其他权利，其中的其他权利就是与
矿业用地有关的矿业权所衍生的权利，其目的在于更好地保障矿业权的
实现，其中通常目的租约（general purpose lease）和杂项工程许可证
（miscellaneous license）是其主要权利类型。通过该两项权利的取得，矿
业权人可以在他人土地上从事勘探、采掘矿产、安置机器和铺设管线等
矿业活动。如《西澳大利亚矿业法》（1978）第 85 条规定，采矿权人
基于与采矿作业相关的任何特定目的而使用、占有、利用所在矿区的土
地，……该土地使用权是排他的、专有使用权。当然，两项土地权利的
取得都需要经由监察部门或矿业登记官的推荐，并取得矿业与能源部部
长的审批同意。① 法国主要通过行政地役权方式为矿业开发提供用地途
径。法国的《民法典》第 650 条规定了"行政地役权"制度："为公共
的或地方的便宜而设立的役权，得以沿通航河川的通道，公共或地方道
路的建筑或修缮，以及公共或地方其他工事的建筑或修缮为客体。一切
有关此种役权的事项，由特别法令规定之。"而意大利的强制性地役权
与法国的强制性地役权具有相似的制度功能。据意大利《民法典》规
定，如果石油、天然气管道运输、矿业开发等公益设施需要通过他人土
地排水、水道开设、水闸设置、通行、送电等方式使用土地，在不能通
过地役权协议取得情况下，国家可以基于法律直接设立地役权，土地权
利人应当负容忍义务。② 德国的矿业用地取得路径为法定地上权。根据
德国《矿业法》的规定，德国矿产资源和土地资源分属不同的权利主
体，矿业权人经国家授权取得矿山开采权后，矿业权人同时取得该矿区
土地的法定地上权，土地所有权人负有容忍义务。其具体用地方式是由
矿业权人和土地权人通过契约方式规定，如果达不成契约的，采矿权人

---

① 王清华：《澳大利亚矿业权授予和转让制度及对我国相关立法的借鉴意义》，《河北法
学》2011 年第 6 期。

② 费安玲译：《意大利民法典》，中国政法大学出版社 1997 年版，第 285 页。

可请求强制性取得该土地使用权，如果基于公共福祉的需要，也可以为了私人矿主的利益实施征收，取得该土地所有权。① 俄罗斯矿业用地是典型的公共地役权模式。其《土地法典》第 23 条第 3 款第 9 项规定："临时利用地块进行勘查、研究及其他工作可以设定公共地役权。"我国台湾地区在其"民法"（2002）787 条中也设立了"袋地通行权"②，并通过该"袋地通行权"解决矿业权人在矿山区域的矿业通行权问题。美国法中可以根据"公共信托理论"设立"独立地役权"，广泛用于公益设施用地、生态环境保护、文物保护等活动中。如矿业权人可以与土地权利人协商，在其土地上直接设立采矿地役权或者管道通过地役权，不以矿业权人拥有需役地为必要条件。③ 日本和韩国规定了矿业用地强制收用制度，如果矿业权人基于一定目的使用他人土地，且土地利用具有不可逆性，那么，可以向主管行政机关申请对该土地进行收用。日本《矿业法》（1950）第 105 条规定，矿业权人基于以下矿业开发目的④需要使用矿区范围内他人土地，而这种土地利用会使土地形质发生改变，且难以恢复土地原状的，同时，该土地利用又属于无可替代时，可以向国土交通大臣申请土地征收。根据 1994 年韩国《矿业法》第 87 条规定，矿业权人基于下列目的⑤需要使用他人土地者，可以向工商资源部长官申请土地征收，工商资源部部长在做出土地收用决定时，必须听取矿区土地利害关系人的意见（第 88 条），但工商资源部部长依本法第 88 条第 1 项做出征收认定时，视为依照《土地收用法》第 14 条规定的公益事业认定（第 89 条）。

综上所述，国外矿业用地一般区分为强制性用地和意定性用地两种

---

① 中国土地矿产法律事务中心：《矿业用地改革与创新》，中国法制出版社 2012 年版，第 36 页。

② 土地因与公路无适宜之联络，致不能为通常使用者，土地所有人得通行周围地以至公路。

③ 马新彦、张晓阳：《地役权的借鉴与重构》，载王利明主编《物权法专题研究》，吉林人民出版社 2002 年版，第 780 页。

④ （1）开设坑口或坑井；（2）设置土石和矿渣的堆弃物；（3）设置选矿或冶炼用的设施；（4）铺设铁路、轨道、索道、道路、运河、港湾、给排水道、池井等。

⑤ （1）坑口的开设、露天矿物采掘、矿物采掘作业所需机械设备的设置；（2）土石或矿渣堆积场的设置；（3）选矿和冶炼用设施的设置；（4）铁路、轨道、公路、运河、排水道、井池或电气工作物的设置。

方式。意定性用地方式通常采用地役权、土地租赁与土地权利出资入股等形式再对他人土地进行利用，而这些利用方式要考虑财产权自由自配性，利用他人土地必须要与土地权利人进行协商，取得其同意后，方可进行矿业勘查与挖掘等矿业活动。但是，由于协商方式并非一概有效，如果协商不成的，矿业用地就难以得到保障。基于矿业开发收益受众的不特定性以及矿业用地的不可替代性，很多国家都规定了强制性用地方式，如通过土地征收、法定地役权、公共地役权等方式对他人土地强制利用。尽管各国强制用地方式的法律构造不尽相同，但基本原理和制度功能基本相似，都是秉持"特别贡献、特别补偿"的法律原理，规定在满足一定条件下，矿业权可以优先于土地权利得到实现，矿业用地不以原土地权人的意志为转移，具有突出的法律强制性。

3. 国外矿业用地程序制度

矿业用地一般会牵涉社会公共利益，因此，各国大多会对矿业用地程序进行规范。通过梳理各国矿业立法，各国矿业用地程序大致为：矿业权人向行政机关提出用地申请→行政机关通知相关土地权利人→公告与听证程序→用地批准或者不批准→权利救济。在矿业用地程序中，行政机关一般起主导作用。例如日本《矿业法》（1950）第106条规定，矿业权人基于矿业开发目的需要使用他人土地的，首先必须向国土交通大臣（县域范围内向都道府县知事）提出用地申请，国土交通大臣收到用地申请后，必须邀请矿业权人、土地权人以及其他相关权人到场，召开听证会，听证会中，必须给予相关当事人发表意见和提供证据的机会，同时，在发布矿业用地许可时，必须将相关情况公之于众，并要将许可事由通知被征收或使用土地所在地的市、町、村长，同时还要附具被使用土地之地图。在矿业用地许可上，俄罗斯实行矿业用地预先许可制度，即矿业权申请人在申请矿业权时，必须提交土地权利人预先同意对其土地进行利用的书面文件，[①] 否则不予发放采矿许可证，从而确保矿业权与土地权利归属的一致性。

4. 国外矿业用地损害赔偿制度

矿业权人使用土地权人的土地，除了要依法支付相应的使用费外，

---

① 肖攀：《我国矿业用地法律制度研究》，硕士学位论文，中国地质大学（北京），2011年。

如果给土地权人的土地或者其他利益造成损害的，还必须承担相应的损害赔偿责任。目前，各国在其矿业法中大多规定了用地损害赔偿制度。我国台湾地区的"矿业法"第65条规定，"租用或者通过之土地，于使用完毕后，矿业权人必须恢复土地之原状，否则，必须根据其损失程度，给予土地权利人以相应的补偿"。匈牙利《采矿法》（1960）第42条规定，矿业权人在采矿过程中，应力求避免或者消除勘探和采矿所造成的损失，否则，应当给予赔偿。其矿业损失的赔偿方式由部长会议决定，如果对农业或者林业经营造成损失的，一般要给予货币补偿，而对其他财产造成损失的，则尽可能给予实物赔偿。法国《矿业法典》（1985）对相邻矿业开发所造成的损失赔偿进行了规范，如果因为相邻或者其他原因，矿山开发过程中排出的水致使另一矿山受到损害，那么，受到损害的矿山企业可以依法申请赔偿，其赔偿标准由行业专家进行确定。澳大利亚同样重视矿业活动损害赔偿问题，根据《西澳大利亚矿业法》规定，如果矿业开发中破坏了矿业土地地表、限制或者剥夺了地役权、通行权、侵犯了土地权利人对其土地占有、完整利用等，都必须给予相应赔偿。[1]

5. 国外矿业用地的复垦与重新利用制度

由于矿业用地规模庞大，且由于土地资源的稀缺性，各国矿业法无不重视矿业开发完毕后的土地整治与重新利用制度，以此恢复矿区生态环境。德国《矿业法》（1965）第13条规定，矿山企业开发完毕后，其矿区土地应当优先恢复原农业用途，即使不能用于农业或者根据国民经济发展不需要恢复农业用途的，也应该重新用于林业开发目的。矿业权人在申请矿业用地前，应在投资计划及其他相应资料中规定土地恢复利用的方式、时间以及规模等内容，并一同报土地复垦主管部门批准，并且做到边采矿、边复垦。土地复垦主管部门有权监督土地复垦的实施，对没有进行土地复垦的，有权决定关闭采矿作业。[2]南非《矿业法》（1991）第38条对矿区地表恢复进行了规范："有关的勘查许可证

---

① 国土资源部地质勘查司：《各国矿业法选编》，中国大地出版社2005年版，第116—120页。

② 潘明才：《德国土地复垦和整理的经验与启示》，《中国房地产报》2003年5月22日第2版。

或采矿批准书的持有人应在勘查或采矿时恢复有关的地表，恢复应：
（a）根据第三十九条批准的恢复计划（如有）进行；（b）作为有关勘查或采矿作业的一部分；（c）与勘查或采矿作业同时进行，除非地区局长另有书面确定。"而根据该法第39条规定，在勘探和开采作业开始前，矿业权人就应该向当地矿业局提交一份矿业用地恢复计划和地表设计图，矿业局在征求农业局和环境事务官员意见后再决定是否批准。

　　6. 国外研究现状总结

　　通过梳理和分析国外矿业用地制度和相关研究成果，我们可以得出：国外矿业用地制度并非仅仅包括土地取得和利用制度，不仅涉及矿业权与土地物权私法关系的协调，也涉及矿业开发与环境保护、土地可持续性利用、文物保护等众多公法法律关系。因此，其一方面要通过私法制度对私权人之间的土地利用关系进行协调；另一方面也必须对矿业用地所涉及的公共利益行为进行公法的规制。因此，国外的矿业用地制度涵盖了矿业用地准入、矿业用地取得、矿业用地复垦、矿业用地损害赔偿制度和矿业用地重新利用等各个方面，普遍将矿业用地的各个环节作为一个统一的整体加以考虑。通过分析国外矿业用地制度，笔者认为，以下几个方面内容代表着国外矿业用地立法的共同内容和发展趋势，值得我国将来矿业用地立法加以借鉴。

　　第一，将矿业用地准入规定蕴含于矿业用地取得制度之中，即在矿业用地取得制度的设计中，要把哪些用地主体，在何种条件下可以进入他人土地，明确进行规范，从而在实现矿业用地私法目标的同时，实现矿业用地的公法管制目标。

　　第二，注重矿业用地私法途径的运用。矿业用地制度本质上解决的是私人间矿业土地利用的法律关系，因此，其要遵循私法的权利自治原则，只有通过私法自治，尽量采用市场机制途径，才能够实现矿业用地公平与效率的目标。在具体用地途径上，要优先采用体现私法自治精神的地役权、租赁权、出资入股等用地方式，即使在无法采用私法用地方式、准用强制性用地方式时，也应将强制性用地作为最后的救济手段，预先设置用地协商程序，在用地补偿上，多采用市场补偿的机制。

　　第三，严格矿业用地法律程序。无论是矿业用地取得，还是矿业用地利用，国外矿业用地制度多注重行政程序的规范作用。通过行政程序的明确规定，一方面可以为矿业用地人提供行为的指引；另一方面也可以防止行政机关滥用行政权力，从而为土地权利人提供充分的制度保障。另外，在矿业用地过程中，通过赋予土地权人完备的程序性权利，各个利益主体都能充分表达自己的利益诉求，从而更好地实现自身利益的保障。

总之，尽管各国矿产资源条件和环境法制环境不同，但是，各国矿业用地制度都是各国矿业管理活动实践经验的总结，很多制度代表了矿业用地发展的方向。我国由于刚刚进入市场经济环境，而我国很多矿业用地制度都是计划经济时代遗留的产物，其与我国现在的制度环境相互抵牾。今后，我国应根据我国国情，充分借鉴和吸收别国的立法经验和研究成果，从而推动我国矿业用地制度的发展与完善。

三　基本思路、逻辑结构以及研究方法

（一）基本思路与逻辑结构

本书基本遵循提出问题、分析问题与解决问题的研究总体思路，具体为"概念厘定→制度反思→理论探究→经验借鉴→制度重塑"，即围绕"什么是采矿用地取得法律制度？""为什么要创新我国集体土地上采矿用地取得法律制度？""如何创新我国集体土地上采矿用地取得制度？"展开论证，对我国采矿用地取得的法权模式、具体制度以及相关配套制度等问题展开系统研究。其具体思路如下所述。

一，对采矿用地取得制度的一些基本概念和法律关系进行阐释与辨析，从而为文章的展开提供逻辑起点和论述的框架；二，采矿用地取得制度的中国逻辑：主要是梳理我国采矿用地取得制度与政策的生成进路，以及现行采矿用地取得制度的基本特征，探寻我国现行土地利用制度框架下采矿用地取得存在的问题，并从自然、制度、社会经济等方面进行原因分析，从而论证我国目前采矿用地取得制度改革的必要性；三，对域外代表性国家和地区采矿用地取得制度进行比较分析，从而为我国采矿用地取得制度的完善提供借鉴的样本经验；四，对我国采矿用地改革试点经验和做法进行归纳总结，从而为我国采矿用地取得制度完善提供经验的支撑；五，市场经济条件下我国采矿用地取得制度的重塑，即对我国市场经济体制下采矿用地取得制度改革应遵循的基本理

念、价值准则、基本路径、具体模式进行分析论证，重塑我国符合市场经济体制的采矿用地取得制度的新模式。六，采矿用地取得相关配套制度的完善。采矿用地市场化改革有赖于相关配套措施的完善，尤其是建立城乡统一矿业用地市场必须要以国家土地宏观调控为前提，须严格遵循土地用途管制制度。因此，论证与市场机制相适应的采矿用地用途管制制度，是采矿用地取得制度顺利改革的重要一环。

在上述研究思路支撑下，本书结构分为两篇内容。第一篇主要通过梳理我国以及域外国家与地区的采矿用地取得制度的发展演变规律，得出采矿用地具有不同于一般建设用地的先定性、依附性以及不可变更性等自然属性，从而证明采矿用地相对于其他土地物权的相对优先地位。在我国土地市场模式日趋完善的制度背景下，原有的行政化用地模式必然要被市场化的用地模式所取代。第二篇的核心任务主要是从理论和制度上，构建起符合我国当前市场经济体制和产权结构，能够兼顾公平与效率价值目标的采矿用地制度体系。

为实现上述研究目标，全书整体内容分为七章，其具体如下所述。

第一章：采矿用地取得制度基本概述。本章主要对我国采矿用地取得制度的基本概念和法律关系进行阐述与辨析，即通过对采矿用地概念、特征、类型，采矿用地使用权内涵、法律属性、法律特征的理论研究，以及对我国集体土地上矿产资源开采所涉及的采矿权与土地物权之间关系的梳理，为本书的展开提供逻辑的起点，以及框定本书发生作用所特有的场域和逻辑边界。

第二章：我国采矿用地取得制度改革的必要性。本章主要对我国采矿用地取得制度的生成进路，现有用地制度的特征及其所面临的逻辑与实践困境进行详细阐述，意图论证我国市场经济体制下采矿用地取得制度亟待改革的必要性。由于采矿权客体与土地权客体上下相邻或者相互包容，矿业开采不可避免要对地表土地进行占有和利用，这样，当矿业权与土地产权分属不同社会主体时，必然发生采矿权与土地物权的潜在冲突。同时，基于采矿用地的先定性和不可替代性的自然属性，市场机制在采矿用地领域往往失灵，国家必须通过行政权力对采矿用地市场进行干预。在计划经济时代，包括土地在内的所有社会资源统一由国家行政权力配置，且由于当时农村集体土地不具有财产属性，在此社会背景下，国家通过征收方式取得采矿用地无疑具有合理性。另外，计划经济体制下采矿权基本为国有企业所垄断，国有矿业企业本身就代表国家利益，矿业企业通过征收方式直接取得集体土地使用权也具有法律上的正当性。但是，随着我国转型为市场经济体制，我国资源配置方式发生了重大改变，即由计划配置逐步转向市场配置。同时，随着我国采矿权市场化改革的深化，大量私有资本介入矿业开发，采矿用地公益属性逐步淡化和消弭，采矿用地征收不再具有法律上的正当性。另外，随着我国农村土地产权制度改革深化，农村土地财产属性逐步凸显，农民土地权利意识逐步加强，开始"为权利而斗争"，在此背景下继续通过征收模式取得采矿用地，必然会遭受农民集体的阻滞与抗争，引发大量的社会矛盾。另外，由于我国现行物权制度中采矿权与土地物权在权利设置、取得方式、取得程序等方面存在制度缺陷，不仅矿业企业用地困难，采矿权难以得到实现，而且也严重损害了农民集体的土地权益，导致土地隐形市场泛滥，土地管制秩序受到严重破坏。因此，目前行政化采矿用地制度模式亟待变革。

第三章：域外采矿用地取得制度的考察与启示。本章主要对域外采矿用地取得制度进行比较分析，意图为我国采矿用地制度改革提供可资借鉴的样本经验。通过比较分析国际上代表性国家和地区的采矿用地取得制度可以发现，对于采矿权与土地物权关系的处理，基于各国社会发展阶段的不同，其对土地是否用于采矿用地的价值考量也不一样。发展中国家一般比较重视土地的经济价值，倾向于将土地用于矿业用途，因而通常在实体法上直接赋予采矿用地优先地位，采矿权优先于土地上其他权利；而发达国家一般重视土地的综合价值，因此，在处理采矿权与土地权利关系时，注重土地经济价值与其他价值的协调与平衡，一般通过平等协商机制解决土地利用的权利冲突。在采矿用地程序处理上，由于各国产权管理体制不一样，各国程序处理也不太一样，但是，各国普遍注重采矿权取得与土地权利取得程序的协调一致。在采矿用地取得机制与途径上，大多国家普遍注重采矿用地取得市场机制的基础作用，重视通过民事协商方式取得采矿用地。体现在法律上，就是重视通过民法手段解决矿地冲突问题，赋予采矿用地购买、租赁和地役权的法律地位，并对其提供民事私法上的救济机制。当然，鉴于采矿用地市场并非完全竞争市场，资源配置效率无法达到最优，域外国家也注重采矿用地国家强制干预，即当市场机制无法有效供应采矿用地时，一般都会创设强制性的法权工具，从而为采矿用地取得提供有效的制度保障。

第四章：我国集体土地采矿用地取得模式改革的试点探索。我国采矿用地制度亟待变革，除了现有的制度具有内在无法克服的自身逻辑矛盾外，还具有现实的采矿用地制度发展趋势相佐证和实践检验。在我国由计划经济向市场经济转型过程中，我国农村土地使用制度发生了深刻的变化。在农地非农化市场发展历程中，由国家统一征收集体土地，控制土地出让一级市场，到目前逐步放开农村建设用地市场，允许经营性建设用地在符合国家土地用途管制的前提下进入建设用地市场，在政策层面获得了土地自由流转的权利。在此社会发展背景下，从2005年开始，我国开始在全国范围内对采矿用地改革开展试点，并取得了巨大成功，产生了良好的经济和社会效益。采矿用地改革试点最主要的成果是创新了我国采矿用地供给模式，即由传统的土地征收转为直接利用集体土地的临时用地，这种用地模式不转变土地的权属格局，不用办理农地转用和土地征收手续，确保了矿业开发完毕后土地迅速恢复农业用途，从而保障了我国耕地保护目标的实现。就采矿用地取得方式而言，采矿临时用地兼具强制性用地与意定性用地特征，其强制性体现在采矿用地取得体现国家单方意志性，不以土地权人意志为转移；其意定性在于土地补偿要求与土地权人达成一致，从而保障了土地权人合法的利益。采矿用地改革试点的成功对于我国今后类似采矿用地取得提供了良好的示范作用。

第五章：市场经济体制下我国采矿用地取得制度改革的思路与依据。本部分主要对我国集体土地上采矿用地取得的宏观制度进行设计，探讨采矿用地取得制度的基本理念、价值目标、基本原则与实现路径等问题。随着我国国民经济快速发展，我国社会已经进入到"工业反哺农业，城市反哺农村"的社会发展阶段。在此社会经济条件下，原有采矿用地所秉持的"抑私扬公"理念必须得到修正，应逐步转变为公共利益与私人利益协调发展，在一定情况下"抑公扬私"的新理念。在采矿用地取得制度价值取向上，应秉持"效率与公平协调发展，更加注重社会公平"的价值取向，统筹协调好土地资源所负载的矿业保障、农民利益、生态环境以及粮食安全等价值目标的实现。在采矿用地取得制度基本原则上一方面要坚持采矿用地优先保障原则；另一方面也要注重矿业开发与土地利用相互协调的原则。在采矿用地取得实现路径上，必须变革现有的以征收用地为主导的用地模式，转变为在尊重矿产资源土地权属原有格局前提下，赋予农民集体采矿用地处置权的用地模式，即通过平等协商用地机制为主导，在协商无效情况下，再启动政府强制用地模式。政府强制用地程序中，要淡化行政权力强制性，更多地采用民事协商的私法机制，从而最终建构起以市场方式为主导，强制方式为保障、创新方式为补充的刚柔相济、公私兼顾，公法与私法相融合回应型的集体采矿用地新制度。

我国采矿用地取得制度实行公私法相兼容用地模式，不仅具有试点改革经验的支撑，而且在理论层面上也具有正当性与合理性。从经济学维度而言，根据经济学交易成本理论，在完全竞争条件下，市场具有更高的资源配置效率。在此条件下，政府通过权力对资源配置进行干预与经济效率无关。而在市场交易成本较高情况下，市场无法通过自身矫正其内在缺陷，从而导致市场失灵时，政府干预因而具有合理性。但是，政府配置资源也存在干预成本，政府干预只有在其干预成本小于市场成本时，才具有正当性和有效性。在采矿用地取得领域，市场取得和土地征收都是资源配置方式，我们要比较市场成本和行政成本的大小，从而决定采矿用地的供应途径，即使是选择行政手段配置用地，也应选择行政干预成本较小的模式。一般而言，法定地役权相较于行政征收而言，其取得成本相对较低，因此应该优先得到适用。而根据经济学外部性理论，由于矿业经济为国民经济发展提供物质和能量，矿业开采因而具有正外部效应。对于正外部性问题的解决，一般不能采用纯粹的私法手段，国家只能通过公法方式进行干预。而在采矿用地取得领域，公法方式一般指的是通过行政法手段，其中法定地役权和土地征收是基本手段。

从法学维度而言，现有采矿用地模式亟待改革的法理基础在于公私法相兼容理论。从私法公法化角度看，基于土地资源的有限性和承载众多的社会功能，因此土地财产负有社会义务。土地不仅具有实现私人财产价值最大化的功能，而且要承担社会利益分配与协调、增进社会福祉的社会功能。因此，基于矿业权与土地权利协调的需要，国家必须通过立法对土地产权进行一定限制，对土地权人的契约自由进行一定干预。而从公法私法化角度看，尽管国家基于协调物权利用关系的社会公共利益出发，对土地财产进行征收具有一定的正当性。但是，由于行政手段的刚性容易导致土地利用效率的降低，从而损害原土地权利人利益。因此，采矿用地取得制度的改革方向就是要弱化现有的行政化取得模式，采矿用地取得要由行政取得主导转变成市场机制为主导，行政强制为补充的模式。

第六章：我国农村集体土地上采矿用地取得具体制度。本部分主要对我国集体土地上采矿用地取得具体制度进行设计，提出要对我国采矿用地进行类型化分析，不同的采矿用地适用不同供地途径。在市场经济条件下，采矿用地首先要在国家宏观调控下采用市场机制解决，具体用地模式应根据市场竞争关系由当事人协商确定，可以采用租赁、地役权、股份合作等模式。但是，由于采矿用地具有先定性和不可替代性，完全通过市场机制会导致市场效率降低，甚至市场机制完全失灵，因此，在无法通过市场方式进行供地时，必须以国家强制力为保障，对私人土地权利进行限制与干预，其干预的强度应根据采矿用地范围、利用方式、利用强度而有所区别。对于长期性、规模化采矿用地，或者采矿用地后难以恢复土地原用途的，应采用土地征收的方式，采矿用地使用权直接取代原土地物权；对于短期性用地且可以恢复土地原用途的，或者局部性用地且对土地权人影响较小的，可以采用法定地役权的模式。但是，无论土地征收还是法定地役权模式，共同点都是国家基于土地利用的效率原则而对私人土地财产权的干预，属于政府对财产权利再分配领域的介入，因此，必须强化行政干预的正当性认定、规范行政干预程序以及提供公正合理的补偿，从而在确保社会基本公平的基础上，实现采矿用地效率优化的价值目标。

第七章：集体土地上采矿用地取得相关配套制度。本部分主要对我国集体土地上采矿用地取得相关配套制度进行设计。提出采矿用地取得制度改革有赖于相关配套制度的完善，尤其是建立城乡统一的采矿用地市场必须要以国家土地宏观调控为前提，必须严格遵循土地用途管制制度。采矿用地用途管制不仅要求采矿用地要符合矿业用地规划，同时也要遵循矿业用地计划，从而避免采矿用地市场失灵情况下产生政府管制失灵。在采矿用地利益分配制度完善上，笔者认为，在新的用地模式下，土地收益分配应该采取"初次分配根据产权，再次分配根据税收"的分享模式。

（二）研究方法

1. 理论分析方法

通过运用民事权利结构理论、财产权社会化理论和管制协商理论等法学理论对采矿用地使用权内涵、特征、采矿用地制度改革的理念、价值取向、基本原则与用途管制等问题展开理论论证，探讨采矿用地取得途径的正当性问题。同时鉴于采矿用地取得涉及用地效率问题，因此在探讨采矿用地取得具体模式时，大量运用了法经济学研究方法中的公共物品理论、外部性理论、交易成本理论对各种采矿用地取得途径的利弊问题进行了理论分析。

2. 规范分析方法

主要以我国现有土地管理立法为主线（含《土地管理法》《矿产资源法》《房地产管理法》《土地承包经营法》《物权法》等），兼顾中央出台的土地流转有关政策和地方创新实践为依据，对我国现有采矿用地法律法规和政策进行分析比较，找出现行采矿用地取得模式特点、缺陷，论证采矿用地取得制度改革的必要性。

3. 比较分析方法

比较分析包括横向的比较和纵向的比较两方面。横向的比较主要是通过对域外代表性国家和地区的采矿用地取得制度的梳理和比较分析，重点分析了采矿用地概念与范围、矿业权与土地物权的关系、采矿用地具体取得途径等问题，并与我国相应问题进行了比较分析，归纳出采矿用地取得问题上一些共同规则和发展趋势，从而为我国采矿用地制度改革提供制度的参考。纵向的比较是指通过梳理我国采矿用地制度变迁历程，分析不同时代采矿用地制度的特征、优缺点以及与所处时代的互动关系，研判出我国土地制度演变发展的趋势，从而为采矿制度改革提供方向的指引。

4. 实证分析方法

以广西平果铝土矿采矿用地改革试点为范本，对我国当前开展的矿业临时用地制度改革进行了探讨，分析采矿临时用地取得方式在实际运作中的问题，并提炼具有普遍推广意义的制度方案，从而为本书制度的构建提供本土素材。

四　基本观点与创新

（一）基本观点

随着我国国民经济快速发展，我国社会已经进入到"工业反哺农业，城市反哺农村"的社会发展阶段。在此社会经济条件下，原有采矿用地取得制度所秉持的"抑私扬公"理念必须得到修正，应逐步转变为公共利益与私人利益协调发展、在一定情况下"抑公扬私"的新理念。在采矿用地取得制度价值取向上，应秉持"效率与公平协调发展，更加注重社会公平"的价值取向，统筹协调好土地资源所负载的矿业保障、农民利益、生态环境以及粮食安全等价值目标的实现。在采矿用地取得制度基本原则上一方面要坚持采矿用地优先保障原则；另一方面也要注重矿业开发与土地利用相互协调的原则。在采矿用地取得实现路径上，必须变革现有的以征收用地为主导的用地模式，转变为在尊重矿产资源土地权属原有格局前提下，赋予农民集体采矿用地处置权的用地模式，即通过平等协商用地机制为主导，在协商无效情况下，再启动政府强制用地模式。政府强制用地程序中，要淡化行政权力强制性，更多地采用民事协商的私法机制，从而最终建构起以市场方式为主导、强制方式为保障、创新方式为补充的刚柔相济、公私兼顾，公法与私法相融合回应型的集体采矿用地新制度。

（二）创新之处

1. 研究视角创新

以往研究大多从如何规范矿业用地征收程序的公法视角来解决矿业用地取得问题，较少以产权确认与保护的私法视角来考虑问题。本研究试图从公私法相融合的视角探讨采矿用地取得新模式。

2. 理论观点创新

（1）建立市场化机制为基础的任意性矿业用地模式

无论是借鉴西方国家矿业用地实践经验，还是遵循我国土地政策发展趋势，市场化用地都应该成为我国今后采矿用地的基础性机制。市场化用地机制就是发挥市场机制在矿业土地资源配置中的基础作用，在国家土地宏观调控的基础上，根据市场竞争关系由当事人协商确定具体的矿业用地模式，采用协议出让、转让、地役权、租赁、股份合作等具体方式。

（2）基于限权与授权原则限缩行政化用地模式

我国在发挥市场化用地机制基础性作用的同时，也不应彻底否定行政化用地的制度功效，因为行政化用地模式具有效率、安全、保障等功能，能够保障采矿用地的有效供应。但是，基于保障农民私权以及降低用地行政成本、提升用地效率考量，我们应该弱化目前的采矿用地征收模式，其具体改革的进路就是秉持"抑公扬私"改革理念，按照市场机制要求，对采矿用地征收制度重新设计，逐步缩小采矿用地征收范围，严格界定采矿用地征收条件、强化原土地权人私权保护，规范行政用地程序等。

（3）构建非权属转移的采矿用地新模式

目前世界各国强制用地模式区分为土地征收的权属转移模式和公共地役权的非权属转移模式。土地征收与公共地役权模式的共同目的都是基于公共利益的需要，而对私人土地财产权利进行一定的干预。但是，公共地役权模式与土地征收模式相比较，其不仅能够有效促成公益用地目标的达成，而且具有"简化用地程序、节约交易成本"的制度优势，我国今后应借鉴西方国家公共地役权制度经验，归纳和抽象出我国用地实践中公共地役权的法权结构，并将其改造运用于采矿用地供地制度之中，从而扩展我国采矿用地的制度模式。

（4）构建市场化的采矿用地用途管制模式

在采矿用地用途管制中，应该引入市场机制的理念和管制工具，以缓和土地利用规划刚性和矿业用地动态需求的冲突，从而克服采矿用地市场失灵和政府失灵，在我国形成健康有序的城乡采矿用地统一市场。

第一篇

第一章

采矿用地取得制度基本概述

法律概念是法律规范和法律制度的基本要素，其是"为一定之目的，而经由设计将一定之特征组合或排列在一起，将一定价值储存于其中，以构成一个当为的命题"。[1] 其作用不仅在于限制了研究的主题和范围，使主题讨论能得以顺利展开，从而避免探讨问题时各说各话，减少无谓的争论[2]；而且由于其还具有对"特定价值之承认、共识、储藏，从而使之构成特定文化的一部分，产生减轻后来者为实现该特定价值所必需之思维负担以及说服的工作负担"[3] 的功能。因此，无论是从逻辑还是从价值上，对基本概念进行厘定应成为理论研究展开的前提与基础。采矿用地取得制度是矿业制度和土地制度之间的交叉，主要涉及采矿权和土地物权之间的法律关系，其内容包括采矿用地的取得方式、程序及其与土地物权的冲突问题，因此，采矿用地取得制度作为本研究的主题，采矿用地使用权、采矿用地作为其最基本的概念，必须将这些概念内涵予以厘清，以作为本研究的逻辑起点。

第一节　采矿用地使用权

一　采矿用地使用权的概念与性质

矿业权人因为开采矿产资源而需要取得采矿用地，这里的"采矿用地"实质上就是指采矿用地使用权。那么，什么是采矿用地使用权呢？江平教

---

① 黄茂荣：《法学方法与现代民法》，法律出版社 2006 年版，第 66 页。
② 彭俊：《中国公立高校校生纠纷研究》，博士学位论文，华中师范大学，2011 年。
③ 黄茂荣：《法学方法与现代民法》，法律出版社 2006 年版，第 72 页。

授认为，采矿用地使用权是矿业权的一部分，取得了矿业权，就自动获得了采矿用地使用权；而崔建远和高富平等教授持不同观点。崔建远认为采矿权的权利客体仅仅是矿区地下空间和矿产资源，采矿权人要开采矿产资源还需取得以地表为客体的矿业用地使用权。[①] 高富平也认为采矿用地使用权是一种排他性利用土地以开采矿产资源并获取其收益的民事权利。[②] 笔者认为，根据我国现有的法律制度框架，矿业权和采矿用地使用权分别得依不同的法律规范，通过不同的法律程序进行审批，因此，采矿用地使用权并非矿业权派生的权利，二者属于不同的法律权利。采矿用地使用权的客体仅仅是特定矿区范围内的地表土壤层，并不包括矿区地下空间和矿产资源。因此，采矿用地使用权可以被定义为：采矿权人基于矿产资源开采的需要而依据土地管理法向土地管理部门申请的特定矿区范围内地表的排他性利用权。采矿用地使用权法律性质为特定类型的建设用地使用权。

二　采矿用地使用权的客体

(一) 采矿用地的概念

1. 采矿用地的内涵

我国现有的法律，无论是《矿产资源法》还是《土地管理法》以及《矿产资源法实施条例》都没有对"采矿用地"概念明确界定。我国现有立法中与采矿用地相接近的概念是"矿区范围"。我国《矿产资源开采登记管理办法》第 32 条对"矿区范围"进行了明确的规定。[③] 根据该办法第 32 条的规定，这里所说矿区范围仅仅是指矿业权所涵盖的区域，而非采矿用地所包括的范围。[④] 而根据其他的规范性文件，可以发现零星的采矿用地的规定。根据 2007 年质量监督检验检疫总局、国家标准委员会联合发布的《土地利用现状分类》 (GB/T 21010—

---

① 崔建远：《土地上的权利群研究》，法律出版社 2004 年版，第 199 页。

② 高富平：《土地使用权和用益物权：我国不动产物权体系研究》，法律出版社 2001 年版，第 55 页。

③ 我国《矿产资源法》并没有出现"矿业用地"的法律概念，取而代之的是"矿区范围"，而根据《矿产资源开采登记管理办法》第 32 条的规定，所谓的"矿区范围"是指"经登记管理机关依法划定的可供开采矿产资源的范围、井巷工程设施分布范围或者露天剥离范围的立体空间区域"。因此，这里的"矿区范围"并非是矿业用地使用权的范围，而仅仅是指矿业权的范围。

④ 何淼：《中国矿地使用权法律制度研究》，硕士学位论文，中国地质大学，2011 年。

2007），采矿用地属于工矿仓储用地中与工业用地、仓储用地相并列的一种二级用地类型，其范围大致包括采矿（沙、石）场等地面施工用地和尾矿库用地。① 而根据国土资源部 2009 年发布的《土地利用规划分类》的规定②，其采矿用地范围与《土地利用现状分类》（GB/T 21010—2007）规定的采矿用地范围大致相当。

由上可见，我国目前立法仅仅对采矿用地进行了土地利用上的分类，即采矿用地属于建设用地范畴，并列举了其大致包含的用地范围，但对于什么是采矿用地并没有明确地界定。而通过梳理其他国家矿业法律制度，很多国家都对"采矿用地"概念进行了明确的规定。如《西澳大利亚采矿法》（1981）第 8 条规定所谓的"采矿租用地"是指"根据本法案或已废除法案所授予或取得的勘测许可证、勘探许可证、采矿租约、一般用途租约或其他许可证，所授予或获得采矿租用地的那片土地"。澳大利亚的"采矿租用地"不仅仅指采矿用地，同时也包括了探矿用地，相当于我国理论界所说的"矿业用地"概念。根据《法国矿业法典》（1985）第 71 条规定，所谓的采矿用地是指"经省法令批准，矿山开采者可以在其矿区范围内和矿区范围以外（除公共地的申请以外）占据因矿山开采及其必要设施所需的场地"。根据《波兰地质与采矿法》（1994）第 6 条的规定：采矿用地是指"采矿企业的采矿作业之预期影响所包括的空间"。因此，借鉴其他国家采矿用地概念的规定，结合我国采矿用地管理实践，笔者认为采矿用地作为一个法律概念，应从法律权利义务关系角度对其进行界定，它是指采矿权人基于矿产资源开采的需要，经由土地管理机关审查批准，并与土地权人达成用地协议，同时承担复垦义务的土地。③ 采矿用地作为矿业用地的一个下位概念，其与探矿用地概念相互并列。

2. 采矿用地的外延

为了更好地理解采矿用地，除了要对采矿用地内涵予以明确外，我们还必须规定采矿用地所囊括的具体范围，即采矿用地外延。由于我国

---

① 采矿用地包括"采矿、采石、采砂（沙）场，盐田，砖瓦窑等地面生产用地及尾矿堆放地"。

② 指"居民点之外的采矿、采石、采砂（沙）场，砖瓦窑等地面生产用地及尾矿堆放地（不含盐田）"。

③ 郑娟尔：《矿业用地制度问题与对策》，《国土资源科技管理》2015 年第 12 期。

立法没有"采矿用地"的概念，相应也没有对采矿用地范围加以框定。而从上文列举的我国相关规范性文件的规定可以得出，我国采矿用地的范围仅仅指"采矿、采石、采砂（沙）场，盐田，砖瓦窑等地面生产用地及尾矿堆放地"，即仅仅包括采矿生产用地和尾矿堆放用地。而根据世界其他国家立法，各国立法中一般都会对矿业用地的范围明确进行规定，只是鉴于各国法制传统不一样，对采矿用地范围规定的模式不尽相同。如德国立法采用概括式模式。① 通过概括式模式明确采矿用地外延的优点在于内涵比较清晰，而外延较为宽泛，而其缺点在于内容比较抽象，从而难以为实践提供明确的操作标准。日本和韩国采用列举的方式规定了采矿用地的范围。根据《日本矿业法》第105条规定，下列可以通过征收模式取得的采矿用地范围包括：（1）开设坑口或坑井；（2）设置土石和矿渣的堆弃物；（3）设置选矿或冶炼用的设施；（4）铺设铁路、轨道、索道、道路、运河、港湾、给排水道、池井等。通过列举式模式明确采矿用地范围的优势在于具体、明确，便于实践操作，而其缺点也甚为明显，即无法穷尽所有对象，难免出现挂一漏万，同时也缺乏灵活性，无法应对复杂多变的采矿实践活动。我国台湾地区《矿业法》（2002年修正）第44条②和《韩国矿业法》（1994年修订）第87条③也采用相似的规范模式，对矿业用地范围进行了详细罗列；第三种是概括加列举模式。该模式兼收了前两种的优势，明确清晰又不乏弹性灵活，典型的如法国、巴西立法。如巴西《矿业法典》第59条④

---

① 德国《矿山法》第12条规定："为进行勘探工作、开采工作、地下贮存或善后投资，可使用土地、房屋和设备。"

② 第44条：矿业权者有下列情形之一者，必要时得依法使用他人土地：一，开凿井、隧或探采矿藏。二，堆积矿产物、爆炸物、土石、薪、炭、矿渣、灰烬或一切矿用材料。三，建筑矿业厂库或其所需房屋。四，设置大小铁路、运路、运河、水管、气管、油管、储气槽、储水槽、储油池、加压站、输配站、沟渠、地井、架空索道、电线或变压室等。

③ 矿业权若或租矿权者在矿区、租矿区或其附近符合下列各项之一的目的时，可收用他人的土地：（1）坑口的开设、露天矿矿物采掘、矿物采掘作业所需机械设备的设置；（2）土石或矿渣堆积场的设置；（3）选矿和冶炼用设施的设置；（4）铁路、轨道、公路、运河、排水道、井池或电气工作物的设置。

④ 为了进行勘查或开采，矿床所在地的地产和邻近的地产，都可以被征用于建地上和地下的服务设施。土地的使用权和通行权是用于：（1）建造车间、设施、辅助性工程和住宅；（2）开辟运输道路和架设通信线路；（3）采矿和人员用水的贮存和输送；（4）电力输送；（5）矿山和加工机械用水的排泄；（6）开辟人员和材料的通道，安设通风和电力装置；（7）利用水源但不损害原有的活动；（8）运出从机器上卸下的材料和废弃物。

规定"凡是矿业勘查和开发，都可以依法利用矿床所在地的地产，用以建设地上或者地下的矿业服务设施"，同时也详细列举了8种矿业服务设施用地的具体类型。法国《矿业法典》（1985）第71条规定，"经省法令批准，矿山开采者可以在其矿区范围内和矿区范围以外（除公共地的申请以外）占据因矿山开采及其必要设施所需的场地"，同时，对这些用地设施明确地进行了规定，包括了（1）救急设施，如通风竖井和排水坑道；（2）对从矿山采出的燃料和矿石进行制备、冲洗和富集的车间；（3）对上述两段中的工作所产生的产品和废弃物进行堆积和储存的设施；（4）用于运输上述产品和废弃物或矿山所需物资的运河、公路、铁路及所有地面设施。

从国际立法比较而言，一方面，我国的矿业基本法没有对采矿用地范围明确进行规范，仅仅是通过其他规范性文件加以规定，导致其法律规定缺乏相应的权威性。另一方面，我国采矿用地范围相比于其他国家立法范围而言明显过窄，其仅仅包括采矿区用地和尾矿库用地。采矿用地作为一个复杂用地大类，其不仅应该包括上述两大类用地，而且应该包括所有其他直接为矿业开采活动提供服务的设施或工程用地。

因此，笔者认为，我国今后应在矿业基本法中明确采矿用地的概念，而且明确其用地范围，对采矿用地概念的界定应采用广义的采矿用地概念，借鉴概括加列举立法模式，详细划定我国的采矿用地范围，即矿业权人基于矿业开发、利用矿产资源目的，可依法申请使用矿区范围内的他人土地，其具体包括：（1）露天采掘矿物；（2）开设坑口、坑井；（3）设置采、选、炼矿等必要的矿业设备；（4）建筑矿业厂库或其他必要房屋；（5）堆放矿产物、土石、矿渣和一切矿用材料；（6）设置交通、能源、供排水、排气等辅助工程；（7）其他矿业生产必要的生产和生活服务设施用地等。只有在矿业立法中对采矿用地做出明确详细的规定，才能有效保障矿业企业的用地需求，同时有利于规范行政机关对采矿用地的行政管理。

（二）采矿用地的类型

采矿用地并非单一的用地类型，而是包括了不同期限、不同用途的一个用地大类。只有科学地对采矿用地进行分类，我们对采矿用地取得问题研究才能做到有的放矢。目前，我国学术界对采矿用地的分类主要包括以下几种观点：第一种认为采矿用地包括采矿区用地、尾矿库用地以及工业广场用地，[①] 而其中的工业广场用地又涵盖了工业厂房用地、交通设施用地、生活服务设施以及其他基础设施用地等类型；第二种认为采矿用地包括生产用地、辅助设施用地、生活服务用地三种类型[②]；第三种观点认为采矿用地包括采矿活动用地和采矿活动配套设施用地两种类型。[③] 由于各种分类所采用的分类标准不同，具体包括的类型也不一样。

笔者比较赞同第一种分类。因为采矿用地是矿业企业在一定期限为开发矿产资源而全部使用的土地，并非一个单独封闭的用地区域，而是根据矿业开发的不同环节区分为若干不同的矿业用地区域，每个环节因其矿业开发目标不同，其对土地的用途、利用方式和期限也互不相同。一般而言，矿业开发过程包括矿产的勘探、开采、选矿、炼矿、运输以及复垦等环节，因此，根据不同用地环节和矿业用地的用途，采矿用地可以区分为工业广场用地、采矿区用地和尾矿库用地。[④]

工业广场用地是指矿山企业为开采矿产资源而建设生产、生活配套设施以及道路、仓库等使用的土地，其包括工业厂库用地、生活设施用地、道路与其他基础设施建设用地[⑤]等。例如，煤矿工业广场用地就包括以下设施用地：储煤场、洗煤厂、材料仓库、办公厂房、澡堂、职工宿舍、食堂等；在石油管道设施用地中，如阀室、首末部、增压站、清管站、分输站等建设占用的土地也应属于工业广场用地。由于该类用地在设施建成后长期性使用土地地表（包括其上空间），因此，其性质与一般建设用地并无本质区别，属于永久性建设用地范畴。实践中，如果采矿用地属于国家重点扶持的能源设施（煤炭、石油、天然气）用地，一般先通过国家征收后再划拨给用地单位使用；如果不符合划拨用地条件的设施用地，则先征收再通过出让的方式进行供地。

---

① 李炜：《当前矿业用地管理现状及若干思考》，《中国国土资源经济》2006 年第 10 期。

② 谢立峰：《采矿用地产权关系及其管理方式研究》，硕士学位论文，中国农业大学，2005 年。

③ 中国土地矿产法律事务中心：《矿业用地管制制度改革与创新》，中国法制出版社 2013 年版，第 3 页。

④ 李炜、吴永高、关峰晔：《严肃查处矿业用地中的"以租代征"——对当前矿业用地管理的调研与思考》，《国土资源报》2007 年 1 月 8 日第 7 版。

⑤ 李错：《矿业用地使用权取得方式的改革》，《湖南社会科学》2011 年第 3 期。

采矿区用地是指矿产开采、选矿与炼矿工作区用地，其一般包括开采工作区用地、选矿区用地及矿石加工区用地（当选矿或加工需要设在矿山时）[1] 等部分。采矿区用地并非占用土地建筑永久性设施，而是通过一定的技术手段把赋存土地中的矿产资源开采出来，是对土地的一种取益行为，利用的是土地的"生产"功能，而非其承载功能。矿业开采完毕后，矿业权人则不再需要占用土地，因此，采矿用地本质上是一种"临时性"用地，与一般工业用地的"永久性"利用具有本质上的区别。在我国现有矿业用地政策中，并没有区分矿业永久设施用地和采矿区用地，统一适用一般工业用地政策，通过出让、划拨或者征收后出让或者划拨方式供地。但是，通过征收→出让（划拨）的用地途径取得用地需要履行烦琐的土地征收和出让程序，并且采矿区用地面积一般较大，受制于我国严格的用地指标限制，地方政府并没有多余的建设用地指标用于矿业开采，实践中难以办理采矿用地审批手续，导致矿业用地困难。

尾矿库用地是指用于堆放采出的矿石、废石或其他工业废渣的场所用地。据统计，我国现有尾矿库用地达 1300 多万亩（86.7 万多公顷）[2]，约占我国所有矿业用地总量的1/3。对于该类型用地，按照我国现有的法律规定，也是参照工业用地政策进行供地。但是，由于尾矿库用地一般地处偏远农村地区，把农村集体土地转换为国有建设用地不仅难以对其有效管理，而且由于尾矿库用地面积往往较大，需要耗费较多建设用地指标，因而难以获得政府部门用地审批，尾矿库用地无法得到有效保障。实践中为解决尾矿库用地供地困境，很多地方政府出台了地方法规，对尾矿库用地采取临时用地政策进行处置。如河北省出台了《河北省尾矿库用地审核办法》，其第三条规定尾矿库用地不再办理国有建设用地审批手续，而由矿业企业直接与农民集体签订用地协议，该用地协议经过土地行政管理部门审批后即可生效。

综上所述，由于采矿用地和一般工业用地相比较具有鲜明的自身特征，采矿用地并非单一的用地类型，而是一个包含复杂结构的用地大

---

[1]　曹燮明：《采矿手册》，冶金工业出版社 1988 年版，第 12 页。

[2]　佚名：《矿业用地取得与矿业用地规范化管理》，2016 年 4 月 21 日，中国行业研究网，（http://www.chinairn.com/news/20140630/100535567.htm.）。

类。根据不同用地功能，实践中矿业用地可以区分为不同的矿业用地区，其包括工业广场用地、采矿区用地、尾矿库用地；根据用地的时间长短，其可以区分为永久性用地和临时性用地；根据矿业用地所占土地区域不同，可以区分为独占性用地和非独占性用地；根据用地的目标不同，矿业分成公益性用地和经营性矿业用地。实践中，不同的用地类型相互交错，导致用地方式呈现出多元化、复杂化的用地结构。

（三）采矿用地的法律属性与特征

根据我国《土地管理法》第4条规定，根据土地用途功能的不同，将我国土地区分为建设用地、农业用地和未利用地三种类型。其中，建设用地的功能是"建造建筑物和构筑物"，其范围包括"城乡住宅和公共设施用地、工矿用地、交通水利设施用地、旅游用地、军事设施用地等"。因此，采矿用地作为工矿用地的一种亚种类，其应该属于建设用地的法律范畴。我国法律实践中，也是将采矿用地按照一般建设用地进行管理，如果矿业开采发生在农村集体土地上，只能通过征收的方式将集体土地转变成国有土地，再通过出让或者划拨方式进行利用。但是，采矿用地与一般建设用地相比，其具有一些不同于一般建设用地的自然属性，完全按照一般建设用地处理，将不利于土地资源的有效利用。

1. 采矿用地的附属性与不可替代性

采矿用地属于单独选址项目，其区别于一般建设用地位置的可选择性。采矿用地依存于矿产资源的赋存区位，一旦采矿区位被确定，采矿用地的区位和面积随之被确定。因而，采矿用地位置具有先定性、唯一性和不可调整性的特点。采矿用地的这种依附于矿业资源的特征，使得采矿用地的获取应不同于一般建设用地。如一般工业用地应该通过"招拍挂"的方式获取土地，而由于采矿用地的先定性和不可变更性，如果也无差别地使用"招拍挂"方式，无疑将使其在谈判竞价中处于不利地位，增加了矿业企业的用地困难，因此，在设计采矿用地取得制度安排时，必须考虑采矿用地的特殊性，对其制度供给进行单独设计。

2. 采矿用地的期限性

采矿用地的使用旨在开采土地地表之下的矿产资源，而非在其上建设永久性建筑物或者构筑物，是一种通过一定的技术手段在他人土地之上的取益行为，利用的是土地的资源价值而非其承载功能。矿业资源的开采具有期限性，无论矿产资源开采期限多长，当矿产资源开采完毕后，采矿用地对矿业权人即失去使用价值，不需要继续占有该矿业用地。因此，采矿用地具有期限性，采矿用地使用年限取决于矿产资源的可开采期限。一般的矿区生命周期为20年到30年，开采期限长的可以达到七八十年，甚至上百年，如深层石油资源的开采；而浅层矿产资源3—5年即可开采完毕，如广西平果铝土矿的开采。实践中，矿产资源开采时间受制于矿产资源的赋存条件和开采方式，其期限具有动态性，申请土地使用权的时候难以对其准确估计，因此，实践中采矿用地一般都是按照工业用地最高期限（50年）进行供地。

3. 采矿用地的生态性

一般建设用地对环境影响较小，而采矿用地对环境影响较大，会造成地表土壤和植被破坏、环境污染等。例如，煤炭井工开采会造成地表沉陷和矸石压占[1]。以地表沉陷为例，煤矿井工开采会产生地下采空区，原有的应力平衡状态被破坏，从而诱发采空区地表开裂、崩塌和滑坡等地质灾害，其不可避免会对地上建筑物和构筑物造成危害。据统计，在我国煤炭大省山西省，因为采煤而导致的采空区面积达到了全省面积的3%左右，因此而导致的受灾人口达到二百三十多万人，经济损失严重。[2] 另一产煤大省安徽省，截至2016年年底，该省采煤塌陷面积达到770平方公里，其面积相当于五大淡水湖之一的巢湖。[3] 煤炭露天开采是开采煤炭的另一种方式，其一般要先剥离表层土壤和岩层，会对地表土层和植被造成破坏，损害土地自然景观功能。同时，煤炭露天开采会排放大量的废弃物（如尾矿、矸石等），占用大量的尾矿库用地，而尾矿库用地一般含有暂时不能处理的对环境有害的物质与能量，并通过空气、水流传播，从而导致周边空气、水流和土壤的污染，因此，其

---

① 矸石山一旦淋水会呈现较强酸性、碱性或含有毒有害元素，选址不好又不采取防渗措施将会污染周围土壤、地面及地下水体，产生环境危害。参见姜升《煤矿区用地规划研究》，博士学位论文，中国矿业大学（北京），2009年。

② 佚名：《山西采煤致土地沉陷，数千"悬空村"房屋倒塌》，《福建日报》2015年5月17日第4版。

③ 孔华：《安徽落实八项规定要求采煤塌陷区"先搬后采"》，2013年1月13日，央视网（http://news.cntv.cn/2013/01/14/ARTI1358160700973866.shtml）。

实际影响区域远远大于废弃物堆放的面积,[①] 必然会对周边生态环境造成损害。

4. 利用类型的多样性

随着我国农村土地承包制改革的深化,农村土地涉及多重土地承包关系,其包括耕地、草地、林地或者水塘等,矿业开采如果发生在集体土地上,必然与这些土地承包权发生联系;同时,农村集体土地还可能属于建设用地,负载他人建设用地使用权,因此,也可能牵涉他人的建设用地使用权。另外,由于采矿用地大多处于西部偏远农村,其还可能涉及没有利用主体的未利用地关系。采矿用地并非单一用地类型,而是包括不同用地功能的工业矿区,采矿过程中可形成工业广场、采掘场、排土场、尾矿库、矸石山、塌陷地等及一些场站配套设施用地等。[②] 这些不同类型的矿业用地,在矿业用地方式、矿业用地范围、土地利用强度及对原有的土地权利人的权利限制等方面都具有很大的不同。[③] 因此,其和单一用地区域的一般建设用地具有显著的不同,需要处理不同的土地权利关系,适用不同的用地规则。

三　采矿用地使用权的主体

采矿活动实质上就是将矿产资源从赋存的土地中剥离出来的生产过程。由于矿产资源与土地资源在自然属性上紧密相连,因此,矿产资源的开采离不开对赋存矿产资源的土壤及其地表的占有和利用行为。而从法律角度看,由于大多数国家矿产资源与土地资源分属不同主体所有,采矿权主体经过国家授权获得一定矿区范围内的采矿权后,还必须申请矿区范围内的地表土地使用权,因此,无论是从实践需求角度,还是从法律制度规定上,取得矿区范围内的土地使用权都是采矿权有效行使的前置条件。这样,采矿权主体与采矿用地使用权主体呈现相当程度的契合性。换言之,采矿用地使用权主体实质上就是采矿权主体。

---

① 唐恒:《我国矿山生态环境与保护现状》,《内蒙古环境保护》2006 年第 4 期。

② 周伟、白中科:《我国矿业用地现状及其节约集约利用途径》,《资源与产业》2012 年第 8 期。

③ 郑美珍:《灵活供地明确退出——解决采矿用地两头难问题》,《国土资源情报》2011 年第 8 期。

对于采矿权主体的法律规定，根据我国《矿产资源法》第 4 条①的规定，国有矿山企业是我国矿产资源开采的主要承担者。而根据《矿产资源法》第 35 条②规定，集体和个体采矿者也是我国矿产资源开采的重要组成部分和有益的补充力量，可以开挖零星分散的矿产资源，或者沙石等普通建筑材料资源，以及基于生活目的开挖少量矿产资源。另外，根据《矿产资源法实施细则》第 7 条的规定，③ 允许国外的企业和个人在一定条件下开采我国的矿产资源。由此可见，在我国现有法律框架下，国有企业、集体企业、外商投资企业以及中外个人实际上都可以成为我国采矿用地使用权的法律主体。由于我国《矿产资源法》产生于计划经济时代，对矿业权的授予根据所有制进行区分，不同所有制企业在矿业开采领域具有不同的法律地位，不仅享有不同的采矿权，所获得的采矿权的法律保障也轻重不一，这与市场经济条件下市场主体应该享有平等的法律地位相互矛盾。由于矿产资源的开采涉及矿产资源的可持续性利用和环境保护等公共利益问题，国家在授予采矿权时必须审核采矿权申请人的资质，但是，该资质与采矿申请人的所有制性质并无实质关联，所有制性质仅仅涉及经济产权关系，与矿产资源开采能力没有对应关系。而与采矿资质密切相连的因素应该是采矿申请人应当具备的由国家规定的有关资金、技术、安全等条件。但是，我国现有的《矿产资源法》并没有详细规定采矿企业应当具备的生产技术、资金和环保条件。2011 年国土资源部印发了《国土资源部关于进一步完善采矿权登记管理有关问题的通知》（国土资发〔2011〕14 号），该文件第 13 条④对我国今后采矿权主体法律资格、注册资本、注册程序进行了详细的规范。由此可见，随着我国采矿权制度改革的深化，采矿用地使用权主体应被限定为矿业企业，个人采矿者不应再具有采矿用地使用权主体

---

① 《矿产资源法》第 4 条：国营矿山企业是开采矿产资源的主体。国家保障国营矿山企业的巩固和发展。

② 《矿产资源法》第 35 条：国家鼓励集体矿山企业开采国家指定范围内的矿产资源，允许个人采挖零星分散资源。

③ 允许外国的公司、企业和其他经济组织以及个人依照中华人民共和国有关法律、行政法规的规定，在中华人民共和国领域及管辖的其他海域投资勘查、开采矿产资源。

④ 第 13 条：申请采矿权应该具有独立企业法人资格，企业注册资本应不少于经审定的矿产资源开发利用方案测算的矿山建设投资总额的 30%，外商投资企业申请限制类矿种采矿权的，应出具有关部门的项目核准文件。

资格。

四 采矿用地使用权的内容

(一) 占有利用权

即采矿权人有权利占有矿区范围内的地表并加以利用的权利。采矿权人要开采地表以下赋存的矿产资源,不可避免要对矿区范围内的地表及其垂直空间加以占有,否则将无法进行采矿活动。换言之,对矿区地表的直接占有是采矿权有效行使的前提。同时,这种占有可能是排他性地占有,如露天矿的开采将导致原土地权利人无法继续从事种植、养殖以及其他的非矿业利用活动。由于采矿用地使用权与原土地使用权在占有上的相互排他,此时采矿用地使用权要取代原土地利用权。采矿权人除了对矿区范围内地表直接进行占有外,还需要对矿区范围内地表加以利用,例如安置采矿设施、开挖坑口、井口、采掘露天矿物,以及将采掘出来的矿物堆放在矿区地表等。

(二) 建筑权

即矿业用地使用权人有权在矿区范围内建筑矿业活动所需的生产和生活设施的权利。[①] 建筑权包括矿山建筑权和辅助建筑权两部分。所谓的矿山建筑权是指采矿用地使用权人在矿区范围内修筑直接用于矿山开采活动的基础设施的权利。如建筑井架,修建开采用建筑物等。可以说,如果不能修筑直接用于矿山开采活动的基础设施,采矿权将无法得到实现。而辅助建筑权是指采矿权人在矿区范围内以及相邻区域,修筑与采矿活动相关的基础设施的权利。辅助基础设施修筑权一般是为了采矿通风、采光、排水以及通电等需要而建设相关基础设施的权利,如开设排水口、开设通风井口、架设通电、通水、通信等管线等。建筑权所建筑或构筑的设施无论是采矿直接用设施还是辅助设施,都必须与采矿作业相互关联,采矿权人不得建筑其他无关设施。

(三) 通行权

是指采矿权人有权在矿区范围内及其相邻区域通行的权利。采矿权人要将开采出来的矿产品运输出去或者将生产设备等运输到矿区范围

---

① 孙英辉、肖攀:《完善矿业用地使用权的法律设置》,《理论月刊》2011 年第 6 期。

外，不可避免涉及对其他毗邻土地的利用。其法律的表达形式就是通行权。这种通行权对采矿权的行使来说至关重要，不取得通行权，采矿人员和相关物资的运输将无法实现，也就不能取得采矿权的利益。[①] 一般理论上认为，这种通行权属于相邻权法律范畴，一般不需要取得地表土地权人的许可，但需要对土地权利人的损失加以补偿，并应选择对土地权人损害最小的方式进行利用。

（四）收益权

是指采矿权人通过一定的技术手段，对特定矿区地表进行开挖或者修建工程设施以取得矿产品，并最终通过出售矿产品来获取一定经济利益的权利。采矿用地使用权收益还体现为可以将采矿用地使用权抵押、转让以获取一定的经济收益。

五　采矿用地使用权的特征

（一）对采矿权的依附性

尽管在法律层面上，采矿权的法律客体与土地物权的法律客体可以予以明确划分，采矿权的客体为地下空间及其赋存的矿产资源，土地物权客体为地表土壤层。但在实践操作层面上，由于矿产资源赋存于土地之中，难以对二者权利边界进行准确界定。同时由于采矿权的本质就是将矿产资源从赋存其中的土壤中分离出来，变成可予支配的矿产品的生产过程。在此生产过程中，采矿权离不开对土地地表的利用。尤其是露天矿藏采掘活动，首先必须剥离地表土层才能开发地下的矿产资源，在此，不可避免要对地表土地排他性占有和利用，因此，采矿用地使用权与采矿权天然不可分离。基于这一自然属性的需求，古今中外任何国家的矿业土地立法无不围绕如何让采矿权人顺利取得采矿用地使用权进行制度设计。如法国的法定地役权、德国的法定地上权、莫桑比克的矿业用地优先权、我国的矿业用地征收权等。

从我国现有立法来看，根据《矿产资源法实施条例》第 30 条规定："采矿权人有根据生产建设的需要依法取得土地使用权"的规定，有学

---

① 江平：《中国矿产资源法律制度研究》，中国政法大学出版社 1991 年版，第 287 页。

者把该条解释为这是我国采矿用地法定地役权的法律依据，[①] 即采矿权人在取得了采矿权的同时，自动获得了采矿用地使用权。其立法理由就在于矿业用地取得是矿业权有效行使的前提，如采矿权没有法定的采矿用地使用权内容，采矿权实际将无法得到实现。同时，矿业权的终止将导致采矿用地使用权消灭。根据《土地管理法》第58条的规定，有关人民政府土地管理部门经依法批准可以对核准报废的矿场土地使用权依法收回。另外，对于矿业权转让，矿地使用权是否也随同转让问题，尽管我国目前法律没有明确规定，但理论上和实践操作中，二者的转让应具有同一性。综上说明可知，矿业用地使用权实质上是依附于矿业权，是采矿权的附随权利。

（二）相对独立性

矿地使用权是一项具有独立性的用益物权，并非矿业权派生权利。首先，二者的权利客体不同。矿地使用权的客体是特定矿区范围内的地表土壤层；而矿业权的客体为特定矿区的地下空间及其赋存的矿产资源。权利客体不同，权利性质自然不同。其次，从取得程序看，根据我国现有法律制度，矿业权人取得矿业权并不当然取得矿地使用权，如需利用土地，则须依据特定的用地程序另行申请建设用地使用权，因此，矿业用地使用权并非矿业权的权利内容；最后，从权利来源看，矿地使用权作为一种土地用益物权，其权利来源于土地所有权，是从土地所有权中分离出占有、使用和收益等权能，并让渡给用益权人，因此，其是土地所有权派生出来的用益物权。而矿业权作为我国物权法规定的一种特殊用益物权，其权利来源于矿业所有权，是从矿业所有权分离出来，并对矿业所有权进行一定限制的用益物权。因此，二者并非相同的物权，只是由于在利用功能上的相互契合性，二者具有相互依存性。

（三）间接受益性

矿业用地使用权作为一种用益物权，是对矿产资源上附地表的一种使用和收益，但是该使用收益区别于其他土地物权的使用方式。其他土地物权一般是对土地本身功能的一种利用，如土地承包经营权是对土地

---

① 傅英：《矿产资源法修订理论研究与制度设计》，中国大地出版社2006年版，第197页。

地表的生产功能的利用以获取农产品；建设用地使用权是对土地承载功能的利用以修建建筑物或者构筑物，都是对土地使用价值的直接利用。而矿地使用权是利用特定矿区地表进行开挖或者修建工程设施以取得矿产品，其取益的对象是矿产品而非土地本身，土地只是其获益的一个媒介载体，是一种类似于地役权的对土地间接取益的权利。

（四）占用排他性

采矿用地使用权是为实现采矿权人的经济价值，而对他人土地的一种取益性权利。其必然要求在矿区范围内土地上兴建矿业开采面或者设置其他矿业工程设施，要求对土地稳定的排他性利用，这必然与原土地权利无法兼容。此时，原土地使用权不能继续合法存在，要求矿业土地使用权在一定期限内取代原土地权利人的土地使用权。在此，采矿用地使用权又分为两种情况。一种情况是矿地使用权在矿业权有效运行期间存在，矿地使用权取代原土地使用权，待矿业权有效期终止后，矿地使用权完成历史使命，矿业土地可恢复为原土地用途，如广西平果铝土矿的采矿区用地；另一种情况是矿地使用权无期限地取得原土地权利人的土地利用权，如国家规划矿区的土地利用，其土地使用权通过划拨取得，以建设用地使用权形式无限期地存在。但从整体言之，矿地使用权最终会归属于其他的土地使用权，矿地使用权绝非一般意义上的建设用地使用权。[①]

第二节　采矿权与土地物权的应然关系

采矿用地使用权作为采矿权与土地物权之间的交叉点，它既关系到采矿权的有效行使，也关系到土地资源的有效利用问题。从私法角度而言，采矿用地取得问题的本质就是采矿权与土地物权的冲突问题，而采矿权与土地物权冲突的症结在于现有立法缺乏对采矿权与土地物权关系的准确定位。为此，我们要从理论上探讨采矿权与土地物权关系的应然状态，明确采矿权与土地物权实体关系，从而为我国今后采矿权与土地物权的协调奠定理论基石。

[①]　何淼：《中国矿地使用权法律制度研究》，硕士学位论文，中国地质大学，2011 年。

一　采矿权与土地权利关系的立法模式

所谓的"采矿权"，根据《矿产资源法实施细则》规定，是指"在依法取得的采矿许可证规定的范围内，开采矿产资源和获得所开采的矿产品的权利"。在此，采矿权人为合法取得采矿许可证的单位或者个人。如前文所述，该单位可以是国有制企业单位、集体所有制单位，也可以是外资企业单位。采矿权的客体并非单一客体，而是包括特定矿区范围内的地下土壤层及其所包裹的矿产资源两个部分。[①] 根据我国现有的法律规定和理论通说，采矿权属于民法物权中的用益物权范畴。

所谓的"土地物权"，指的是以土地地表为客体，土地权利人通过占有土地地表，并根据土地自然属性和使用功能加以利用的权利。土地物权不是一个单一权利类型，而是由一个权利束组成的权利群。从土地权利完满状态来区分，土地物权包括土地所有权和土地使用权。土地所有权为自物权，具有完整的土地权能；土地使用权为他物权，其权利来源于土地所有权。从权利的静态角度而言，无论是土地所有权还是土地使用权，都以一定深度的土地地表为客体，其与采矿权客体——地下土壤及其赋存的矿产资源呈上下排列结构，二者相互分离，彼此可以共存。但是，从权利行使的动态角度而言，由于采矿权行使"从本质上说就是要从自然界中提取矿产资源，并通过把它们转为商品物资的方式占有它们，在这个提取过程中首先要接触到的部分是地球表面"。[②] 换言之，采矿权的行使不可避免与土地物权发生冲突。根据前文所述，采矿权的下列行使方式会与土地权利人的权利利用发生交集：露天采掘矿物；开挖坑口、井口、隧道；设置必要的采矿设施；建筑采矿用库房和辅助设施；通水、通电、通气以及运输矿物与废料等。从法律性质上而言，采矿权属于用益物权，而土地物权顾名思义也属于物权范畴。因此，协调好采矿权与土地物权效力之间的关系，既是物权法内部和谐性的要求，也是物权法与矿产资源法衔接与配合的需要。[③]

由于各国社会发展阶段和法制传统不一样，各国处理采矿权与土地

---

① 崔建远：《准物权研究》，法律出版社 2012 年版，第 241 页。
② 江平：《中国矿产资源法律制度研究》，中国政法大学出版社 1991 年版，第 240 页。
③ 韩洪今：《论矿业权与土地物权的冲突与协调》，《学术交流》2006 年第 12 期。

物权冲突的模式也不尽相同。目前，世界各国对采矿权与土地权利的冲突处理主要采取三种模式。

第一种为英美法系"完全统一式"立法模式。由于奉行"土地者，土地上空及其底下皆属于其所有"的法律观念，英美法系国家早期阶段无不出台法律，规定矿产资源属于土地的一部分，矿产资源所有权归属土地物权人。当前，采纳该立法模式的国家为少部分英美法系国家，典型的如美国立法。根据美国的矿产资源立法，在美国的所有州，私有土地的物权人可以自行开采自己土地上的矿产资源，也可以授权其他具有开采能力的社会主体进行开采。而政府机关对采矿权的授权处于消极状态，只要采矿权人满足了政府规定的环保要求，即可自由开采，政府最主要的角色仅仅定位于矿产资源税的收取工作。[1] 由于采矿权和土地物权归属于同一主体，二者在利用过程中，不可能发生使用上的冲突，即使土地权利人将采矿权授权其他主体行使，但由于这种授权行使是基于土地权人自由意志的结果，土地所有权与矿业权没有法律上的冲突。[2]

第二种为大陆法系"完全分离式"立法模式。在该立法模式下，一般通过宪法或者矿产资源法规定矿产资源国家所有制，并且矿产资源属于国家所有与其所依附的土地产权无关。鉴于国家一般不适合直接开采矿产资源，因此，一般通过设立矿业权的方式，授权社会主体对国家所有的矿产资源进行开采。当采矿权人在私人土地上开采矿产资源时，要与地表权人进行协商，取得其同意，并对占地损失依法补偿后方可进行开采作业。目前，世界上绝大部分国家都采纳该立法模式。该模式的立法理由在于矿产资源属于社会生产和再生产的基本条件，关乎能源安全与国家利益，矿产资源产权不应该被私人所垄断，理应由全体社会成员所共享。因此，"完全分离式"立法模式保障了矿产资源国家所有权的有效实现。但是，由于采用"完全分离式"立法模式，当采矿权与土地物权分属不同社会主体时，二者不可避免发生利用上的冲突。为此，鉴于矿产资源不可再生性以及公共利益属性，国家一般通过创设强制许可制度，以保障采矿用地的合理需求。如法国矿业法规定的法定地役权

---

① 沈莹：《国外矿产资源产权制度比较》，《经济研究参考》1996 年第 16 期。

② ［英］F. H. 劳森：《财产法》，林燕等译，中国大百科全书出版社 1998 年版，第20 页。

制度，即通过立法直接规定采矿权人基于采矿目的需要利用他人土地的，土地权人不得拒绝，采矿权人仅仅负有补偿土地权人损失的义务，其对矿区土地的利用并不需要取得土地权人的同意。再如我国台湾地区《矿业法》的规定，当采矿权人需要利用他人土地时，可以通过租赁或者购买的方式进行利用，土地权人非有正当理由不得拒绝。并且这种采矿权优先于土地物权不因矿种的经济地位而有所不同，从而保障了矿业开采和土地利用的相互协调。

第三种模式为采矿权与土地物权"相对分离式"模式。其典型立法为德国立法。根据德国矿业法的规定，土地权利人仅仅对依附于土地上的特定矿种享有所有权，如石头、黏土等建筑材料。而对于国家利益比较重要的矿藏实行国家所有权制度。这样，当土地权人开采属其所有的特定矿藏时，可以自行开采。而对于一般矿藏的开采，必须要取得国家机关颁发的采矿许可证，取得采矿权后才能开采。当采矿权的行使与土地物权发生冲突时，德国法规定了"法定地上权"模式进行处理，即土地物权人对于采矿权人在其土地上合法开采矿产资源时负有容忍的义务。

二　我国采矿权与集体土地权利的应然关系

作为社会主义国家，我国为保证民族独立和国家经济主权，早在1951年，我国政府颁布了《中华人民共和国矿业暂行条例》，实现了矿产资源的国有化。但是，由于我国特殊的国情，我国土地所有权并非单一的国家所有制，而是采纳了国家与集体二元所有制。根据我国《宪法》规定，我国城市土地属于国家所有，而农村以及城市郊区的土地，除了法律明文规定属于国家所有的外，属于农村集体所有。由于我国采矿用地大多发生在农村集体土地上，[①] 因此，矿产资源和土地资源分属于不同的社会主体所有，即矿产资源属于国家所有，而土地属于集体所有。因此，如何协调农村土地上采矿权与土地物权关系就成为我国当前解决采矿用地取得问题的关键。目前，我国现行立法对于如何处理农村土地物权与采矿权的法律关系并没有明确规定。从理论界而言，对于采

---

① 据有关数据表明，我国采矿用地 85% 为农村集体土地。参见康纪田《矿业法论》，中国法制出版社 2011 年版，第 278 页。

矿权与农村集体土地产权的关系目前主要有两种基本观点。第一种观点认为采矿用地使用权具有优先地位。其理由主要是基于采矿用地的公共目的性，以及我国目前的采矿用地实践。

目前，由于我国法律规定所有的建设用地必须来源于国有土地，如果采矿用地发生在集体土地上，只能通过征收的方式变成国有土地，再通过划拨或者出让的方式进行利用。从1949年后到目前为止的我国采矿用地实践，即是按照该模式进行操作，因此，采矿用地使用权事实上优先于农村集体土地物权得到实现。另一种观点认为不能一概认为采矿用地使用权优先于集体土地物权，而应区分采矿权的经济地位，不同的采矿权适用不同的集体土地供地模式。对于关系国计民生和国家战略的采矿用地，采矿用地优先于集体土地物权，采用传统的征收划拨模式取得采矿用地；而对于一般性矿产资源的开采，应该按照物权法不相容物权"时先权先"原则进行处理，即成立在先的物权优先实现。如果采矿权设立在先，那么其上不可以再设立相互冲突的集体土地物权；如果集体物权设立在前，同理，采矿权人只能通过协议的方式，取得土地物权人同意后，再通过国家征收划拨或者征收出让的方式取得采矿用地使用权。

笔者比较赞同第一种观点。其理由在于：

第一，矿产资源属于国家专有财产，关系社会整体利益的实现，因此，采矿用地优先可以基于"社会公共利益优先"的原理取得。尽管采矿权行使主体并非国家，而是私人的社会主体，采矿权人开采矿产资源也并非基于公共利益的目的，而是基于经营的目的，追求私人利益的最大化。但是，私人采矿权的行使，客观上造成了矿产资源国家所有权的实现。可以说，正是基于采矿权私人利益最大化的实现，矿产资源国家所有权也得到了最大化实现。国家不仅获得了矿产资源开采的经济对价，而且通过私人的矿产开采，社会获得了经济发展的物质基础，国家矿产资源得到了有效的利用，实现了社会整体福利的最大化。从经济学角度而言，矿产资源开采是个具有较大外部效益的行为，即正外部性，国家对外部效益的生产必须给予干预，反映在采矿用地供给上就是通过法律制度规定采矿用地的优先权。

第二，基于采矿用地的自然属性，必须给予采矿用地优先权。采矿用地不同于一般建设用地，采矿用地的选址具有先定性和不可变更性的特征，即采矿用地只能选择在矿产赋存区位，不可能更换到其他区位。如果因为土地权利人拒绝协商，或者协商要价太高，将会导致采矿权事实上处于无法行使的尴尬状态，这样，国家设立采矿权的目的将无法实现。作为一项权利，法律对它的保护，最重要的就是要保证权利人有实现其权利的良好可能性，不但要防止对权利的侵害，而且要保证权利的完好实现。①

就采矿权而言，采矿权属于《物权法》明确规定的用益物权，物权法不仅要对物权的行使提供保护，更为重要的是，要为采矿权的有效行使创造条件，否则采矿权将会沦为一项空洞的纸上权利。由于采矿权的行使天然与土地地表相互关联，取得采矿权就必须要赋予采矿用地使用权的权能，地表土地利用是采矿权行使的前提，因此，基于采矿权行使对土地地表利用的依赖性，国家法律必须赋予采矿用地相对于其他用地优先的法律地位。这样，当采矿用地损害原土地权人利益时，法律基于公平正义的法律精神，必须给予原土地权人经济补偿，从而在维护原土地权人经济利益的前提下，保障采矿用地的合理需求。

第三，赋予采矿权优先地位符合国际惯例。② 与我国同为大陆法系的德国、法国、日本、韩国以及我国台湾地区无不规定了采矿用地优先制度，尽管各国采用的优先权制度名称互不相同，如法国的法定地役权，德国的法定地上权，日本、韩国的法定利用权。但是，各个优先制度的制度功效大致相同，即都是通过法律明确规定采矿用地优先地位，并通过国家强制力对其加以保障。我国作为具有大陆法系传统的国家，与大陆法系国家具有相似的矿产资源管理体制，完全可以借鉴大陆法系国家优先权模式，为我国市场经济体制下采矿用地取得提供法制保障。更值得注意的是，我国是社会主义国家，实行的是土地公有制，既然土地私有制国家都可以通过法律直接对私有土地权利加以限制或者直接剥夺私人土地产权，我国作为一个土地公有制国家，更加具有赋予采矿用地使用权优先地位的法律正当性和便利条件。

如前所述，法律赋予采矿用地使用权优先地位的一个重要原因在于矿产资源的公共利益性，但是，农村集体土地也不仅仅涉及土地私人利

---

① 江平：《中国矿产资源法律制度研究》，中国政法大学出版社 1991 年版，第 240 页。
② 郭洁：《矿业权民事立法浅论》，《贵州民族学院学报》（社科版）2002 年第 5 期。

益，在我国现有法律框架下，我国农村集体土地还负载社会保障、环境保护、粮食安全等社会公共职能，同样关系到社会公共利益。这样，当两种负载不同公共利益的用地需求发生冲突时，仅仅赋予采矿用地优先地位则未免牵强。因此，我国不仅要从实体上对各种公益用地进行价值排序，而且还应从用地程序上对具体公共利益进行价值衡量。换言之，并非所有采矿用地都享有排除原土地权利的优先地位，而是所有的采矿用地取得都首先要经过行政主管部门的用地审核。行政主管部门在审批用地申请之前，必须召开用地听证会，听取用地双方、当地社区以及地政部门意见后，如果认为采矿用地具有更大社会效益，则可以颁发采矿用地许可证，采矿用地取得实际优先地位；如果行政主管部门认为农村集体土地利用具有更大社会价值，可以拒绝颁发采矿用地许可证。对于行政主管机关的许可行为，由于其牵涉采矿权人或原土地权人实质经济利益，因此，应该赋予双方提起司法审查的权利，由司法机关对双方利益关系进行最终的衡量。

另外，可以通过采矿用地准入制度限制或者排除在特定土地上的采矿行为。我国《矿产资源法》第20条①规定了矿产开采区域限制制度，即非经国务院主管部门同意，禁止在港口、机场、铁路、公路等重要基础设施、国家划定的自然保护区、历史文化名胜区、重要河流和堤坝等特定区域开采矿产资源，即采矿用地涉及港口、自然保护区等同样涉及重大公共利益的土地时，非经国务院批准不可开采矿产资源。但是，我国《矿产资源法》缺乏对涉及农业土地采矿限制的法律规定。而根据《基本农田保护条例》第15条规定②，如果矿业开发需要占用基本农田的，必须要取得国务院的审查批准。换言之，由于我国人多地少的现实国情，为维护我国粮食安全的战略需求，基本农田不得用于任何经济建设。采矿用地涉及基本农田的，除非经过国务院批准，否则不得用于矿业开采活动。

---

① 非经国务院授权的有关主管部门同意，不得在下列地区开采矿产资源：港口、机场、国防工程设施圈定地区以内；重要工业区、大型水利工程设施、城镇市政工程设施附近一定距离以内；铁路、重要公路两侧一定距离以内；重要河流、堤坝两侧一定距离以内；国家划定的自然保护区、重要风景区，国家重点保护的不能移动的历史文物和名胜古迹所在地；国家规定不得开采矿产资源的其他地区。

② 国家能源、交通、水利、军事设施等重点建设项目选址确实无法避开基本农田保护区，需要占用基本农田，涉及农用地转用或者征收土地的，必须经国务院批准。

第二章

我国采矿用地取得制度改革的必要性

第一节　我国采矿用地使用权取得制度的生成进路

集体土地上的采矿用地取得制度是我国矿产资源产权制度与农村土地产权制度的交叉制度，要深刻理解我国现有的采矿用地取得制度，必须将之放入历史变迁之中进行考察。而要理解我国采矿用地制度的生成进路，必须同时将矿产资源产权制度、农村土地产权制度以及采矿用地取得制度相结合加以考察。

一　我国矿产资源产权制度的沿革

1949 年后，我国矿产资源产权制度变迁大致可以划分为三个阶段：第一，单一性计划配置阶段；第二，矿业权无偿行政授予阶段；第三，矿业权有偿许可阶段。

1. 所有权与使用权未分离，矿产资源开采实行单一计划配置阶段（1949—1978 年）

中华人民共和国成立到改革开放前，我国实行单一的公有制经济，通过行政计划配置一切生产资料和物质资源，在经济活动中用"超现实的产品经济关系代替商品经济关系，用分配代替交换，用计划代替市场"①。因此，在矿产资源领域，我国政府 1951 年就颁布了法律制度，②实现了矿产资源所有权的国有化。在矿产资源开发与经营领域，实行单一的公有制体制。国家根据国民经济发展计划，通过指令性计划，下达给国有矿山企业生产任务。矿产品生产出来后，再由国家统一调度使

---

① 傅英:《中国矿业法制史》, 中国大地出版社 2001 年版, 第 57 页。
② 1951 年颁布了《中华人民共和国矿业暂行条例》。

用，企业没有经营销售的权利。因此可以说，在当时的制度环境下，是由政府代表国家对一切矿产资源统筹规划，统一开发和使用。易言之，矿产资源的所有权属于国家，矿产资源的管理权也属于国家，矿产资源的配置不是通过市场而是通过行政措施统一配置，政府对资源产权的行使主要表现为资源行政管理。① 矿业权这种管理体制可以说与当时中国高度集中的经济管理体制相适应，对新中国成立初期经济建设发挥了重要的作用。

值得一提的是，中华人民共和国成立之初，我国保留了大量的私营矿山企业，1951 年的《中华人民共和国矿业暂行条例》明确规定矿产资源所有权归国家所有，但是允许国营和私营两种矿山企业同时并存，反映了国民经济恢复时期允许资本主义商品经济成分有条件存在的特点。② 但是，随着我国社会主义三大改造完成，至 1956 年底，私有矿山企业基本被公私合营矿山企业所取代，私营矿山企业作为整体在我国大陆地区完全被消灭。其他领域的私营企业数量同样稀少，在改革开放前夕，我国"只剩下个体工商户 15 万户，其中大都是修自行车，修鞋子的，几乎没有什么工业产值"③。因此，在这种经济体制下，私营矿山企业基本没有了生存的空间。

2. 矿业资源开发主体逐步多元化，矿业权无偿行政授予阶段（1978—1992 年）

1978 年，我国开始推行改革开放政策，确立了以经济建设为中心，一手抓经济，一手抓法制的新社会发展路线。在此社会经济背景下，我国国民经济快速复苏，矿产资源需求大幅上升。矿业市场上开发主体除了国有企业外，出现了大量的集体矿山企业，甚至出现了个体矿山开发者和外商矿业投资者。各个矿业开发主体为追求自身利益最大化，而对国有矿产资源滥采滥伐，导致矿业生产秩序遭到严重破坏。这样，由于不遵循可持续保护性开采，已经危害到了国家矿产资源所有权。鉴于此，国家通过出台法律法规，实行矿产资源的有偿开采体制。1982 年

---

① 肖国兴：《论中国自然资源产权制度的历史变迁》，《郑州大学学报》（社科版）1997 年第 6 期。

② 刘永存：《矿业权研究——公私法调整的冲突与协调》，博士学位论文，西南政法大学，2011 年。

③ 晓亮：《论改革开放和中国民营经济三十年》，《理论前沿》2008 年第 8 期。

国务院颁布《中华人民共和国对外合作开采海洋石油资源条例》，要求中外合作开采矿产资源的矿业开发主体缴纳矿区使用费，在我国首开矿产资源有偿使用先河。1986年我国颁布《矿产资源法》，第一次通过法律形式明确规定我国矿产资源实行有偿开采，并明确了各种经济成分在国有矿产资源开发中的法律地位，标志着我国开始通过法制手段管理矿产资源开发活动。通过这些矿产资源有偿开采制度的建立，我国当时法律上矿产资源开发主体实际已经多元化了。但是，由于国家实行矿产品统一销售制度，无论何种开发主体取得的矿业开发权利，矿业开发主体都不能够自由销售矿产品，更不能以任何形式买卖、出租或者以其他形式转让矿产资源，否则将依法承担法律责任。[1] 1986年《矿产资源法》没有出现"矿业权"的概念，矿业开发主体实质上也不拥有私法意义上的矿业产权。为了贯彻实施矿产资源有偿开采制度，1994年国务院出台了《矿产资源补偿费征收管理规定》，进一步对矿产资源收费方式和程序进行详细的规定。

综上所述，在此阶段，由于我国当时实行的是有计划的商品经济，矿产资源整体上还是通过国家行政权力进行配置，矿产开发主体依然是国有企业，[2] 其按照我国生产计划对矿产资源进行开发利用，但是，由于国有企业的矿产资源属于无偿取得，其在内部无法对矿业企业形成激励和约束，导致生产实践中不重视矿产资源的综合开发利用，不仅浪费了宝贵的矿产资源，还污染了环境。

3. 矿产资源所有权与使用权相分离，矿业权有偿许可阶段（1992年到目前）

随着我国经济体制改革的深入，我国逐步由计划经济向市场经济转型，1992年党的十四大正式提出在我国建立社会主义市场经济。市场经济体制要求通过市场机制配置资源，提高资源配置的效率。在此社会背景下，1996年我国通过对《矿产资源法》的进一步修订，明确了矿业权有偿许可制度。[3] 首次提出了"探矿权"与"采矿权"法律概念，规定矿业开发主体取得和行使矿产资源开发权利时，必须支付一定的对

---

① 参见《矿产资源法》（1986）第42—43条。
② 集体矿业企业和私人只能开发边缘和零星的矿产资源。
③ 参见《矿产资源法》第5条规定。

价。换言之，矿业开发主体不仅须在矿业权行使环节缴纳矿产资源税费，在矿业权的取得环节也必须缴纳矿业权的费用。尽管新的《矿产资源法》依然禁止将探矿权、采矿权倒卖牟利，但是在满足一定条件的情况下，允许将依法获得的矿业权进行转让。为贯彻实施新的《矿产资源法》，国务院1998年颁布了三个配套的法律法规①。如根据《矿产资源勘查区块登记管理办法》的规定，探矿权只有探矿申请人向各个矿业主管部门提交申请材料，经过行政审批登记程序，取得国家颁发的矿业勘查许可证后，才能取得相应的探矿权，然后才可进行矿业勘查活动。同样，根据《矿产资源开采登记管理办法》规定，采矿权申请人也必须向矿业权登记管理机关递交材料，缴纳相应采矿权使用费和国家出资勘查形成的采矿权价款，经过地质矿产主管部门审批同意，获得相应采矿许可证后，才可以开采矿产资源。另外，采矿权除了通过行政授权方式取得外，还可以"通过招标、投标的方式有偿取得"②。至此，我国矿业权市场法律框架已初步形成。

进入21世纪后，为培育、规范矿业权市场，提高矿产资源市场化配置水平，保障矿产资源国家所有权得到有效实现，2000年国土资源部出台了《矿业权出让转让管理暂行规定》。首次通过法规方式确认矿业权的性质为财产权，并且明确规定了矿业权可以采取批准申请、招标、拍卖等方式取得。③同时，明确规定矿业权作为一种私法上的财产权，具有私法上的占有、使用、收益和处分等权能，矿业权在二级市场可以通过"出售、作价出资、合作勘查或开采、上市等方式依法转让"④，也可以依法对合法取得的矿业权进行出租和抵押，进一步拓宽了矿业权的流转渠道，从而突破了我国现有矿产资源法律的基本框架。⑤尽管该规章明确规定了矿业权的"招标、拍卖"等竞争性市场出让方式，但是由于该条文并非强制性规定，导致实践中经常被规避使用，造成国有资产大量流失。鉴于此，国土资源部分别于2003年和

---

① 即《探矿权采矿权转让管理办法》《矿产资源开采登记管理办法》以及《矿产资源勘查区块登记管理办法》。

② 参见《矿产资源开采登记管理办法》第13条规定。

③ 参见《矿业权出让转让管理暂行规定》第4条。

④ 参见《矿业权出让转让管理暂行规定》第6条。

⑤ 王清华：《我国矿业权流转法律制度研究》，博士学位论文，上海交通大学，2012年。

2006 年颁布法律规定要求对符合条件的国有矿产资源的出让必须推行"招拍挂"出让方式，并且对矿产资源的"招拍挂"条件和程序做了进一步细化的规定。[①] 至此，我国已经形成了比较完备的矿产资源出让市场法律体系。

"经济基础决定上层建筑"，我国矿业权产权制度始终随着我国社会宏观经济制度的变革而不断变化，但是，通过对我国矿产资源产权制度变迁的梳理可以看出，我国矿业权制度的发展演变始终围绕两条主线：一条是矿业权从无偿授予逐步转为有偿取得；另一条主线是矿业权的配置由行政配置逐步转为市场配置，并且市场公开化和规范化水平不断提高。在此转变过程中，政府的角色发生了重大改变，由直接从事矿产资源开发向矿业权市场化建设转变，政府的角色回归到维护市场秩序的行政管理职能，在维护市场秩序的过程中更好地实现了矿产资源所有者的经济利益；而作为市场主体的个人及其他类型的企业，由禁止开发到半遮半掩逐步放开，再到通过建立矿业权市场，可以在一级市场上矿业权的出让或者在二级市场上矿业权的转让获取矿业权，对于合法取得的矿业权，在满足一定条件下也可以依法转让，从而恢复了矿业权的法律财产权的本来面貌，使矿产资源的配置得到了优化。这种矿业权开发利用领域国家和社会主体角色的变更，导致矿业用地方式必须进行相应的调整。

二 我国农村土地产权制度的变迁

为了完善我国的土地制度，有效推动土地制度的变革，自 1949 年以来，我国相继发布了一系列规范土地管理和深化土地制度改革的政策与法规，并大体上形成了四次绩效迥异的农村土地产权制度改革。[②] 第一阶段（1949—1952 年），实行农村土地私有制阶段，废除封建地主阶级土地所有制；第二阶段（1953—1957 年），设立农业互助组和初级农村合作社，保留农民的土地私有制；第三阶段（1958—1978 年），改革为农村土地集体所有统一经营的模式，进入了高级农业合作社和人民公

---

① 2003 年国土资源部颁布《探矿权采矿权招标拍卖挂牌管理办法（试行）》，要求对符合条件的国有矿产资源的出让强制推行"招拍挂"出让方式。2006 年国土资源部又发布了《关于进一步规范矿业权出让管理的通知》进一步细化了规定。

② 毛同义：《农村集体建设用地产权市场化之探索》，硕士学位论文，浙江工商大学，2010 年。

社阶段；第四阶段（1979年至今），实行集体土地所有制下的家庭联产承包责任制。

1. 第一阶段（1949—1952年），农民土地私有制阶段

1950年我国颁布了《中华人民共和国土地改革法》，明确规定我国当时土地改革工作的各项方针、路线和具体政策。截至1953年初，全国范围内的土地改革基本完成，无地或少地的农民无偿得到了土地，实现了国家耕者有其田的政策目标。农民成为小块土地上的所有者，实现了封建地主土地私有制向农民个体土地私有制的过渡，中国农村经济进入了一个新阶段。

2. 第二阶段（1953—1957年），集体统一经营下的土地私有阶段

第一阶段的土地产权改革虽然消灭了封建剥削的地主阶级土地私有制，实现了农民土地个体私有制，但是，由于土地私有产权性质并没有得到改变，这与我国最终实现社会主义生产资料公有制的政治理想存在较大差距。同时，中央政府为了改变新中国成立初期农村贫穷落后的社会面貌，引导农民走向共同富裕的道路，也有必要在农村开展包括土地产权在内的互助合作运动。因此，1952年开始，我国在农村开始进行社会主义改造，逐步对土地占有和使用制度进行了一系列的变革，拉开了第二次农村土地改革的序幕。土地改革运动的初始形式是成立互助小组，将分散的农民个体组织起来实行小规模的农业合作劳动，互助小组不触及土地所有制的实质，土地仍然归属于农民私有。从1953年起，我国各地开始试办试行土地入股、统一经营的初级农业生产合作社。同年12月，中共中央公布了《关于发展农业生产合作社的决议》，向地方政府下达发展农业合作社的任务指标，强调初级农业生产合作社是领导农民互助合作运动继续前进的重要保障，要逐步引导农民参加农业生产合作社。在农业合作社初级阶段，由于考虑到农民土地的私有观念，保留了农民土地私人占有制度，实行土地入股分红制。参加土地合作社的社员除了按照劳动工分获得报酬外，对入股的土地和交付给合作社统一经营管理的农具、耕畜等均可获得相应的报酬，从而形成了土地私人所有而集体统一经营的产权格局。1956年中央颁布了《农业生产合作社示范章程》，规定农民将土地等主要生产资料作价入股加入合作社，由合作社统一经营管理，标志着土地经营权与农民所有权初步分离，全国

基本实现了农业初级合作化。

3. 第三阶段（1958—1978 年），土地集体所有、统一经营的阶段

该阶段经历了高级社和人民公社两个阶段，逐步将土地农民私有、集体统一管理的土地制度改为土地集体所有，并由集体统一经营管理的土地制度。在高级社阶段，不仅社员的土地分红被取消，而且农民的土地、大型农具等生产资料被无偿转为合作社集体所有。在此社会阶段，全社按照统一计划，实行集体劳动，全社收入在扣除各项费用和提留后按工分制进行分配，社员可以留有少量的自留地。至此，农业高级合作社的完成标志着土地从农民私有转变为社会主义集体所有。1958 年，中央发布了《关于在农村建立人民公社问题的决议》，号召实行"小社并大社"，扩大规模经营，在全国农村范围内迅速掀起了人民公社化运动。在并社过程中，实现了生产资料高度公有化，废除了一切私有财产，对农民的少量自留地、零星果树等逐步收归公社所有。至此，农村土地的所有权与经营权都统一归于合作社，在其范围内统一生产，集中劳动，统一核算和分配。

4. 第四阶段（1979 年至今），集体所有土地家庭联产承包经营阶段

改革开放迎来了中国经济发展的新篇章，同时随着我国农村土地政策逐步放宽，人民公社的经营制度开始全面解体，取而代之的是"包产到户、包干到户"的家庭承包经营体制的确立。因此该阶段的土地改革是将集体所有并统一经营的土地制度改为集体所有、农民使用的土地制度，建立了家庭联产承包责任制。此次土地改革具有划时代的意义，自此之后中国的土地改革就围绕着家庭联产承包责任制展开，在不触及该制度本质的基础上进行相应的补充和完善。

1979 年土地政策放宽以后，实践"包产到户"的地方，得到了较好的响应，在 1980 年的中央文件中，家庭联产承包责任制得到了高度认同，从此以"包产到户、包干到户"的生产责任制如燎原之势般迅速展开。① 为了使家庭联产承包经营为主的责任制得到长期稳定，1993年《宪法》修正案明确增加了"家庭承包经营"的国家经济制度，确立了其在宪法上的保障地位。同时，为了进一步稳定和完善土地政策，

---

① 刘广栋：《1949 年以来中国农村土地制度变迁的理论和实践》，《中国农村观察》2007年第 2 期。

1998 年,《土地管理法》修订案中规定, 在原定耕地承包期到期之后, 再延长 30 年不变, 因此 30 年的土地承包经营期限的土地政策得到了法律的保障, 稳定了承包关系。进入 21 世纪后, 农村土地政策走向了法制化建设的道路, 坚持以家庭承包为基础、统分结合的双层管理体制, 并逐步制定和完善相应的法律法规。

三　我国采矿用地取得制度的变迁

根据对目前国内学者研究成果的梳理, 我国矿业用地制度变迁大致经历了两个发展阶段。

1. 采矿用地征收后无偿划拨阶段 (1949—1998 年)

中华人民共和国成立后, 我国为了尽快恢复国民经济, 满足经济建设对土地的需求, 1953 年我国出台了第一部土地征收的法规, 其中明确规定了采矿用地征用的管理办法。[①] 即在具体用地审批程序上, 由各用地单位本着节约用地的原则, 经通过其业务主管部门上报给中央人民政府政务院或者所属大行政区行政委员会或者各个所属省、市、县人民政府进行核准。征收手续获得批准后, 用地单位始得协同当地人民政府、中共党委向当地人民进行解释工作, 在对土地被征用的群众给予补偿安置妥当的条件下, 然后才进行征用。1958 年, 我国颁布了《国家建设用地征收办法》(修订稿), 这是我国第二部有关土地征收的法规, 厂矿用地的取得方式仍然是征用方式。1982 年, 国务院出台了《国家建设征用土地条例》, 这是我国第一部有关土地征收的行政法规。该法规尽管没有明确规定采矿用地的取得途径, 但是该法规第 2 条规定:"国家进行经济、文化、国防建设以及兴办社会公共事业, 需要征用集体所有的土地时, 必须按照本条例办理。"根据我国当时矿业生产实际情况,[②] 矿业开采属于国家经济建设的重要组成部分。因此, 矿业用地依然采用征用途径取得。根据我国1986 年出台的《土地管理法》, 该法的第三章对土地征用重新进行了规

---

① 1953 年颁布了《国家建设征用土地办法》。其第 2 条明确规定:"凡兴建国防工程、厂矿、铁路、交通、水利工程、市政建设及其他经济、文化建设等所需用之土地, 均依本办法征用之。"

② "在我国计划经济时代, 我国各种矿山开发经济成分特征是:公有制矿山处于绝对统治地位, 其中国有矿山又是其中的主体成分, 集体所有制矿山仅仅是极少数。"参见朱训主编《中国矿业史》, 地质出版社 2010 年版, 第 14 页。

范。该法第 21 条规定："国家进行经济、文化、国防建设以及兴办社会公共事业，需要征用集体所有的土地或者使用国有土地的，按照本章规定办理。"即《土地管理法》出台后，今后与土地征用的有关法律规定要以《土地管理法》为准，原《国家建设征用土地条例》不再具有法律效力。同时该法第 23 条还对国家建设征用土地的程序明确进行了规定。由此可以得出，当时我国采矿用地凡是涉及农村集体土地，无论该土地上是否具有其他土地利用人，一律采用征收划拨的无偿取得方式。

2. 采矿用地征收后有偿使用阶段（1998 年至今）

随着我国改革开放和市场经济体制的确立，计划经济时代建立的土地管理制度与当时的社会现实相比明显滞后。为此，我国 1998 年对《土地管理法》再次进行了修订，该法第 4 条对"建设用地"的范畴界定为"建设用地是指造建筑物、构筑物的土地，包括城乡住宅和公共设施用地、工矿用地、交通水利设施用地、旅游用地、军事用地等"。并且，在该法的第 43 条中还规定，"任何单位和个人进行建设，需要使用土地的，必须依法申请使用国有土地；但是，兴办乡镇企业和村民建设住宅经依法批准使用本集体经济组织农民集体所有的土地的，或者乡（镇）村公共设施和公益事业建设经依法批准使用农民集体所有的土地的除外"。可以看出，1998 年后我国建设用地供地结构出现了重大的变化，政府垄断了建设用地一级市场，无论是国家建设还是私人建设，需要获得建设用地的，只能向国家申请国有建设用地。另外，如果是申请集体所有土地，除了三种例外情况外，均须通过征收程序变成国有土地后，再参照国有建设用地程序办理。就矿业用地而言，由于国家将其等同于永久性经济建设用地看待，其用地程序参照一般建设用地程序办理。同时，该法第 54 条①规定了我国土地有偿出让使用制度，对于建设用地，我国原则上采用有偿出让的方式取得，而对于矿业用地，除了国家重点扶持的能源用地外，其他的矿业用地也一概采用有偿出让方式获取。

随着我国市场经济的进一步发展，我国政府进一步颁布了有关规范

---

① 《土地管理法》第 54 条规定为"建设单位使用国有土地，应当以出让等有偿使用方式取得；但是，下列建设用地经县级以上人民政府批准，可以划拨方式取得：（一）国家机关用地和军事用地；（二）城市基础设施用地和公益事业用地；（三）国家重点扶持的能源、交通、水利等基础设施用地；（四）法律、行政法规规定的其他用地"。

土地出让的法律规定。2002 年，国土资源部第 11 号令①要求"商业、旅游、娱乐和商品住宅等各类经营性用地，必须以招标、拍卖或者挂牌方式出让。前款规定以外用途的土地的供地计划公布后，同一宗地有两个以上意向用地者的，也应当采用招标、拍卖或者挂牌方式出让"。第 11 号令以"公平、公正、公开"为原则，旨在完全通过市场来配置建设用地资源，使市场在资源配置中的基础性作用得到进一步发挥，因此，其被业界称之为"第二次土地革命"。但是，第 11 号令依然把采矿用地看作工业用地的一种具体类型，没有考虑采矿用地本身特殊性的自然属性，即采矿用地的取得必须要以采矿权的取得为前提条件，其位置具有先定性和不可更替性，难以适用"招拍挂"程序。为此，2007 年国土资源部颁布了 39 号令②，对第 11 号令的内容进行了部分调整，其第 4 条规定，"工业、商业、旅游、娱乐和商品住宅等经营性用地以及同一宗地有两个以上意向用地者的，应当以招标、拍卖或者挂牌方式出让。前款规定的工业用地包括仓储用地，但不包括采矿用地"。至此，国家把采矿用地从"招拍挂"程序中排除出去，矿业开采继续沿用协议出让的方式进行供地。据此可以看出，在这一阶段，除公益性矿业用地可以通过划拨方式，其他经营性矿业用地都应该通过有偿方式取得。

小　　结

通过分析我国矿产资源产权、集体所有土地以及采矿用地之间关系的变迁，可以划分不同的阶段。从中华人民共和国成立至今，我国矿产资源产权以及农村集体土地产权都发生了翻天覆地的变革。矿产资源产权发展变迁经历了三个阶段：即矿产资源所有权与使用权相互分离（1949—1956 年），发展到相互融合（1956—1996 年），再发展到相互分离（1996 年后）的过程。而集体土地产权变迁经历了四个阶段：从集体土地所有权和使用权相互融合到相互分离，再发展到相互融合和相互分离，即由中华人民共和国建国初期的土地私有私营发展到土地合作社时期的私有共营，再经历人民公社时期的公有公营，最后定格在现阶

---

① 2002 年国土资源部颁布的《招标拍卖挂牌出让国有土地使用权规定》。
② 参见 2007 年国土资源部颁布的《招标拍卖挂牌出让国有土地使用权规定》。

段土地承包责任制下的公有私营。但是，无论我国矿产资源产权以及农村土地产权如何变迁，我国农村采矿用地取得模式从计划经济时代到现在没有发生改变，一直都是通过征收模式来取得。易言之，与集体土地使用权相比较，我国的矿业用地使用权一直保持了优先实现的地位。

　　土地产权制度和矿产资源产权制度发生改变，二者交叉的采矿用地制度理应发生相应变化，但采矿用地取得制度能够维持至今，其背后一定具有某种不以人的意志为转移的制度逻辑。笔者认为，这一方面应归因于矿产资源特有的社会属性。矿产资源是进行生产生活的重要物质基础，矿产资源为人们生产生活提供了大部分的物质与能量。[①] 因此，矿业产业的发展一直被赋予了较强的国家利益色彩。基于矿业在国家利益中的作用，国家必然要对矿业用地给予优先地位的保障。因此，在理论研究中，有学者认为我国现有矿业用地采取的国有化的形式，其立法的出发点就在于公共利益的保障。[②] 但是，矿业用地国有化是基于公共利益保障的观点，如果说在计划经济时代，因矿业开发由国家统一规划、统一开发，国家不仅是矿产资源所有者，同时还是矿产资源的经营者，矿业开发因此具有公益目的属性，这种观点无疑具有相当的解释力。但是，从土地征收制度宏观视角进行考察，我国现有的征收制度并非完全以公共利益保障为目标，因为尽管我国历代宪法都把基于"公共利益需要"作为土地征收的行使条件，但在具体征收制度设计上，我国土地征收制度从一开始就不是以公共利益的需要为基础进行构建的，"公共利益需要"仅仅是个摆设。[③] 即使从微观视角考察，尽管1951年的《中华人民共和国矿业暂行条例》就明确规定矿产资源所有权归国家所有，但是矿业开发允许国营和私营两种矿山企业同时并存。事实上，1956年社会主义改造完成之前，我国矿业实践中存在大量的私营和公私合营的矿业企业，在1953年的《国家建设征用土地办法》和1958年的《国家建设征用土地办法（修订稿）》中，都允许非公有制矿业企业通

---

　　① 据统计，在我国物质能源消耗比例当中，农业生产资料的70%左右、工业原料的80%以上、一次性能源90%以上、近30%的工业和居民用水均来自矿产资源。参见王赞新《矿业权市场与矿产资源可持续发展——国际经验与中国对策》，《资源与产业》2007年第3期。

　　② 陈晓军：《矿业用地国有化的价值悖论与机制创新研究》，《社科纵横》2015年第3期。

　　③ 王克稳：《我国集体土地征收制度的构建》，《法学研究》2016年第1期。

过征收方式进行用地。① 因此，矿业用地国有化制度并非完全是基于公共利益需要而进行的设计，其背后一定还隐藏着另一条逻辑主线。笔者认为，这要归因于矿业用地的自然属性，即矿业用地使用权的依附性。矿业用地具有先定性和不可更替性特征，其选址依附于矿产资源赋存的特定区位。在矿业权与土地产权分属不同社会主体时，如果通过市场协商方式用地，将会由于矿业用地市场的事实垄断而导致矿业用地市场失灵，矿业用地根本无法得到保障。相反，如果通过征收方式进行用地，则可以避免矿业用地市场的内在缺陷，从而能够合理保障矿业用地的正当需要。因此，矿业用地采取国有化的根本原因在于对效率价值的追求。如果说在计划经济时代，基于矿产资源开采权的国有化背景，矿业用地征收不仅实现了用地效率目标，同时也符合了"公共利益"用地目标，因而具有法律上的正当性。但是，在市场经济条件下，因矿业开发主体的市场化，矿业开采目的主要是私人利益的最大化，如果再通过征收途径进行用地，其正当性则难以具有说服力。因此，在市场经济时代，因法律制度所赖以生存的环境发生改变，原有的征收模式不再具有正当性，如果继续沿用征收用地的模式，矿业用地的效率价值目标也不可能得到实现。因此，我国必须创新目前的矿业用地取得模式。在新的用地模式中，既要能够实现矿业权与土地权利的相互结合，又要符合当前社会所秉持的基本公正理念，以实现矿业用地公平与效率目标的协调统一。

第二节　我国现有采矿用地取得制度的现状与问题

一　我国现有采矿用地制度的现状及特征

（一）我国采矿用地取得制度的一般规定

我国目前立法没有直接对采矿用地取得进行规范，由于采矿用地取得主要关涉矿业权和土地物权的法律关系，因此，采矿用地规范散见于

---

① 1953 年的《国家建设征用土地办法》第 19 条规定，"私营经济企业和私营文教事业用地，得向省市人民政府提出申请，获得批准后由当地人民政府援用本办法，代为征用"。《国家建设征用土地办法（修订稿）》第 20 条规定，"公私合营企业、信用合作社、供销合作社、手工业生产合作社用地以及群众自办的公益事业用地，可以向当地县级以上人民委员会提出申请，获得批准后，援用本办法的规定办理"。

《土地管理法》和《矿产资源法》两部法律文件中，同时，《物权法》《森林法》《草原法》以及《矿产资源法实施细则》也有一些零星的制度规定。采矿用地取得制度规定不仅原则笼统，而且存在很多制度空白。

《土地管理法》第 4 条①、43 条、60 条②规定了采矿用地使用权的权利属性和取得途径，采矿用地作为建设用地的一种特殊形式，必须建立在国有土地之上，如果采矿用地原属于集体土地，则必须通过土地征收的途径转为国有土地后才能使用。但是，农民集体利用集体土地开办乡镇矿山企业的可以除外。③《土地管理法》第 57 条和《矿产资源管理条例》第 29 条分别规定了采矿权人的土地利用权力，"采矿权人可以根据生产建设的需要依法申请国有建设用地使用权，并享有在其矿区范围内建造相应的生产和生活设施的权利。"《土地管理法》第 54 条规定了土地利用有偿取得制度。就采矿用地而言，除了国家重点扶持的能源基础设施外，其他采矿用地必须通过有偿取得才能利用。《土地管理法实施细则》第 23 条规定了土地有偿利用方式。采矿用地作为建设用地的一种特殊形式，可以通过土地出让、租赁、作价出资或者入股的方式取得。《矿产资源法》第 20 条规定了矿产开采区域限制制度，即非经国务院主管部门同意，禁止在港口、机场、铁路、公路等重要基础设施、国家划定的自然保护区、历史文化名胜区、重要河流和堤坝等特定区域开采矿产资源。

（二）我国当前采矿权与集体土地物权的实然关系

1. 采矿权与集体土地所有权的关系

由于我国特殊的社会主义国情，我国土地制度实行社会主义公有制，即城市的土地属于国家所有，城市规划区外的土地除了法律规定属于国家所有的之外，属于农民集体所有。土地所有权是土地所有制的法律表现形式，反映在土地物权上，当前我国土地所有权包括了国有土地

---

① 建设用地是指建造建筑物、构筑物的土地，包括城乡住宅和公共设施用地、工矿用地、交通水利设施用地、旅游用地、军事设施用地等。

② 农村集体经济组织使用乡（镇）土地利用总体规划确定的建设用地兴办企业或者与其他单位、个人以土地使用权入股、联营等形式共同举办企业的，应当持有关批准文件，向县级以上地方人民政府土地行政主管部门提出申请。

③ 任何单位和个人进行建设，需要使用土地的，必须依法申请使用国有土地；但是，兴办乡镇企业……经依法批准使用农民集体所有的土地的除外。

所有权和集体土地所有权两种形态。① 进言之，由于我国矿产资源实行国家所有的单一产权制度，而土地所有权实行国家所有与集体所有的二元产权体制，因此二者不可避免会发生权利利用上的冲突。根据我国现有法律规定，矿业开发属于经济建设范畴，其只能使用国有建设用地，这样，当矿产资源开采涉及农村集体土地利用时，便会产生与集体土地所有权的矛盾关系。根据我国目前建设用地管理与使用制度，我国目前解决该问题的途径有两种：第一种途径是通过土地征收方式将集体土地所有权转化为国有土地所有权后，再通过土地市场让渡给矿业权人进行使用；第二种途径是矿业开采直接利用集体土地，即通过土地出让、出资、出资入股的方式获得集体土地使用权。目前以上两种方式都存在很大的制度障碍。第一种方式受制于我国越来越严格的耕地占用保护制度，大多数矿业开发由于不具备土地征收的公共利益条件而被排除在土地征收范围之外；而第二种用地方式目前仅仅被纳入国家集体建设用地试点范围内才有效，超过用地试点范围的，由于其违法了"经济建设只能申请国有建设用地"② 的法律规定，从而属于违法用地。

2. 采矿权与集体土地使用权的关系

随着我国农村土地承包经营制度的建立，集体土地所有权主体——农民集体一般不再亲自使用土地，而是从集体土地所有权中剥离出集体土地使用权，将该土地使用权让渡给集体成员进行利用，从而实现土地资源的有效利用和经济价值。这样，集体土地所有权上派生出的土地使用权包括集体土地承包经营权、宅基地使用权和集体建设用地使用权等权利类型。目前，我国各种土地使用权都被纳入了《物权法》加以规范和保护，成了我国目前农村集体成员的一项重要的财产权。如果矿业开发涉及以上集体土地使用权时，二者的利用会发生冲突，从而需要法律规范对其加以调整。

（1）与土地承包经营权的关系

土地承包经营权是建立在集体土地上的一种农业用途的用益物权，根据《土地承包法》第 37 条的规定，土地承包权人在承包期内可以通

---

① 杨惠：《土地用途管制制度研究》，博士学位论文，西南政法大学，2010 年。
② 参见《土地管理法》第 43 条规定。

过转让、出租、互换、转包等形式流转土地。但是，由于我国实行土地用途管制制度，土地承包经营权不能用于非农用途，因此，矿业权人不能与承包权人通过合意的方式让渡土地使用权来用于矿业开采，如果矿业开采需要使用已经设立为土地承包经营权的集体土地时，应根据我国《土地管理法》第 47 条、第 48 条和第 49 条的有关规定，通过征收的途径进行使用，但是必须给土地承包经营权人相应的经济补偿。同时根据《土地管理法》第 31 条的规定，我国占用耕地实行"占补平衡"原则，如果矿业用地占用耕地的，将按照"占多少，补多少"的办法，由矿业权人开垦出相当数量和质量的耕地，如果没有条件进行开垦或者开垦耕地质量不符合要求的，可以允许缴纳相当数量的耕地开垦费作为替代。

（2）与宅基地使用权的关系

宅基地使用权是集体成员用来建造家庭住宅为目的的土地使用权，其根据农村集体成员的身份进行无偿配给。根据我国《物权法》第 152 条规定，宅基地使用权人对宅基地仅仅享有占有和使用的权利，而没有规定其收益和处分的权能，因此，宅基地使用权目前不能进行转让和抵押，更不能通过合意的方式转让用于矿业开采。如果矿业开发需要利用农村宅基地的，且符合农地征收的条件，可以通过征收途径进行获取。但是，我国法律目前尚未规定征收宅基地使用权如何对权利人进行补偿或者安置。①

（3）与集体建设用地使用权的关系

目前，集体建设用地在我国属于建设用地使用权的一种特殊类型，其可以分为公益性建设用地使用权和经营性建设用地使用权。根据我国土地管理法的有关规定，公益性建设用地一般只能用于农村公益性设施建设，不具有财产属性，其本身不能流转，因而不能用于矿业开采；而集体经营性建设用地使用权，由于土地出让一级市场的国家垄断，目前只能用于农民集体企业或者与其他企业进行合资经营。就矿业开采而言，其可以用于农民集体矿业开采或者以土地出资、入股的形式与其他类型矿业企业进行合作经营。就二级市场而言，由于目前集体经营性建设用地使用权财产属性也比较薄弱，除了在破产、兼并的情形可以转让

---

① 傅英：《矿产资源法修订理论研究与制度设计》，中国大地出版社 2006 年版，第 200 页。

外，基本不能流转，因此，理论上其也不可以自行转让用于矿业开发。如果矿业用地需要利用已经设立为建设用地使用权的集体土地进行矿业开采，则必须依法通过征收途径进行获取。

（4）与草地使用权的关系

草地使用权是一种利用草原种植草本植物，并获得草本植物所有权或者利用权的土地使用权。根据我国《草原法》第13条规定"集体所有的草原或者依法确定给集体经济组织使用的国家所有的草原，可以由本集体经济组织内的家庭或者联户承包经营"。这种因承包草原而形成的权利就是草地使用权。但是，这种草地使用权是否属于物权？是否属于物权中的土地承包经营权？我国目前法律没有明确进行规定。而对于矿业开发需要使用草原的，我国《草原法》第38条进行了原则性的规定，"进行矿藏开采和工程建设，应当不占或者少占草原；确需征用或者使用草原的，必须经省级以上人民政府草原行政主管部门审核同意后，依照有关土地管理的法律、行政法规办理建设用地审批手续"。同时根据该法第39条规定，矿业开采如果需要占用农村集体所有的草原，必须根据《土地管理法》有关规定给予承包人一定的经济补偿；而如果草原属于国家所有，同样也要给予相应的补偿。另外，该法第40条对占用草原的用地审批程序进行了规范，即必须要经过草原行政主管部门的审查批准，同时不得建设永久性建筑，采矿完毕后，必须对草原恢复植被，并及时进行用地清退。由此可见，我国目前法律仅仅对如何在草原上设置矿业用地使用权进行了原则性的规定。

（5）与林地使用权的关系

林地使用权是指集体经济组织或者个人利用林地种植树木或者林产品的土地使用权。林地使用权与草地使用权相类似，法律属性上应该属于土地承包经营权的范畴。但是，目前我国法律对于林地使用权的法律性质、取得程序、权利内容都没有明确进行规范。对于如何在林地上设置矿业用地使用权，我国《森林法》第15条进行了原则性的规定："进行勘察设计、修筑工程设施、开采矿藏，应当不占或少占林地；必须占用或者征用林地的，按照有关法律规定办理。占用、征用林地面积2000亩以上的，报国务院批准。"由此可见，我国法律对在林地上如何设置矿业用地使用权只是笼统地进行了规范，对于占地条件、审批程序，补偿标准等则语焉不详。

（三）我国当前采矿用地取得制度的特征

通过梳理上述法规，可以把我国集体土地上采矿用地取得制度归纳为以下 3 个特征。

1. 采矿用地法律地位的事实优位性

采矿用地取得制度涉及的法律关系就是矿业权与农民集体土地产权关系。在我国现有的物权法律体系下，采矿权和土地产权都已成为我国社会重要的物权，《物权法》明确规定了彼此的法律地位并分别加以保护。从物权关系角度而言，采矿权与土地物权是平等的物权关系，不存法律地位的高低，如果二者发生冲突，应遵循权利设立的先后规则进行处理。而根据我国目前法学理论界通说，① 采矿权并不自然包括土地使用权，二者来自于不同的法律规范，具有不同的权利来源。如果矿业开采需要占用土地地表，根据我国现有土地法律规定，必须向土地管理部门申请建设用地使用权，如果该土地上已经负载其他人合法的土地权利，则必须与之协商，先终止其土地物权，才能设立新的采矿用地使用权。但是，根据现有的用地政策，在我国采矿用地实践中，当采矿权与土地承包经营权等集体土地物权发生冲突时，为了保障采矿权的有效实现，发展地方经济，地方政府一般采取征收的方式，把集体土地收归国家所有再通过划拨或者出让来满足采矿用地的需求，换言之，就是通过行政权力使采矿用地使用权直接取代了原集体土地使用权。但是，该做法与土地物权的排他属性相背离。同时，尽管我国宪法明确规定了土地征收必须要符合公益目的条件，《土地管理法》和《物权法》对此条件也进行了重申。但是，在我国目前国家垄断一级建设用地市场体制下，为保障经济建设的土地供应，实践中大量存在着商业性征收，"公共利益的需要"仅仅是一个摆设，并未在具体的土地征收制度中得到落实。② 因此，在当前法制背景下，当采矿用地使用

---

① 而根据《矿产资源法实施细则》第 30 条第 4 款规定，采矿人享有依法取得矿业用地并可以建造采矿所需的生产和生活设施的权利。对于此法条的理解也有学者认为这属于矿业用地法定地役权。参见傅英《矿产资源法修订理论研究与制度设计》，中国大地出版社 2006 年版，第 197 页。

② 我国征地程序由征地决定和征地审批两个程序组成。对征地机关来说，能否征地是看是否有土地利用年度计划，不需要也不可能判断每一批次的征地是否符合公共利益的需要。对于征收审批机关来说，是否同意征地的依据也是该批次征地是否符合土地利用总体规划和土地利用年度计划。参见王克稳《我国集体土地征收制度的构建》，《法学研究》2016 年第 1 期。

权与原土地物权相冲突时，采矿用地使用权优先得到实现。

2. 采矿用地取得模式的法定单一性

根据我国《土地管理法》第 43 条规定，经济建设用地只能使用国有建设用地，采矿用地作为建设用地的一种特殊形式，只能申请国有建设用地使用权。这样，当采矿用地涉及集体土地的，要么与集体土地权利人进行协商，要么通过征收的途径将集体土地转变成国有土地再行使用。而根据我国《土地管理法》第 63 条的规定，国家垄断了一级建设用地市场来源，集体土地不能通过出让、转让或者出租用于非农业建设，因此，通过协商利用集体土地路径完全被阻断。尽管我国目前立法对使用集体土地开办矿山也开了一个小口子，即允许集体矿山企业直接使用集体土地。但是，随着我国集体经济在我国的名存实亡，矿业企业利用集体土地路径越走越窄。在此情况下，只能通过申请国家征收的途径使用集体土地，因此，我国目前采矿用地法定方式具有单一性。

3. 采矿用地取得手段的行政强制性

我国采矿用地取得属于行政行为，并非民事行为，而通过行政行为取得土地物权并不需要取得原土地权人的同意，仅仅通过公权力直接取得。由于国家公权力本身带有行政强制性，同时在我国目前行政管理体制下，行政权力缺乏应有的约束，享有巨大的自由裁量权力，在行政机关自身利益偏好条件下，往往会侵害被征收一方的合法权益。而根据我国目前采矿用地征收法律规定，在矿业用地征收的过程中，无论是征收的决定、审批、征地补偿、救济，都体现为行政主体的单方面意志性，这种单方意志属性渗透于土地征收的全过程。征地决定一经做出，被征收对象只能无条件地服从，没有任何参与权和异议权；征地补偿决定和审批由行政机关单方面决定，被征收对象对于征地补偿的方式、标准，也没有任何话语权；在监督与救济途径上，如果被征收对象对征收补偿存在异议，则只能由行政机关单方进行裁决，对于裁决不服的，不影响土地征收的进行。尽管我国 2015 年修订实施的《行政诉讼法》把土地征收及补偿首次纳入了行政诉讼范围，但是由于我国行政诉讼的形式化，往往造成了原土地权利人救济无门、告状无路的不利局面。

二　现有采矿用地取得制度所造成的不利后果

根据前文所述，我国现有的采矿用地制度形成于计划经济时代，至今整体保持不变。但是，随着我国市场经济体制改革的逐步深化，原有供地模式赖以依存的制度环境和服务目标已经发生了深刻的变化，这种忽视了采矿用地特殊自然和社会属性，以公权力为主导，在制度设计上反映为公权至上和私权虚无的用地模式，在实践中逐步彰显不适应性，表现出系列制度绩效低下的问题，并引发诸多社会矛盾，主要表现在以下五个方面：

（一）矿业企业用地困难，采矿权难以得到实现

采矿权的有效行使必须以实际取得土地使用权为前提。从理论上而言，采矿权人要取得集体土地上的矿地使用权可以有两种途径。第一种是与集体土地权人进行协商，通过出让、出租或者转让的方式取得。第二种就是申请国家征收农民集体土地，再通过划拨或者出让的方式获得。但是，根据我国目前的法律规定，第一种方式由于本质上属于违法用地，矿业企业不得不放弃，或者私下与农民集体达成用地协议进行用地，但是，由于其本质上属于违法用地，一方面会由于国家的检查取缔而导致用地关系不稳定，并因此可能承担相应的法律责任；另一方面由于是违法用地，一旦用地双方发生合同纠纷，其经济利益难以获得法律的保障，难以对未来利益形成稳定的预期，不利于双方的长远利益。第二种通过征收的途径获取采矿用地使用权。征收途径是我国目前法律所规定的唯一合法的用地途径。但是，随着我国耕地占用保护制度日趋严格，采矿用地由于需要占用较大的用地面积，如果涉及占用耕地，将会因为受制于建设用地指标不足而难以获得土地征收审批。另外，无论是我国《宪法》还是《土地管理法》都明确了土地征收的公益目的条件。近期中央土地政策也强调经营性用地要逐步退出土地征收范围，在此社会背景下，由于土地征收条件日趋严格，导致采矿用地征收难以获得国家的审批。这样，由于我国目前矿业用地设计已严重脱离社会现实，实践中经常造成采矿权人"有矿权，无地权"的现实窘境，矿业生产无法得到保障，采矿用地紧缺已成为制约我国矿业经济进一步发展的瓶颈。

（二）损害集体和农民的利益，土地隐形市场泛滥

我国85%的矿业用地在农村地区，① 由于工农业比较收益的差距，

---

① 康纪田：《矿业法论》，中国法制出版社2011年版，第278页。

矿业生产比农业生产能产生更多的经济效益，地方政府从发展地方经济，增加政府税收角度考虑，往往扩大"公共利益"的法律外延解释，强行征收农民集体土地进行矿业开发，从而造成被征地农民失去赖以生存的土地，诱发了大量的工农社会矛盾；同时，由于矿业征地的增加和土地资源的破坏，大量失地农民成为社会闲散人员，在我国当前农村社会保障没有相应跟进的情况下，增加了社会安全隐患，不利于当前和谐社会的建设。

　　同时，无论是矿业企业还是农民集体，受矿业用地比较收益的刺激，以及受累于我国征地审批程序的烦琐束缚，都会从自身利益最大化出发选择土地利用方式，自然会选择绕开国家对土地市场的用途管制，私下缔结矿业用地协议，造成实践中"以租代征"用地的泛滥。形成了大量的土地隐形市场，严重损害了国家土地利用秩序。为此，国务院2004 年开始连续三年出台多份文件，[①] 要求对集体土地私自租赁行为进行查处，即是反映矿业用地"以租代征"现象普遍性[②]的最好注解。

　　（三）加重矿业企业负担，降低企业市场竞争力

　　由于我国采矿用地采取有偿出让方式获得，矿业企业在取得矿业用地时必须支付相应的土地出让金，而且根据耕地占补平衡原则，还必须支付新增建设用地使用费、耕地开垦费、耕地占用税等费用，各种税费约占企业的粗产品总成本一半以上，[③] 矿业企业生产经营成本大幅度提高。[④] 同时，根据《土地复垦条例》的要求，矿业企业还得承担复垦的义务，这无异于让其承担两倍甚至三倍的用地代价。这不仅在理论上对

---

　　① 2004 年国务院《关于深化改革严格土地管理的决定》（国发〔2004〕28 号）、2005 年国土资源部《查处土地违法行为立案标准》（国土资发〔2005〕176 号）、2006 年 6 月《关于严明法纪坚决制止土地违法的紧急通知》（国土资发〔2006〕22 号）、2006 年 8 月国务院《关于加强土地调控有关问题的通知》（国发〔2006〕31 号）。

　　② 李错：《矿业用地使用权取得方式的改革》，《湖南社会科学》2011 年第 3 期。

　　③ 根据笔者调研，广西平果铝土矿改革前通过出让方式取得采矿用地使用权，需要支付征地费、耕地占补平衡费、土地出让金等共计 5.2 万元每亩，另外再加上土地复垦费 7000 元每亩，则用地总费用超过了 5.9 万元每亩，大概占其铝土矿成本的 1/3 左右，如果再加上矿产资源税、补偿费和采矿权使用费等各种税费，已占矿石总成本的 1/2。

　　④ 许坚：《矿业用地征用取得引起的问题及对策》，《资源经济》2003 年第 12 期。但根据本人的实践调研，土地复垦和占补平衡的制度目前并非完全重合，土地复垦的目标主要是环境保护，复垦一般仅仅要求是复绿；而占补平衡是基于耕地数量的保护要求。如果复垦为土地原用途，且原用途是耕地的，理应退回其耕地开垦费。

矿业企业不公平，而且加大了矿业企业的用地成本①，削弱了其市场竞争力，不利于我国矿业经济的可持续性发展。

（四）造成土地资源闲置，不利于土地资源节约利用

由于矿产资源开采的动态性，矿业企业实际采矿时间与申请的矿业用地使用权期限可能不一致，这样有可能造成矿产开采完毕后，而矿业企业仍然长期享有矿业用地使用权的情形。② 因为矿业用地对于矿业企业的唯一效用就在于矿业开采，当企业采矿完成后，矿业用地对矿业企业已经失去了利用价值。尽管我国现有法律要求土地权利人不得撂荒土地③，但由于矿业用地一般地处偏远农村，不具有大的商业开发价值，只能用于农业生产，而这对于矿业企业来说，无论是自己耕种或者雇用当地农民耕种，显然都不太现实，这必然会造成大量的土地的闲置浪费，从而不利于土地的有效节约利用，也违背了我国的"十分珍惜和合理利用每一寸土地"的基本国策。

（五）诱发复垦土地的产权冲突，不利于土地的恢复利用

根据《环境保护法》"损害担责"原则，矿业企业具有复垦的法定义务。我国《土地管理法》第42条规定，"因挖损、塌陷、压占等造成土地破坏，用地单位和个人应按照国家有关规定负责复垦；没有条件复垦或者复垦不符合要求的，应当交纳土地复垦费，专项用于土地复垦"。同时，我国《矿产资源法》第30条④、《土地复垦条例》第3条⑤、第10条⑥也规定

---

① 即使由国家无偿划拨土地，企业虽不必支付土地出让金，但仍应支付征地补偿费用。

② 按照《城镇国有土地使用权出让和转让暂行条例》的规定，采矿用地属于工业用地，其出让年限最高为五十年，而根据《矿产资源开采登记管理办法》的规定，采矿许可证的有效期，按照矿山建设规模确定：大型以上的，采矿许可证有效期最长为30年；中型的，采矿许可证有效期最长为20年；小型的，采矿许可证有效期最长为10年。由于两个权利的期限不一致且事实上大多数采矿许可证的年限都较短，因此容易出现采矿权期限届满而仍享有土地使用权的情况。

③ 《土地管理法》第37条：禁止任何单位和个人闲置、荒芜耕地。……连续二年未使用的，经原批准机关批准，由县级以上人民政府无偿收回用地单位的土地使用权。

④ 耕地、草原、林地因采矿受到破坏的，矿山企业应当因地制宜地采取复垦利用、植树种草或者其他措施。

⑤ 生产建设活动损毁的土地，按照"谁损毁，谁复垦"的原则，由生产建设单位或者个人（以下称土地复垦义务人）负责复垦。

⑥ 第十条：下列损毁土地由土地复垦义务人负责复垦：（一）露天采矿、烧制砖瓦、挖沙取土等地表挖掘所损毁的土地；（二）地下采矿等造成地表塌陷的土地；（三）堆放采矿剥离物、废石、矿渣、粉煤灰等固体废弃物压占的土地。

了相似的内容。通过法律规定矿业企业承担复垦的义务，有利于矿业企业节约土地资源，内化土地资源破坏的负外部性，从而增进社会福祉最大化。然而，由于现有的矿业用地供地方式，土地复垦对于矿业企业而言，并非其自身利益的"内部因素"，而是一种政府强加的"外部压力"，在我国当前土地复垦强制约束机制不足的情况下，矿业用地复垦效果往往不佳。具体表现在以下三个方面。

首先，现行供地方式对矿业企业复垦缺乏内在激励。根据科斯经济学原理，矿业企业作为市场经济主体，其只对自身内在利益比较关心，而对环境保护和资源利用等外部利益动力不足。复垦后的经济效益对矿业企业而言，代表了其自身利益，而复垦后的土地可持续性利用代表了社会收益。由于矿业复垦往往会占用较大资金，而矿业用地又地处偏远农村，复垦后并不具有较大的商业价值，短期内难以带给矿业企业经济效益，未来土地增值更是接近于零。这样，作为市场经济主体的矿业企业基于理性"经济人"的考虑，往往缺乏对矿业用地复垦的利益激励，从而导致实践中矿业用地复垦难以达到预期效果。

其次，现行供地方式对企业复垦缺乏有效的外在监督。根据我国现有《土地复垦条例》有关规定①，矿业企业对废弃矿区进行复垦后，国土资源主管部门代表国家将对其进行监督检查和组织验收。由于我国矿业用地参照建设用地方式进行供地，国家是唯一的土地出让主体，这样也造成了对土地复垦监督管理主体的唯一性。作为矿业土地的原利用人——农民集体，由于已经丧失了土地的所有权，从而也丧失了对土地复垦的监督权。实践证明，在我国目前"GDP"考核至上的行政管理体制下，地方政府往往只注重地方经济发展，而经常忽视了环境保护和资源可持续性利用，反映在土地复垦上，就是地方政府对土地复垦往往重视不够，土地复垦监督往往流于形式。

最后，现行供地方式容易造成复垦土地的产权纠葛。采矿有效期届满或者矿产开采完毕后，即使矿业企业按照法律要求进行了土地复垦，但如何处置复垦后的土地产权则是我国现有法律的一项难题。矿产资源开采完毕后，矿业用地即完成了历史使命，矿业企业本可以把复垦后的

---

① 第五条：国务院国土资源主管部门负责全国土地复垦的监督管理工作。县级以上地方人民政府国土资源主管部门负责本行政区域土地复垦的监督管理工作。

土地和农民集体进行置换，以获得新的矿业用地。然而，由于复垦土地与原生农地"地力"的差距，农民集体并不愿意进行置换。此时，复垦好的矿业用地往往处于闲置状态，不利于土地的有效利用，或者复垦后的土地被当地农民强行进行耕种，由于复垦后的土地产权上仍属于矿业权人，且矿业权人为复垦支出了巨大的代价，矿业权人往往并不会轻易放弃复垦后的矿业用地，由此经常诱发矿业权人和当地农民的产权纠葛。

第三节 我国采矿用地取得制度困境的根源

一 采矿用地取得困境的自然根源

如前所述，矿业权为复合客体，包括特定矿区或工作区范围内的地下土壤与其中所赋存的矿产资源，[①] 但不包括地表及其地上空间；而土地使用权的客体既可能是土地地表，也可能是地下空间和地上空间[②]。这样，矿业权与土地物权的客体要么上下并列相连，要么空间交叉与碰撞，法律难以对其权利边界做出准确划分，实践中权利冲突因而成为可能。这也应验了拉德布鲁赫的名言："界限逾多，则难以定界的情况愈多；争论的问题愈多，则法的不安定性愈多。"[③] 同时，由于我国土地所有权的二元格局以及我国矿业权和土地使用权分别授予体制，实践中往往导致取得矿业权并不当然取得土地使用权，即矿业权的主体并非一定是土地使用权的主体。作为经济理性人的市场主体，无论是矿业权人还是土地权利人，都会从自身利益最大化出发，最大限度利用物的价值。矿业用人对矿业用地的利用旨在把赋存于地表之下的矿产资源从地下土壤中剥离出来，变成矿产品，以实现矿业权的经济价值。而在矿业资源勘探和开采过程中，其不可避免要占用地表土地或者对地表土地构成破坏，前者如开采地下煤矿需要在地表开凿通气孔，这种通气孔必然

---

① 崔建远：《准物权研究》，法律出版社 2012 年版，第 241 页。
② 传统土地使用权的客体仅仅为土地地表，由于《物权法》规定了物权可以在地上、地表和地中分别设立，地下空间因而可以单独成为土地物权的客体。
③ ［德］拉德布鲁赫：《法律智慧警句集》，舒国滢译，中国法制出版社 2001 年版，第2 页。

会影响到地表权利人对土地的排他性利用，造成"两权"行使的冲突；后者如开采露天煤矿需要开挖地表土地，这种开挖必然会对土地使用权客体造成破坏，从而使土地权利人的土地权利消耗殆尽，造成"两权"无法相容。另外，土地权利的行使也可能损及矿业权人利益，如土地资源的开发和利用会对地下矿产资源造成压覆，从而使其成为事实上的"呆矿"，造成"两权"冲突。因此，矿业权和土地权利客体相邻或者交叉是矿业权和土地权利行使冲突的自然原因。

二 采矿用地取得困境的社会经济根源

（一）社会转型是矿业用地取得矛盾的社会动因

马克思、恩格斯也指出："一切历史冲突都根源于生产力和交往形式之间的矛盾。"在历史唯物主义看来，任何社会问题都是当时社会政治经济矛盾发展的产物，而其中生产力与生产方式的矛盾是其根本矛盾。矿业用地取得制度之所以表现出制度低效和社会不公等制度困境，和我国当前的社会转型和经济体制转轨分不开。是社会转型时期社会矛盾的集中体现。

当前，中国正在经历人类社会历史上最为宏大的社会转型，正由传统农业社会转向现代工业社会，由集权型计划经济转向开放型市场经济，由专制的人治社会转向民主的法治社会，以及国家社会高度统一的一元化结构向"国家—社会"二元结构的过渡。[①] 在转型过程中，各种社会矛盾必然激化并显化出来。"改革开放前，中国社会是一个发育程度较低、分化速度缓慢、同质性较强的社会。在那样的条件下，社会的政治中心、意识形态中心、经济中心重合为一体，社会资源和权力高度集中，国家具有很强的动员和组织能力。"[②] 与此相联系，社会利益形态和社会矛盾也简单划一，人民作为利益一致的主体，各种利益矛盾并不突出。而进入市场经济以后，由于市场经济是一种主体经济，随着社会分工的多元化，各社会利益群体不断出现分化。随着利益主体增多、利益来源多样化、利益表达公开化、利益诉求全面化以及利益差别显性

---

① 罗豪才主编：《行政法论丛（第 8 卷）》，法律出版社 2005 年版，第 140 页。
② 汪玉凯：《公共管理与非政府公共组织》，中共中央党校出版社 2003 年版，第 94 页。

化与扩大化，我国社会利益关系变得越来越复杂。[①]

就矿业用地而言，计划经济时代我国也有大规模的矿业农地征收行为，为什么计划经济时代没有发生当下突出的矿地征收矛盾呢？其原因在于，在计划经济时代，全国经济一盘棋，国家垄断了一切经济资源，各社会主体之间利益独立性不强，[②]并且当时无论是国有企业还是农村集体经济，都代表了社会主义公有制经济，个人、集体和国家利益高度一致。就农村土地而言，土地虽然属于集体所有，但由于农业生产接受国家统一计划指导，农民集体对土地并没有完全的土地经营权和处分权，集体土地禁止一切形态的出租和转让，国家可以通过行政权力对集体土地统一进行征调和划拨。[③]同时，在计划经济时代，一切农产品和土地都不具有商品属性，不具有财产价值，土地仅仅是作为生产资料，不能通过市场实现其经济价值。当经济建设征用集体土地之后，国家一般都会进行土地补偿或者就业安置，要么重新提供土地，让农民继续从事农业生产，要么对失地农民进行"农转非"安置，将其户口转换为非农业户口。在20世纪90年代之前，由于我国实行城乡二元经济体制，"农转非"对农民非常具有吸引力，农地征收矛盾因此并不普遍和尖锐，很多农民甚至希望自己的土地被国家征用。[④]而进入市场经济时代以后，社会逐步摆脱了国家的束缚，具有了自身独立的利益，同时，社会群体内部也出现了利益分化，各种利益需求逐步多元化和复杂化。具体到农村土地上，随着城市化和工业化的推进，土地非农化收益逐步显化和攀升，同时，随着我国农地使用制度的改革，农民已成为土地的实际使用人，农民希望通过市场机制，实现自己土地的经济价值，分享工业化土地增值的巨大收益。然而，我国正由计划经济向市场经济转轨，很多计划经济时代的制度依然得以保存。我国征地补偿制度即是计划经济时代的产物，带有鲜明的计划经济烙印，是我国计划经济时代重

---

①　洪远朋、陈波：《改革开放三十年来我国社会利益关系的十大变化》，《马克思主义研究》2008年第9期。

②　李寿廷：《土地征收法律制度研究——基于利益平衡的理论分析与制度构建》，博士学位论文，西南政法大学，2010年。

③　黄小虎主编：《新时期中国土地管理研究》，当代中国出版社2006年版，第188页。

④　刘守英：《中国城乡二元土地制度的特征、问题与改革》，《国际经济评论》2014年第3期。

工业优先发展战略的现实需要。新中国成立后，我国为了改变积贫积弱的现实国情，尽快实现工业化和现代化，实行了农村支持城市的重工业优先发展战略，国家通过计划手段人为压低土地、原材料、工资等生产要素价格。通过二元体制的土地征收，无偿或者准无偿的方式利用集体土地，可以为工业发展获取廉价的土地资源，以及为城市化积累建设资金。但是，随着市场经济的发展，大量国有企业被改制，国家没有能力再统一安置失地农民。这样，计划色彩浓厚的就业安置逐步被市场经济的货币补偿所取代了。然而，我国货币补偿并非完全补偿原则，不体现市场经济的等价交换原理，而是根据土地的原有农业价值进行补偿。这样，失地农民失去了赖以生存的土地后，发展能力被剥夺或者受限，生活水平下降，甚至难以维持正常生活，[①] 必然会对现有的征地制度进行抵制，征地矛盾逐步显化和激化。在此情况下，一些地方政府积极探索，建立失地农民最低生活保障制度，同一时期，国务院也出台政策要求地方政府建立起对征地农民的社会保障制度，但是，目前已经建立这一制度的地方不多。[②] 即使已经建立起最低社会保障，但与农民所期望的农地发展权补偿相去甚远。这样，我国现有征地制度的后果往往是"上班无岗，种田无地，低保无份"，征地矛盾日益凸显。

（二）矿业开采制度改革，矿业权主体的多元化

在计划经济体制下，我国矿业资源属于国家所有，全国除了少量的集体矿山外，矿业实行国家统一开采和统一经营。[③] 在这种矿业权经营机制下，矿业企业被视为代表了国家利益或者国家利益的一部分，如果矿山开采需要利用集体土地的，即使发生利益冲突，也因为国家利益高于一切而自然化解。但是，随着我国矿业权体制改革，国家放松了对矿业权的高度管制，矿业权主体也逐步多元化，国家、集体、个人甚至外

---

① 九三学社进行的一项调查表明，在全国的失地农民中，有60%左右的人生活十分困难，有稳定经济收入、没有因失地影响到基本生活的只占30%左右。参见王卫国主编《21世纪中国民法之展望——海峡两岸民法研讨会论文集》，中国政法大学出版社2008年版，第365页。

② 刘守英：《中国城乡二元土地制度的特征、问题与改革》，《国际经济评论》2014年第3期。

③ 赵凡：《合理利用矿产资源是根本宗旨——国土资源部原副部长蒋承菘谈地矿行政管理历程》，载国土资源部网站，发布日期：2008年10月21日。

国投资者都可以通过出让成为矿业权主体。据统计，2007 年全国现有各类矿山企业 124982 个，其中内资企业占 99.62%，外商投资矿山企业占 0.22%，港澳台投资矿山企业占 0.16%。① 同时，随着我国国有矿业企业转制，国有矿山企业大都被改造成股份制企业，企业股权的多元化导致国有企业的"公共利益"色彩逐步淡化，国有企业事实上也很难说具体地体现了某种公共利益。② 这样，原来可以通过划拨取得的矿地使用权，现在不得不求助于出让或者转让的市场途径，此时，发生在集体土地上的矿业权人和土地物权人的冲突不可避免就会出现。

（三）土地财产属性的凸显、土地权利意识觉醒

改革开放以后，随着我国工业化和城市化的发展，我国实行包括土地使用制度在内的严格的城市和农村二元分割的经济社会体制，国家通过垄断建设用地一级市场的方式，剥夺农民集体的土地发展权，从而为我国工业化发展提供廉价的土地资源。然而进入 21 世纪以后，随着我国城乡统筹发展战略的推进，国家通过工业反哺农业，逐步加大了对农村的扶持力度。城乡统筹发展战略，不仅仅在经济上要对农民利益进行合理补偿，更重要的是要让农民平等地参与社会经济发展决策，享有平等的土地财产权利。这种由利益上升为权利的改革诉求表现在集体建设用地使用权制度上就是要允许其流转，完善其权能。③ 把脉近年来农村土地产权制度变迁可以发现，改革开放后，随着农村家庭联产承包责任制的推广和普及，农村土地逐步产权化，不仅农民免费获得了土地承包经营权、宅基地使用权、林地经营权等，而且通过《物权法》的规定，对这些权利进行登记颁证，使其具有了物权的效力，不仅在一定条件下可以通过转让、出租、转租等方式自由流转，而且取得了可以对抗包括农民集体在内的一切国家公权力的侵害，农村土地权利逐步财产化；而对于集体建设用地，国家目前也正在积极进行试点，出台了一系列国家和地方政策，允许集体建设用地进行一定程度流转，以共享社会经济发展的成果。在计划经济时代，农民利益是农民集体利益的组成部分，不

---

① 刘燕鹏、陈念平：《中国资源、产业、市场与跨国公司及基本对策》，《中国经济评论》2007 年第 2 期。

② 王利明主编：《民法》，中国人民大学出版社 2007 年版，第 41 页。

③ 马秀鹏：《中国农村集体建设用地流转法律制度创新研究》，博士学位论文，南京农业大学，2008 年。

具有自身独立性，而随着农村土地的产权化改革，农民利益逐步从集体利益中脱离出来，开始和农民集体"分庭抗礼"，农民土地权利意识逐步加强，开始"为权利而斗争"。另外，随着我国"三千年未有之变"的农村税费制度改革的推进，国家出台一系列惠农政策，加大粮种和化肥补贴，取消了农业税收，极大地增强了农民对土地将来价值的预期。农民对土地植根于心的朴素感情、新时期下的经济理性思考加上正在强化的土地权利意识使土地在其心目中的地位进一步巩固。[1] 此时，如果矿业权人需要使用农民土地进行矿业开发。农民作为土地的实际占有人以及平等的市场主体，必然会通过各种方式谋求自己的利益，或者要求提高地权交易价格、参与投资等来分享矿产资源开发的经济效益，或者通过制度外手段，在谈判中漫天要价，使自身尽可能地分享到矿产资源开发的利益，取得自身利益最大化。[2]

（四）地方政府发展经济与"GDP 竞标赛"的压力

我国矿业土地征收是在政府主导下的土地资源配置行为，其实质上就是土地财产利益的在政府、原土地利用人和矿业权人之间的重新分配过程。现在的问题是，我国的政府作为公权力机构，本应维护土地市场交易秩序，作为市场经济的守护神，为什么会直接参与并主导土地征收活动？其秘诀还在于利益的追求。政府作为公权力机构，也具有其独立的利益诉求。我国地方政府热衷于土地征收的原动力在于中央政府主导下的地方政府之间的"GDP 竞标赛"。我国政府为实现经济和社会发展目标，必须对地方官员进行考核。目前我国地方政府考核的主要指标之一就是 GDP 增长水平。我国学者周黎安教授运用 1979 年至 2005 年的经济发展数据考察省级官员的晋升机制，结果发现，经济绩效与省级官员的晋升呈正相关关系。这从一定意义上解释了为什么我国地方官员热衷于"GDP 竞赛"的动力之源了。而所谓的"GDP 竞赛"，地方政府最常用的手段就是招商引资。为了吸引外来投资者，地方政府通过出台一系列受惠政策，其中低价提供工业用地，减免土地税费是其常用招

---

① 梅东海：《社会转型期的中国农民土地意识——浙、鄂、渝三地调查报告》，《中国农村观察》2007 年第 1 期。

② 中国土地矿产法律事务中心：《矿业用地制度改革与创新》，中国法制出版社 2013 年版，第 38 页。

数，甚至于出现零低价出让工业用地的怪现象。

矿业是我国工业的重要组成部分，不仅能为地方政府带来显著的
GDP 增长和财政收入的增加，[①] 而且能够为地方政府提供大量就业机
会。据统计，我国仅在矿业行业从事矿产资源勘查工作的职工就达
1400 万人。[②] 因此，地方政府在发展经济和 "GDP 竞赛" 双重压力
下，不惜扩大 "公共利益" 的外延解释，强行大量征收农民集体土
地，从而引发大量的矿业用地征收矛盾。可以预见的是，随着我国农
民土地权利意识的提升，地方政府和农民围绕土地争夺的斗争将会加
剧，由占地问题引发的农村冲突将会越来越严重，冲突数量上将会呈
上升趋势。[③]

综上所述，任何社会历史冲突都是其所处时代社会矛盾的产物，我
国当前矿业用地存在一系列的制度低效问题，从表面看是由于我国现有
法律规定不完善、不健全造成，但其背后最终根源在于我国当前社会转
型期政治、经济和社会发展的矛盾。破解我国当前采矿用地制度的困
境，其最根本的途径是加快我国经济、政治改革步伐，理顺改革进程中
的各种利益关系，最终实现社会和谐发展与社会进步。

三　采矿用地取得困境的制度障碍

上文论及了我国当前采矿用地取得领域存在一系列问题，导致目前
采矿用地陷入困境。这些问题折射出我国当前采矿用地取得制度滞后于
我国当前社会发展的情势，现有的制度设计存在缺陷。通过对我国现有
的与矿业用地有关法律规范的梳理，可以发现我国目前矿业用地取得制
度的缺陷既有实体权利设置方面的缺陷，也有程序规定的不健全，本书
认为主要表现在以下几个方面。

---

① 2010 年，财政部、国家税务总局发布《新疆原油天然气资源税改革若干问题的规
定》，正式启动我国资源税改革，其计税标准由从量征收改为从价征收，税率为 5%。资源税
改革后，依据资源税的分配方式，地方政府将获得其中的大部分收益。参见戴丹《资源税改革
11 月全国推行，地方财政收益最大》，2011 年 10 月 12 日，21CN 新闻网，（http://
news.21cn.com/caiji/roll1/2011/10/12/9403683.shtml）。

② 崔彬、邓军:《论运用集成思想进行商业性地质工作》，《资源与产业》2003 年第
6 期。

③ 梅东海:《社会转型期的中国农民土地维权研究》，博士学位论文，中国社会科学院，
2008 年。

第一，矿业权与土地物权设置缺乏优先权机制。

采矿权的客体依附于土地资源，开采矿产资源不可避免涉及对土地资源的利用，采矿用地实质上就是开采矿产资源而对特定地表进行利用的一种方式。然而，由于我国法律采用矿产资源所有权与土地资源所有权相分离的立法模式，矿业资源所有权属于国家，土地资源所有权分别属于国家和集体所有，因此，从矿产资源派生出的采矿权也独立于土地所有权及其派生的相关土地权利。[①] 同时，根据我国现有法律规定，矿业权人取得采矿权并不当然取得矿业用地使用权；同理，拥有土地产权也不能用于矿业开发。因此，矿业权人在开采矿产资源时，免不了与土地物权人出现空间上的交叉和碰撞。[②] 这样，在当前土地产权法律设置上，二者之间便产生了冲突。现在的问题是，如果土地上已经设立了其他土地物权，那么是否还能够设立矿业用地使用权？如果能够设立，那么其条件是什么？如果不能设立，那么其原因又何在？换言之，矿业用地使用权相对于其他土地物权是否具有优先权问题。目前，我国立法无论是《土地管理法》还是《矿产资源法》都没有回答这个问题。在我国用地实践中，当矿业用地使用权与土地承包经营权、集体建设用地使用权等土地物权发生冲突时，根据现有的用地政策，为了保障矿业权的有效实现，发展地方经济，地方政府一概采取征收的方式，把集体土地收归国家所有再通过划拨或者出让的方式来满足现矿业用地的需求。但是，该做法和土地物权的排他属性相背离，同时，强制征收使农民失去了赖以生存的土地，损害了集体和农民的利益，容易激化社会矛盾，增加地方政府维稳压力，也不利于我国和谐社会的建设。

第二，矿业用地取得方式单一，缺乏类型化划分。

土地按照用地利益可以分为公益性用地和非公益性用地，二者适用不同的用地规则，公益性用地是公共利益在土地利用领域的体现，属于公共品范畴，基于负外部性等机会主义考虑，应由政府提供用地，也就是说通过公权力，采用征收划拨的途径提供土地，从而提高用地效率；而对于经营性用地，土地作为重要的市场要素，在市场经济条件下理应

---

① 袭燕燕、李晓妹：《国外矿业用地制度面面观》，《中国国土资源报》2005 年 3 月 3 日第 4 版。

② 孙英辉、肖攀：《完善矿业用地使用权的法律设置》，《理论月刊》2011 年第 6 期。

通过市场机制来进行配置，从而实现有效用地。根据我国目前法律规定，在国有土地进行供地的情况下，矿业经营性用地必须通过出让、转让等市场途径获取，公益性划拨用地仅限于《划拨用地目录》中列举的石油、天然气等能源用地。而对于农村集体土地供地情况，目前法律并没有区分公益性和经营性矿业用地，所有集体建设用地除了四种特殊情况外①，只能通过征收方式变更为国有建设用地，再将国有土地让渡给矿业权人使用，集体土地使用权本身不能直接进入矿业用地市场。采矿企业既不能从农民集体那里通过出让、出租获得矿业用地，也不能在二级市场通过转让的方式从其他土地权利人处获得土地，换言之，集体建设土地由于不具有市场化的财产属性，目前不能在市场上流通。但是，随着我国市场经济的发展，农村土地市场价值日益凸显，同时，随着农村集体土地产权制度逐步完善，农民土地权利意识逐步加强，农民集体希望通过市场化的途径分享利润丰厚的矿业利益，要求提高地权交易价格，矿业权人和土地权人的矛盾不断显现和扩大。

第三，采矿权主体的多元化与土地征收制度相矛盾。

长期以来，由于我国忽视了采矿用地自身的特殊性，混淆了采矿用地与一般工业用地的区别，而统一采用工业用地取得途径，即"征收划拨"或者"征收出让"模式。如果采矿用地发生在农村集体土地上，则由国家通过征收后再进行划拨或者出让的方式进行供地。近年来，我国基于维护粮食安全和农村社会稳定的政策考量，不断改进我国土地征收制度，严格土地征收的公益性条件，无论是《宪法》还是《土地管理法》以及《物权法》，都明确要求征收集体土地必须限制在"公共利益"目的范围内。然而，无论是我国现有法律法规，如《国有土地房屋征收管理条例》，还是国外的立法规定②，都没有把矿业开发纳入公共利益的范围。因此，我国通过土地征收途径使采矿用地使用权取代集体土地其他物权难言具有法律上的正当性。在计划经济时代，矿产资源属于国家所有并由国家统一经营，矿业企业代表国家行使采矿权，符合

---

① 根据《土地管理法》第60条至第63条规定，开办乡镇企业或者与其他单位、个人以土地使用权入股等形式共同举办企业；用于乡村公共设施、公益事业用地；建造农民住宅；破产兼并土地转移。其中，第四种属于二级市场转移。

② 日本《土地征收法》明确把矿业用地排除在公共利益范围之外。

公共利益范畴，通过征收划拨的方式使用集体土地具有法律上的正当性。但是，随着我国矿业权市场体制改革的深化，矿业投资主体呈现多元化趋势，矿业企业的资本构成中既有国有资本，也有集体和个人资本，随着采矿权的对外开放，外资资本也渗入其中。这样，随着采矿权主体的多元化，矿业生产中的公共利益色彩必然弱化。在不考虑各种矿业企业开采矿产资源间接上有助于国家安全、国计民生的公共利益外，从各种资本所体现的利益属性来看，私营企业和外资企业基于营利性目的开发矿产资源，直接体现企业个体利益；而国有企业随着我国企业股份制改革的完成，也基本被改造成股份制公司模式，公司内部股权结构日趋复杂化，也很难说是直接代表了国家利益。这样，采矿权主体的多元化必然与我国现有征收法律规定的"公共利益"条件发生冲突，从而造成土地征收的困境。

第四，矿业开发对土地的巨大需求与非农建设用地计划指标的限制存在冲突。

我国采矿用地取得采用一般建设用地审批程序，如果采矿用地发生在农村集体土地上，必须办理土地征收和农地转用审批手续。同时，基于控制建设用地规模考虑，国家实行土地利用计划指标管理制度，企业没有建设用地指标不能办理具体项目的用地审批。我国建设用地指标采用行政配给制，由中央政府根据地方经济发展情况，按年度分批次下达给地方政府。近年来，基于严格保护耕地的政策考虑，国家对新增建设用地指标逐步趋紧，从严控制，每年下达的指标量相对于地方建设用地需求极为有限。如在"十二五"期间，山西省用地建设需求超过 10 万公顷，而国家同期下达给该省的新增建设用地计划不足 5 万公顷，用地指标缺口在一半以上，土地供求矛盾形势严峻。[①] 在此情况下，地方政府基于发展地方经济考虑，往往将有限的建设用地指标用于经济附加值更大的重点项目或者急需项目，从而没有多余的用地指标满足矿业用地需求，导致矿业企业难以办理合法的用地手续。因此，目前多数矿业企业违法用地的主要原因并非是矿业企业不想办理合法用地手续，而是由于农用地转用计划指标的限制，地方政府基于地方经济发展考虑，不愿

---

① 李建功：《创新矿业用地机制、拓展跨越发展空间》，《国土资源通讯》2011 年第19 期。

意给矿业企业办理用地手续。这样，矿业企业为了开采矿产资源，实现其矿业权，只能绕开国家建设用地指标管制，私下和农民集体进行协商，租赁集体土地进行开矿，即"以租代征"，从而造成了我国矿业用地隐形市场泛滥，破坏了国家土地用途管制制度，严重损害了我国土地利用秩序。

第五，采矿用地审批与我国严格的用地用途管制制度相冲突。

实行严格的土地用途管制制度，是多数成熟国家的通行做法。我国为了保障土地资源优化配置和合理使用，促进经济、社会和环境的协调发展，也建立了严格的土地用途管制制度，土地用途管制是我国土地制度的一项基本原则。矿业用地许可的审查与批准，也必须以是否符合土地规划为依据，无用地规划的土地则禁止矿山企业利用。[①] 就矿业用地规划而言，我国目前存在的问题是土地利用总体规划和矿产资源规划不相协调。由于两个规划时间的不一致，以及由于采矿用地规模偏大，各地基于建设用地规模约束的原因，在土地利用规划编制过程中没有为采矿用地预留足够的发展空间，或者即使在土地利用规划中为采矿用地预留了空间，但由于采矿用地的不确定性，土地规划中预留的空间并不一定能满足未来用地的需求，导致采矿权人在取得矿业权后因不符合土地利用规划而往往无法办理采矿用地的审批手续。实践中解决土地利用规划与矿产资源规划不相协调的处理办法一般是对土地利用总体规划进行编修，从而使矿产资源开发满足土地利用规划的刚性需求。但是，土地利用规划编修需要履行严格的程序，往往导致矿业企业用地审批时间延长，增加了矿业企业的用地成本。[②] 实践中还有一种情况是，采矿权人办理了采矿用地审批手续后，其采矿权的矿区范围和采矿用地使用权获批的范围不相一致，导致实践中采矿权人受经济利益的驱动，往往按照审批面积大的范围进行操作，从而导致采矿权与矿地使用权管理的混乱。

第六，采矿用地取得程序与采矿权授予程序不相协调。

根据我国目前法律的规定，采矿权的授予和采矿用地的审批是两个独立的程序。而根据我国矿产资源法律法规，采矿权的授予实行四级管

---

① 康纪田、刘卫常：《矿业用地用途管制的路径取向》，《上海国土资源》2015年第3期。

② 谭文兵：《对我国采矿用地管理改革的思考》，《中国矿业》2013年第12期。

理体制，即由国务院、省、地（市）、县地质矿产主管部门负责审批；而采矿用地审批适用《土地管理法》的有关规定。根据《土地管理法》第43条第1款规定："任何单位和个人进行建设，需要使用土地的，必须依法申请使用国有土地。"开采矿产属于经济建设范畴，因此，采矿用地应当参照一般建设用地审批程序，实行两级管理，即由采矿权人提出具体用地申请后，采矿用地的征收和农地转用手续由国务院和省级人民政府进行审批。由于适用的法律不一样和审批的主体不一致，以及我国目前采矿权的审批不以取得土地使用权为前提条件的具体做法，实践中往往出现在同一区域内，采矿权审批所涉及的土地，往往也是其他建设用地审批的对象或者其他用地项目预审用地的对象。这样，将可能导致采矿权人取得采矿权后但无法获得采矿用地使用权的情形，造成采矿权无法有效行使；或者先取得采矿用地使用权但最终无法获得采矿权的现实窘境。由于采矿用地自身的特殊性，采矿权的有效行使必须要以采矿用地使用权的取得为前提。今后，采矿权与采矿用地使用权的审批和取得如何进行协调，将是我国《土地管理法》和《矿产资源法》修订时必须面对的新课题。

第七，在林地和草地上取得采矿用地缺乏细致的法律规定。

我国现有的《森林法》《草原法》对于草地和林地上如何采矿只是做了原则性的规定。[①]《土地管理法》对于如何处理草地、林地与采矿用地冲突，也较为简略粗糙。众所周知，我国现有的土地管理法律体系是以耕地保护为核心的制度体系，其对耕地的保护较为严密，但相对忽视了对其他农用地或者未利用地的法律保护，如在土地征收补偿制度上，我国《土地管理法》第47条[②]规定了较为完备的耕地征收补偿内容。但对于如何处理林地使用权、草地使用权与采矿用地使用权的冲突时，则语焉不详，这样，实践中造成的结果只能是矿业企业"滥采滥伐，生态环境遭到严重破坏"[③]的不良后果。因此，我国未来有必要完善《土地管理法》《草原法》《森林法》有关内容，协调好采矿权与林业权、草原使用权的法律关系。

---

① 参见《草原法》第38条、第40条；《森林法》第15条。
② 参见《土地管理法》第47条。
③ 傅英：《矿产资源法的修改理论研究与制度设计》，中国大地出版社2006年版，第371页。

第三章

域外采矿用地取得制度的考察与启示

第一节　域外采矿用地取得制度的考察

一　欧洲国家的采矿用地制度

1. 法国采矿用地制度

法国采用矿产资源与土地相分离的立法模式。土地权利人并不拥有其土地上的矿产资源所有权，矿产资源所有权归属国家所有。国家可以自行开采或者通过行政授权私人开采矿产资源。在此立法模式下，国家开采矿产或者采矿权人采矿涉及他人土地地表时，必然发生使用上的冲突。为此《法国矿业法》（1985）规定了"法定地役权"方式进行解决。即采矿权人开采矿产资源要对他人土地进行利用时，必须向最高行政法院申请用地许可。采矿权人获得最高行政法院的省法令后，可以在其矿区范围内或者矿区范围以外占据因矿山开采及其附属设施所需的场地。① 而根据该法第71—1条的规定，采矿权人要进入他人场地进行开采作业，首先必须支付因矿山开采而给土地权人所造成的损失或者为支付该费用提供担保。如果该土地的占用达到一年以上或者矿山开采结束后，该土地不能够恢复正常使用的，土地权人享有反向征收请求权（第71—4条），可以要求国家征收其土地，在此情况下，采矿权人可取得土地的全部所有权。

---

① 该附属设施包括：救急设施，如通风竖井和排水坑道；对从矿山采出的燃料和矿石进行制备、冲洗和富集的车间；对上述两段中的工作所产生的产品和废弃物进行堆积和储存的设施；用于运输上述产品和废弃物或矿山所需物资的运河、公路、铁路及所有地面设施。参见国土资源部地质勘查司《各国矿业法选编》（上册），中国大地出版社2005年版，第600页。

2. 德国采矿用地制度

德国实行矿产资源与土地相对分离的产权模式。根据德国《矿业法》第 3 条规定，土地所有权人可以对其土地上特定种类的矿产资源拥有产权，如石头、沙土等，但对其他类型矿产资源，土地所有人并不拥有产权，矿产资源所有权实行国家所有制。国家可以通过颁发采矿许可证授权私人开采国有矿产资源或者由国家自行开采。这样，当采矿权与土地所有权分属不同产权主体时，采矿权人与土地权人必然会发生土地利用的权利冲突。为此，德国《矿业法》采用"法定地上权"模式予以解决，即采矿权人基于法律的规定直接获得矿区范围内土地的法定地上权，换言之，采矿权人获得了一种具有排除原土地所有权效力的先占权，为此，原土地所有权人负有容忍义务，采矿权人具有优先使用土地的权利。尽管法定地上权作为一种用益物权，其具体内容要由采矿权人与土地所有人协商确定，但根据德国《矿业法》第 12 条规定，如果双方不能按照第 12 条第 1 款达成用地协议的，地政主管机关可以"限制或剥夺原土地所有权人对其土地、房屋和设备的使用权、所有权以及负责权"。① 换言之，如果用地双方达不成用地契约的，采矿权人可以请求进行强制性的土地让与。② 从而保障采矿用地的有效需求。

二 亚洲国家（地区）采矿用地制度

1. 日本采矿用地制度

日本《矿业法》（1950）第五章对矿业用地内容和程序进行了规范，并把基于采矿目的而使用他人土地区分为土地的使用和土地的收用两种类型。根据《矿业法》第 104 条的规定，如果采矿权人基于矿业开发的目的而需要使用矿区及其矿区附近的土地，且又在难以用其他土地替代的情况下，可以申请矿业用地使用权。《矿业法》第 105 条规定了矿业用地征收的范围和条件，即在符合一定矿业开采目的的前提下，当矿业开采会造成土地形质改变且难以恢复原来用途时，同时，矿业开采

---

① 国土资源部地质勘查司：《各国矿业法选编》（上册），中国大地出版社 2005 年版，第 587 页。

② 宁红丽、王峰：《矿业权的性质厘定与法律完善》，《重庆理工大学学报》（社会科学版）2010 年第 1 期。

又必须使用该土地且在无可替代的情况下，矿业权人可以申请土地的征收。土地的使用和收用都要经过行政机关的审批授权。如果用地项目属于跨县项目且申请人非属于政府机关，其受理机构为国土交通大臣，如果属于一个县域内的项目申请，受理机构为都道府县知事。为保护土地权人的合法权益，防止行政机关滥用行政权力，日本矿业用地须遵循严格的行政程序，其一般包括用地申请、公共事业认定、调查报告的制作、矿业用地的协商购买、征收委员会裁决、行政裁判所行政诉讼[①]等六个阶段。同时，日本《矿业法》第107条，对《矿业法》与《土地征收法》就土地征收事项的相互衔接进行了规定，即《矿业法》矿业用地征收作为《土地征收法》的特别规范，如果《矿业法》对土地征收的范围、标准和程序进行了规定，则视为符合了《土地征收法》的相关规定。

2. 韩国采矿用地制度

韩国《矿业法》第六章"土地使用与收用"对采矿用地的取得与使用事项进行了规范。韩国矿业土地利用制度大致相当于日本矿业土地利用制度，即将采矿用地区分为土地使用和土地征收两种类型。根据《矿业法》第83条和第88条的规定，无论是矿业用地的使用还是收用都要取得工商资源部部长的许可，并经矿业法和土地占用法程序的批准（大法1966. 6. 16）[②]。而工商资源部部长在做出用地许可之前，要听取相关土地权利人的意见，最终再决定是否颁发采矿用地许可证书。同时《矿业法》第85条规定，采矿权人无论是占用还是收用他人土地，都必须对他人的土地出入和使用进行赔偿。韩国矿业用地征收适用《矿业法》的相关规定，如果《矿业法》没有规定的，将按照《土地征用法》（1951年第219号）的有关规定处置。

3. 我国台湾地区采矿用地制度

根据2002年修订的《台湾矿业法》，矿产资源产权属于国家所有，未经国家授权，任何人不得探采国有矿产资源。矿业投资者依法取得采矿权后，不能直接对矿区土地进行使用，而是要另行申请矿业用地使用

---

① 对于征收决定和范围不服的，属于裁判所诉讼范围，而对于土地征收补偿金额不服的，则须向法院提起民事诉讼。

② 国土资源部地质勘查司：《各国矿业法选编》，中国大地出版社2005年版，第989页。

权。根据《台湾矿业法》第60条规定，基于下列矿业开发目的①，必要时可以依法使用他人的土地。矿业权人使用他人土地包括购用和租用两种方式，土地所有人或者土地占用人对于前两项土地使用的请求，非有正当理由不得加以拒绝。矿业人使用他人土地者，需要预先向省（直辖市）主管机关提出申请，主管机关在对矿业用地申请进行审查时，需要通知相关土地权人到场，并征询地政主管机关的意见。矿业用地申请经主管机关核定后，矿业权人还要与相关土地权人达成用地协议，如果不能达成协议的，双方均可以向省（直辖市）主管机关申请裁决，如果双方对裁决结果不服的，双方均可向法院提起民事诉讼。但是，矿业权人在向法院提存地价或用地租金后，可以先行使用该土地。由此可见，台湾地区的矿业用地使用权相较于其他土地物权，具有优先实现的法律地位。

三　非洲国家的采矿用地制度

1. 南非采矿用地制度

南非是典型的土地私有制国家，在南非种族隔离时代，南非90%以上的土地被白人农场主占有。1996年南非颁布了《土地改革法》，通过国家赎买政策将30%的土地有偿分配给了黑人，从而减轻了土地占有的不公平现象。作为英美法系的重要一员，南非实行土地与矿产资源产权相统一的立法模式，矿产资源产权属于土地所有人。2004年南非颁布了《矿产资源与石油开发法》，将矿产资源所有权收归国有，至此，土地所有权人不再拥有矿产资源所有权。开采矿产资源必须要取得政府的行政授权。采矿权人取得了采矿许可证后，同时也就取得了在他人土地地表勘探、开采和处分矿产资源的权利。这种权利类似于德国矿业法规定的法定地上权，被视为是为了某个特定人的利益而利用他人土地的人

---

① 根据《台湾矿业法》第60条规定，矿业权者因下列情事之一，必要时得依法使用他人土地：一，开凿井、隧。二，堆积矿产物、爆炸物、土石、薪、炭、矿渣、灰烬或一切矿用材料。三，建筑矿业厂库或其所需房屋。四，设置大小铁路、运河、运河、水管、气管、油管、储气槽、储水槽、储油池、加压站、输配站、沟渠、地井、架空索道、电线或变压室等。五，设置其他矿业上必要之各种工事或工作物。

役权。① 采矿权人在进入利用他人土地时，必须要尽到合理注意义务，并须对因矿业开发占用土地导致的他人经济损失进行赔偿。如果发生土地产权人非因正当理由而拒绝采矿权人进入其土地范围内开展矿业作业，采矿权人可以将其提交给区域主管。区域主管可以要求用地双方就采矿用地达成协议。如果用地双方无法达成协议的，则提交地区仲裁委员会或者地区法院进行裁决。但是，如果区域主管认为用地双方不能达成协议的原因在于采矿权人一方，则可以在仲裁委员会或者地区法院下达裁决书前，禁止采矿权人进入土地权人的土地进行作业。如果区域主管在听取双方陈述后，并在征求地区矿业发展与环境委员会书面意见后，认为双方进一步磋商可能会损害国家利益，则可以建议矿产与能源部部长对该土地进行征收，② 从而保障矿业用地的需求。2009 年 5 月 29 日，南非最高上诉法院对"尤贝尔诉马兰达矿业公司"一案（Case No：296/08）做出终审判决，理论界认为，南非矿业立法中的采矿用地取得的法定性和优先性得到了司法的进一步确认。

2. 莫桑比克采矿用地制度

莫桑比克是与南非紧邻的南部非洲国家，境内蕴含丰富矿产资源，主要包括钽、煤、铁、铜、金、钛和天然气等。其中，钽矿储量 750 万吨，储量居世界之首，煤储量超过 150 亿吨，钛 600 多万吨，大部分矿藏尚未开发。莫桑比克政府鼓励矿产开发，1986 年就出台了《莫桑比克矿业法》，2002 年对该法进行了修订。根据莫桑比克相关法律，该国无论是土地还是矿产资源都归国家所有。私人可以向国家申请土地使用权和矿产资源开采权。《莫桑比克矿业法》第 14 条和第 43 条对矿业用地制度进行了专门的规定。根据《莫桑比克矿业法》第 13 条，采矿权人只有合法获得采矿权后，才可以向国家申请采矿用地使用权，"用以建立采矿作业所需的任何设施和基础设施……"可见，合法获得采矿权是申请采矿用地使用权的前置条件。在采矿用地审批程序中，当采矿权用地使用权设立与原土地使用权发生冲突时，国家要对矿产资源开发与

---

① Tario Bakheit, Mining and land access issues m South African mineral laws, In：http：//www. dundee. ac. uk/cepmlp/car/html/CAR9＿ ARTICLE22. pdf.

② 中国土地矿产法律事务中心：《矿业用地管制制度改革与创新》，中国法制出版社 2013 年版，第 41 页。

原土地利用价值进行衡量，如果审批机关认为矿业开发对社会产生的价值要高于原土地利用，则采矿用地具有优先性（《矿业法》第 43 条），即矿业用地使用权的授予要遵循比例原则和价值衡量原则。作为当今世界最不发达国家之一，发展经济是莫桑比克当前最紧迫的任务，该国因此非常注重矿业开发对经济的促进作用。而在实体上衡量矿业权与土地权利的价值，再决定是否保障采矿用地优先地位，符合该国对土地资源综合利用的现实需求。

四　美洲国家采矿用地制度

1. 美国采矿用地制度

美国作为世界上的矿业大国，非常注重通过立法来对矿业开采加以规范。19 世纪以来，美国国会先后颁布了《通用矿业法》（1872）、《矿产租赁法》（1920）、《建材矿业法》（1947）、《外大陆架土地法》（1953）、《露天采矿与复垦法》（1977）以及《联邦陆上石油天然气租借改革法》（1987）等多部矿业法律。美国早期法律规定地下矿产资源属于土地所有者拥有，而美国的土地区分为土地公有制和土地私有制，其中公有制土地（含联邦所有与州所有）占 42%，私有制土地占 58%。在公有土地上采矿与在私有土地上采矿适用不同的用地规则。如在公有土地上采矿，采矿权人合法获得采矿权后，会自动获得相应地块的土地使用权。而在私人土地上开采矿产资源的，土地所有权人在通过协议将矿产资源所有权许可他人使用时，赋存矿产资源的地表使用权自动发生转让。因此，由于美国土地与矿产资源产权合二为一的立法模式，二者对土地的利用并无发生冲突的可能性。19 世纪后期，美国最高法院确立了地下矿产资源和地表土地权利分别处置的普通法原则，这样，矿产资源所有权就可能与土地所有权分属不同主体，于是，美国法律采用"合理使用"地表原则来处理矿业用地关系。换言之，采矿权人在开采矿产资源时，不能使土地权人遭受严重不利影响，如果采矿权人明显滥用了合理进入权，或者因为疏忽大意而给土地权人造成损失，需要相应给予赔偿。由于美国法律一直认为矿业用地是最好的用地方式，因此，采矿权人在获得矿产资源产权的同时会自动获得其他相应的权利，包括矿区土地进入权、占有权和合理使用地表的权利，加之美国判例法规则也确认了采矿权对地表权的优先地位，[①] 从而使土地权人事实上处于不利地位。21 世纪以后，美国很多州通过出台立法，加强了对地表土地权人的法律保护。如 2007 年新墨西哥州颁布了《地表权利人保护法》，规定凡是采矿权人使用不属于自己的土地，都必须与土地权人签订矿产租约或买卖契约，按协商的条件取得矿地使用权后，方可进行矿业生产。[②]

2. 墨西哥采矿用地制度

墨西哥素有"多宝羊角"的美称，境内矿产资源丰富，其中银矿、石墨、天然碱、硫、钼、铅和锌的储量居世界前列。墨西哥重视通过立法对矿业生产加以保障。1975 年墨西哥颁发了新的《矿业法》。墨西哥沿袭西班牙法制传统，对矿业资产资源和土地资源产权分别立法。其中矿产资源的所有权归属于国家所有。私人开采矿产资源要取得联邦政府颁发的特许权。但是，对于建筑材料等特定的非金属矿产资源，其产权归属于土地所有权人。[③] 根据墨西哥《宪法》第 27 条规定，墨西哥土地所有权归属国家，但是国家可以将土地所有权转让给私人，从而成立私有土地财产权。墨西哥采矿特许权根据"先申请原则"进行授予，但矿业投资者取得矿业权后，并不当然享有矿区土地的所有权和使用权，还需再申请矿区用地使用权。申请矿业用地使用权的，在有关政府部门审核评估后，可以直接授予，不需要另行取得原土地物权人的同意。由于矿业是墨西哥的支柱产业，为扶持国内的矿业经济发展，当矿业用地使用权与其他土地权利发生冲突时，矿业用地使用权优先得到实现，后者甚至不能通过法院得到相应的救济。[④]

3. 巴西采矿用地制度

根据巴西《宪法》规定，巴西采纳矿产资源与土地资源相分离的立法模式。矿产资源所有权属于国家，但是土地可以是公有也可以是私

① 中国土地矿产法律事务中心：《矿业用地管制制度改革与创新》，中国法制出版社 2013 年版，第 25 页。

② 刘翀：《浅谈国外矿业资源管理制度经验对我国的启示》，《资源节约与环保》2014 年第 11 期。

③ 杨学军：《墨西哥矿业开发管理及其政策特点》，《矿产保护与利用》2002 年第 2 期。

④ 中国土地矿产法律事务中心：《矿业用地管制制度改革与创新》，中国法制出版社 2013 年版，第 47 页。

有。巴西是南美洲典型的矿业大国，矿业经济是其国民经济支柱之一，巴西通过矿业立法保障矿业用地顺利取得。1967 年，巴西颁布了《矿业法典》，该法典第四章对矿业权和土地使用权的关系进行了规范。根据该法第 59 条规定，基于矿业开发的需要①，矿区所在地及其附近的地产可以被征用于建设矿业服务设施，采矿权人对矿区土地享有使用权和通行权。同时根据该法第 60 条规定，要获得上述的土地使用权、通行权，必须预先对原土地权人因矿业开采导致的损失进行赔偿，赔偿金额由双方平等协商，如果双方不能就此达成协议的，赔偿的支付则通过在法院存款的办法进行，其金额由专家视察仲裁决定。② 但是，只有在支付了相应的赔偿款后，矿业投资者方可开展采矿作业。通过上述法条梳理可以发现，尽管巴西采纳矿业权和土地使用权分别申请模式，使用私人土地还必须要与土地权人进行协商，但是，协商的内容并不是能否使用土地，而是仅仅对土地使用赔偿金的协商。同时，巴西矿业法还对赔偿金协商的程序进行了明确的规定，防止土地权人以此漫天叫价。因此，土地权利人实际上并不能阻止采矿权人在其土地上进行矿业开采，采矿权相对于土地权利具有一定程度的优先地位。

另外，无论是矿业权还是矿业用地使用权的取得，都需要经过行政机关的行政授权。根据巴西《矿业法典的规章》（1968）规定，矿业用地申请由国家矿业生产局进行审批，国家矿业生产局在审批矿业用地申请时，需要根据"比例原则"决定是否批准，即在衡量矿业用地和原用地途径价值大小后，再决定是否颁发采矿用地授权书。

五　澳大利亚采矿用地制度

澳大利亚是全球范围内重要的矿业大国，矿业是其国民经济的重要支柱。澳大利亚联邦没有统一的矿业立法，但各州矿业立法完备，分别制定了相应的法律法规，对州内矿业开发活动进行管理。本书以西澳大利亚州为例，对其矿业用地制度进行说明。西澳大利亚州与矿业用地有关的法律是《西澳大利亚矿业法》（*Mining Act* 1978），根据该法的规定，西澳大利亚的矿产资源属于州政府所有（1899 年 1 月 1 日之前出

---

① 参见《矿业法典》第 59 条有关规定。
② 国土资源部地质勘查司：《各国矿业法选编》，中国大地出版社 2005 年版，第 989 页。

售或者许可的矿产资源除外），而西澳大利亚州的土地分为王室土地、公共保留地与私人土地三种类型。根据《西澳大利亚矿业法》，在西澳大利亚州开矿，首先要取得采矿租约（Mining lease）。采矿租约是矿产开采权的法律形式，但采矿租约并不包含矿业用地使用权，矿业权人还须单独申请通常目的租约（General purpose lease）和杂项工程许可证（Miscellaneous license）。通常目的租约是指采矿权人依法享有的"与矿业作业有关的竖立、安放和操作机械，处置矿物和残渣以及与开采相关的其他特定目的而使用土地的权利"①；而杂项工程许可证是指矿业权人享有的与采矿活动有关的项目施工许可的权利。对于杂项许可证权利内容，西澳大利亚《1981 年采矿条例》第 42B 条款进行了详细的规定，其包括矿区土地和周边土地的一项或多项的以下权利：1. 修筑道路；2. 通行电车；3. 架设索道；4. 铺设管道；5. 架设电线；6. 修建输送系统；7. 挖掘隧道；8. 搭建桥梁；9. 尾矿运输等。② 两项土地权利的取得都需要经由监察部门或矿业登记官的推荐，并取得矿业与能源部部长的审批同意。③ 无论是一般目的租约还是杂项许可证的授予，如果矿业土地利用涉及私人土地产权的，都需要取得土地所有人和合法占有人的书面同意，并就矿业用地赔偿达成协议。④ 就租约期限而言，通常目的租约和杂项许可证和采矿权的期限保持一致，通常为 21 年以内，如果采矿权人遵守相关法令和租约规定，期限届满前 3—6 个月内可以申请续期，具体期限由矿业与能源部部长决定，最长可达 21 年。⑤ 在获得进入私人土地的许可证后，矿业权人必须缴纳土地损害补偿金，其数额标准由矿业与能源部确定，并由该部进行代收，如果当事人对土地补偿金数额持有异议，由政府行政裁判庭进行裁定。⑥

---

① See s 87 (1) of the Mining Act of Western Australia.

② 袁华江：《采矿用地之契约式供给——以采矿通行权的分析为视角》，《海峡法学》2012 年第 9 期。

③ 王清华：《澳大利亚矿业权授予和转让制度及对我国相关立法的借鉴意义》，《河北法学》2011 年第 6 期。

④ 佚名：《澳大利亚土地资源管理》，2016 年 8 月 11 日，资源网，（http://www.docin.com/p-1580578011.html）。

⑤ 国土资源部地质勘查司：《各国矿业法选编》，中国大地出版社 2005 年版，第 747 页。

⑥ 徐阳：《浅析澳大利亚矿业法律制度》，《理论界》2010 年第 11 期。

第二节　域外采矿用地取得制度对我国的借鉴

世界各国基于其社会发展阶段和矿业权管理体制不同，采用了不同的采矿用地供给模式。通过分析和总结各国矿业用地取得法律制度，揭示出其中的一些共性经验，可以为我国今后采矿用地取得制度的完善提供借鉴。

一　立法技术上的借鉴

采矿用地制度是采矿权制度和土地产权制度的交叉。因此，应注重两个制度之间的相互衔接。鉴于采矿用地的特殊性考虑，很多国家都在矿产资源法中对采矿用地的取得和利用进行了详细的规范，其内容涉及采矿用地的取得、准入、复垦、赔偿等内容，基本涵盖了矿业用地制度的方方面面，从而有力地保障了矿业权与土地物权的有效衔接。另外，采矿用地取得往往涉及土地的征收内容，在此，有的国家立法对相关法条的援引做了相应的规定，从而确保了矿业用地使用与土地征收制度的有效对接。

二　采矿权与土地物权关系处理上的借鉴

采矿用地取得主要涉及采矿权与土地物权的关系。只有二者协调一致，采矿用地才能得到保障。为此，各国分别从实体和程序两方面对其关系进行协调。

1. 效益优先原则，确保土地合理利用

在实体法上，各国普遍重视在价值上对土地的各种用途进行权衡比较，寻找土地利用的最佳方式。鉴于经济发展水平和社会发展阶段不同，各国对土地用于矿业活动的价值取向存在一定的差异。发展中国家普遍面临发展经济、改善民生的紧迫任务，因而更加重视矿产资源开发对经济的促进作用，倾向于将土地更多地用于矿业开采活动。当采矿用地与其他土地利用发生冲突时，一般会赋予采矿用地的优先地位，如非洲的莫桑比克和美洲的墨西哥就通过法律明文规定了采矿用地的优先地位；而发达国家经济发展达到一定的高度，更关注土地的综合用途，相对于土地的经济价值而言，会更加重视土地的生态价值和维护土地权人的私权，因此，当土地利用发生冲突时，一般规定通过平等协商机制解决土地利用的冲突，只有在协商无效的情况下，才会根据效率原则①，在综合平衡用地双方利益基础上，通过强制手段对采矿用地加以保障。

2. 确保采矿权与土地利用权的对接与协调

在程序处理方面，各国普遍注重采矿权的取得与土地权利取得程序的协调一致，从而节约投资成本，降低投资风险。在两种程序的处理关系上，大致可以区分为以下三种模式。第一种：采矿用地取得前置程序，即直接规定采矿权的授予要以采矿用地的预先申请或者采矿权人与土地权人达成用地协议为前置程序。根据《俄罗斯联邦地下资源法》，如果需要取得采矿权审批，则必须预先取得土地权利人的书面授权，同时还得取得土地行政管理部门的预先许可，否则不能通过矿业权许可审批。② 再如根据《西澳大利亚矿业法》规定，申请采矿权的，首先要与相关土地权人达成用地协议，达成协议后，采矿权的审批才能进入快速审核程序，并最终颁发采矿权证。③ 采矿用地使用权的预先申请或者采矿用地协议的预先签订可以避免矿业投资者获取采矿权后无法进行矿业作业的尴尬局面，在一定程度上保障了矿业权的有效行使。第二种：矿业权吸收土地使用权的立法模式，即矿业权取得程序内置采矿用地取得程序。矿业投资者合法取得采矿权后，不需要再单独申请采矿用地使用权，采矿权中已经内含了采矿用地使用权的内容。目前实行这种立法模式的国家和地区有非洲的安哥拉与刚果（金），亚洲的塔吉克斯坦，以及欧洲丹麦的格陵兰地区。矿业权与土地使用权取得程序的合二为一，一方面可以简化矿业权人的办理土地使用的程序，节约采矿权人的投资成本；另一方面可以从根本上避免采矿权人的"有矿权而无地权"的法律风险，可以说是矿业权与土地使用权最优的协调模式。从适用对象

---

① 所谓"效率原则"，是指土地征收的目的在于提高社会效率（效用）。政府通过征收从而土地财产的再分配要能够促进社会整体价值的提升，换言之，就是土地财产再分配后所产生的社会效用减去对被征地方的损失补偿，要有效用盈余，即社会的受益减去被征用人的补偿大于零。参见程洁《土地征收征用中的程序失范与重构》，《法学研究》2006年第1期。

② 余国：《国外矿业权与土地使用权关系简析》，《国土资源情报》2014年第7期。

③ 中国土地矿产法律事务中心：《矿业用地管制制度改革与创新》，中国法制出版社2013年版，第62页。

角度看，选择采矿权与土地使用权统一获取模式的国家一般为土地公有制国家，土地权利关系较为简单，国家拥有处置土地权利的绝对权威。

第三种：采矿权与土地使用权分别申请模式。这是目前世界上大多数国家采纳的模式。采矿权人获得矿业用地审批后，另外要与土地权人达成用地协议，进行相应的补偿后，方可进入矿区进行矿业作业。但是，由于采矿权人在用地谈判中的事实弱势地位，如果完全采用市场化操作模式，将可能损害采矿权人的利益，导致矿业开发搁浅。为此，大多数国家通过法律直接规定用地协商程序，合理地判定相关的赔偿金额，兼顾用地双方的合法权益。典型的如我国台湾地区矿业立法，采矿用地经行政机关预先核定后，要与相关土地权利人达成用地协议，如果土地权利人拒绝磋商，或者用地协议谈判失败的，则申请行政主管机关进行裁决，如果双方对于行政裁决不服的，可依法提起民事诉讼。这样，由于用地协商和用地补偿都有法可依，一方面可以有效促成土地使用协议的尽快达成；另一方面也避免土地权人对土地利用的漫天要价，从而保障了用地双方利益的平衡。

目前，随着我国工业化进程不断加快，经济发展面临的资源约束矛盾日益凸显。因此，我国首先应该在价值上衡量土地利用在矿业开发和其他用途之间的权重关系。如果土地用于矿业开发的经济价值大于其他土地用途，那么我国可以在对农民集体做好补偿和生态保护的前提下，将土地优先用于矿业用途；另外，考虑我国人多地少的现实国情，在划定为国家基本农田保护区的地方，为了维护国家的粮食安全，则不应通过相应矿业用地的审批。在用地程序上，尽管我国实行土地公有制，为矿业权与土地权合二为一取得创造了条件，但是，随着我国农村土地物权制度的逐步完善，农村土地事实上已成为当前农民的重要财产权，在此法制背景下，如果不与农民集体协商就直接剥夺农民用地，将可能损害农民集体的利益，激化矿区工矿矛盾，威胁社会的稳定和安全。但是，为了保障我国采矿用地有效供应，我国首先应在实体法上赋予矿业用地的相对优先地位，同时优化我国的矿业用地程序，借鉴目前大多数国家的立法经验，通过法律规定矿业用地协商程序，从而在兼顾农民集体利益的前提下，保障我国矿业经济顺利和稳定发展。

三　采矿用地取得机制与途径的借鉴

1. 重视采矿用地取得的市场机制基础作用

矿业用地一方面涉及耕地保护、生态安全，因此，各国都会通过公法手段对其加以规制，如用地准入制度、土地复垦制度等；同时如果矿业开采涉及私人土地的，则一般要通过民事手段进行解决，即通过平等协商，达成用地协议。通过前面的各国矿业立法梳理可以发现，世界上除了少数国家采用矿业权吸收土地使用权立法模式，大多是国家立法规定矿业权人取得矿业权后，一般要另行申请矿业用地使用权，这样，当矿业用地使用权与原土地物权发生在同一块土地时，其不可避免发生使用上的冲突。从法律原理上而言，由于物权具有排他属性，后发生的矿业用地使用权并无排除原土地物权的法律效力，而只能通过平等协商，先行终止原土地物权，才能设立矿业用地使用权。因此，目前世界上的法治国家只能通过民法手段解决矿地冲突问题。体现在用地方式上就是通过意定性方式进行用地，即通过购买、租赁或者设立地役权等法律手段。目前，我国法定的采矿用地方式仅仅是征收手段，即通过行政权力的公法手段解决矿地权利冲突，缺少相应的私法用地机制，今后，我国应该借鉴其他国家的立法经验，创新我国矿业用地取得的私法机制。

2. 重视采矿用地国家强制力的保障作用

正如前文所述，完全采用市场化途径解决采矿用地冲突问题并非最佳，因为在采矿用地协商中，土地权利人为事实上的强者，其可以通过对土地的事实占有而漫天要价；而对于采矿权人一方，由于矿业用地特殊的自然属性，矿业用地具有不可替换性。因此，矿业用地市场并非完全竞争市场，而是一种事实上处于垄断的市场。根据经济学一般原理，垄断将导致市场失灵，资源配置效率无法达到最优。为此，世界各国一般通过两种手段加以应对。第一种是直接规定采矿用地的优先地位，矿业用地协商仅仅对损失补偿金进行协商，而采矿用地的授权并不需要取得原土地权人的同意。典型的如莫桑比克、墨西哥的立法。我国台湾地区也规定了矿业用地优先权，并且这种优先地位不因矿产资源经济属性和矿种的不同而不同，一律享有优先权①；第二种是一方面规定采矿用地取得要征得土地权人的同意，另一方面法律也同时规定用地协商的程序，如果双方不能就矿业用地达成协议的，再通过强制手段取得采矿用地，从而有效地化解矿业开发与土地利用的矛盾，保障矿业用地的有效供给。典型的如巴西、加拿大的立法。

---

① 中国土地矿产法律事务中心：《矿业用地管制制度改革与创新》，中国法制出版社2013年版，第57页。

第四章

我国集体土地采矿用地取得模式改革的试点探索

第一节　我国采矿临时用地制度改革试点概述

我国采矿用地制度亟待变革，除了现有的制度具有内在无法克服的自身逻辑矛盾外，还具有现实的采矿用地制度发展趋势相佐证和实践检验。在我国由计划经济向市场经济转型过程中，我国农村土地使用制度发生了深刻的变化。在农地非农化市场发展历程中，由国家统一征收集体土地，控制土地出让一级市场，到目前逐步放开农村建设用地市场，允许经营性建设用地在符合国家土地用途管制的前提下进入建设用地市场，在政策层面获得了土地自由流转的权利。在此社会发展背景下，从2005年开始，我国开始在全国范围内对采矿用地改革开展试点，并取得了巨大成功，产生了良好的经济和社会效益。

一　采矿临时用地改革试点基本情况

随着我国国民经济发展进程的加快，采矿用地规模也不断扩大，根据《全国土地利用总体规划（2006—2020年）》的规定，截至2020年，我国建设用地总面积将达到5.59亿亩，在城乡建设用地总量中，城镇工矿用地所占比例将由现在的30%扩展到2020年的40%左右。[①]可见，伴随我国国民经济的发展，矿业用地供需矛盾将会日趋尖锐。同时，由于我国现有采矿用地制度忽视了采矿用地自然属性的特殊性，采用一般建设用地供地模式，这一方面难以保障采矿地的有效供给；另一方面导致矿山用地违规使用、粗放利用及土地复垦后闲置等问题普遍

[①]　郑美珍：《改革矿山用地管理制度探索与实践》，《中国国土资源报》2013年6月26日第4版。

存在。为此，解决采矿用地领域供需尖锐矛盾，探寻一条能提高矿业土地节约和集约利用水平，兼顾国家、集体和企业三方利益的矿业用地新途径，已成为我国当前政府亟待解决的问题。

2005 年 7 月，国土资源部下发了《关于对广西平果铝土矿采矿用地方式改革试点方案有关问题的批复》（国土资函〔2005〕439 号），同意广西平果县开展铝土矿临时用地改革试点。试点工作开始后，广西地区开始积极开展试点改革，截至 2012 年，历经 7 年改革实践，平果铝土矿共完成了五个批次的采矿用地报批手续，审批采矿用地面积达560 公顷，采矿企业实际获得采矿用地 467 公顷，采矿完毕后，采矿企业完成用地复垦 222 公顷，其中复垦耕地 155 公顷，退还农民集体土地120 公顷。同时，采矿用地试点形成了一系列配套的临时用地管理办法和用地标准，基本理顺了矿业生产、土地利用以及民生保障的关系，较好地化解了采矿用地中的冲突与矛盾，极大地促进了矿业经济可持续发展。[①] 2012 年 4 月，国土资源部组织专家完成了对广西平果铝土矿用地改革试点的总结验收。2012 年 8 月，为扩大平果铝土采矿用地改革试点经验的示范效果，继续深化改革采矿用地供应方式，国土资源部批复了《广西壮族自治区国土资源厅关于请求批准扩大采矿用地方式改革试点范围的请示》，扩大了广西壮族自治区采矿用地改革试点范围，将百色、柳州、贺州、来宾、贵港等八个地区纳入其中。

同时，全国其他省份的采矿用地试点改革也在有序推进。2010 年国土资源部发布了《采矿用地方式改革扩大试点方案》，决定在全国范围内扩大矿业临时用地试点。此后，国土资源部相继批复在辽宁省（国土资厅函〔2011〕660 号文）、山西省（国土资厅函〔2011〕715 号文）、云南省（国土资厅函〔2011〕724 号文）、内蒙古自治区（国土资厅函〔2011〕929 号文）、四川省（国土资厅函〔2013〕255 号文）等地开展采矿用地方式改革试点，矿业用地改革于是在全国范围内顺利铺开。近年来，各试点地区根据国家采矿用地试点政策，结合本地矿产资源的赋存条件，积极开展用地试点实践，分别在创新采矿用地供应方式、审批制度、补偿方式、用地退出机制等方面也取得

---

① 李欣松：《国土资源部同意广西扩大采矿用地方式改革试点范围》，2013 年 5 月 8 日，中国矿业新闻网，（http://www.chinamining.com/news/show-7512.html）。

了显著成效。

二 采矿临时用地改革的内容

广西平果县铝土矿是我国开展的第一个采矿用地临时试点单位，其改革成果通过了国土资源部的验收与认可，也获得了学术界广泛的肯定和好评，代表了我国今后类似采矿用地改革的发展方向。其他地区在广西平果铝土矿试点经验基础上，结合本地矿业生产实际，根据省部用地合作协议，在采矿用地供给方式、审批制度、补偿方式和退出机制等方面进行了积极的探索与改革。

（一）改革矿业用地的供给方式

各试点地区矿业用地不再通过征收和出让的方式使用国有土地，而是采取"分期实施、分期供地、到期归还"的做法，以临时用地方式直接使用农村集体土地，不改变农村集体的土地产权格局，农村集体经济组织继续享有土地所有权，农村集体成员的土地承包经营关系保持不变。但是，在具体供地方式上，各省做法略有不同。比如，广西试点政策要求每期采矿用地期限不超过 3 年，复垦期限 2 年到 3 年，完成采矿和复垦的实施周期不得超过 5 年；而山西省的具体做法是从临时用地批准之日起采矿加复垦总和周期不得超过 5 年。

（二）改革矿业用地的审批方式

各试点地区的矿业用地企业不再申请办理农地征收和农地转用的审批程序，而是依据矿区规划和分期实施规划制订年度采矿用地计划和复垦规划，分别报县级政府审批并报省级国土部门备案或者省级人民政府审批并报国土资源部备案。

（三）改革矿业用地的补偿方式

原有用地补偿是地方政府根据土地原有用途的一定倍数，对失地农民进行的经济补偿，体现了国家政策的强制性；而改革后的补偿方式是由地方政府统一组织协调下，参照土地征收的补偿标准的计算方式，根据临时用地期限的不同，由矿山企业和农民集体或者土地经营权人以平等协商的方式达成用地补偿协议，根据用地补偿协议规定的标准和内容对原土地权人进行补偿。

（四）改革矿业用地的退出方式

纳入矿业临时用地试点地区的农民集体的土地所有权和使用权保持

不变，当矿业开采作业结束后，矿业企业必须根据复垦规划进行复垦，恢复土地的农业用途或者土地原用途，经地方政府验收合格后，将符合标准的土地根据原土地权属关系交还给农村集体经济组织或者土地经营权人。

三　采矿临时用地改革取得的成果

2012 年 4 月，国土资源部组织的专家组对广西平果铝土矿用地改革试点完成了总结验收。其他试点地区根据国家矿业用地试点政策，结合本地矿产资源的赋存条件，积极开展用地试点实践，分别在创新采矿用地供应方式、耕地保护与节约集约利用、农民土地财产权益保护、矿业企业经济效益与用地制度规范建设等方面取得了显著成效。其主要体现在以下几个方面。

（一）创新了矿业用地的方式

用地试点改革以前，矿业用地只能使用国有土地，其法定的方式只能是出让和划拨。而被纳入试点地区的矿业用地可以直接利用集体土地，通过签订临时用地协议取得矿业用地使用权，即矿业用地由试点前的"政府征地—供地—企业永久占有"的供地模式，转变成"临时用地—采矿—复垦—还地"的新模式[①]。新的用地方式不再服从建设用地指标管理控制。

（二）有利于耕地的保护

各试点地区采矿生产与土地复垦同时规划、同步实施，采用"剥离—采矿—复垦"一体化技术。如果用地复垦没有达到规划要求的，一方面，地方政府将会对其进行罚款或者没收其缴纳的土地复垦金；另一方面，矿业企业必须根据法律规定承担耕地占补平衡义务，补交耕地占用税、耕地开垦费和土地补偿费，从而支出更多的用地费用。矿业企业从自身利益最大化目标出发，必然会按照复垦规划保质、保量如期完成复垦工作。实践也证明了临时用地地区耕地质量能得到较好维护，如广西平果铝土矿采矿完毕后，复垦后的耕地质量与之前相比具有了明显改善与提升，从而实现了在保护耕地质量和数量的前提下，经济与社会相

---

① 李帅、白中科：《山西省露天采矿用地方式改革研究》，《中国土地科学》2013 年第 5 期。

协调发展的政策目标。①

（三）有利于土地节约和集约利用

原有的矿业用地方式，由于缺乏有效的退出机制，矿业用地结束后，存在"退出数量少、节奏慢、质量低"②等现象，大量矿业用地滞留在矿业企业手中，不利于土地可持续、循环地利用。采用临时用地方式后，地方政府通过一系列用地制度、复垦制度和合同约束，建立一整套土地退出机制，加速了矿业企业用地还地进程，控制了采矿用地规模，减少了采矿用地占用时间③，从而提高了集体土地节约和集约利用水平。

（四）有利于提高矿业企业的用地福利

原有出让的矿业用地方式，用地企业需履行烦琐的用地程序和支付较大的用地成本。采用临时用地方式后，一方面有助于矿业企业降低用地成本；另一方面由于绕过了土地征收和农地转用审批，大大简化了矿业企业的用地行政程序，促进了矿山开发的进程，提升了矿业企业的市场竞争力。此外，矿业用地复垦后可以直接交还给当地农民集体，矿业企业不再需要雇用农民进行耕种，也有效减少了矿业企业用地负担。

（五）有利于稳定农村的社会经济关系

采用临时用地方式后，一方面农民集体可以通过用地补偿协议获得矿业用地的经济补偿；另一方面，由于农村的土地产权关系保持不变，矿业用地结束后，矿业企业在地方政府的统一组织协调下，将复垦验收合格的土地交还给农民集体或原土地承包权人，从而保障了农村社会和谐稳定以及矿区经济的可持续性发展。

（六）为我国矿业用地方式进一步改革提供了制度基础

各用地试点地区根据矿业用地实践经验，结合国家有关土地管理法律法规，出台了一系列用地制度规范，如广西国土资源厅出台了《广西露天采矿用地方式改革扩大试点方案》和《广西露天采矿用地方式改

---

① 郑美珍：《改革矿山用地管理制度的探索与实践》，《中国国土资源报》2013年6月26日第3版。

② 赵淑芹、刘树明：《我国矿业用地退出机制研究》，《中国矿业》2011年第10期。

③ 从1995年到1999年底，平果铝矿山15个采场的平均用地周期为5—8年，最长达7年，而开展用地试点后，"用地—还地"平均周期缩短为3—4年。

革试点方案编制与申报工作指南》等规范文件；山西省国土资源厅出台了《露天采矿临时用地管理暂行办法》《露天采矿临时用地复垦验收管理暂行办法》《露天采矿临时用地还地管理暂行办法》三个管理办法；国土资源部法律事务中心草拟了《短期采矿用地管理办法（建议稿）》，从而为各采矿用地改革试点的顺利进行提供了制度指引，也为我国今后类似矿业用地改革制度建设提供了很好的实践依据。

四　采矿临时用地改革试点存在的问题

由于矿业临时用地制度兼顾了用地过程中的国家、矿业企业、农民集体和土地承包权人之间的利益，一定程度上做到了经济、社会和生态效益的有机统一和同步提升，对于我国今后矿业用地方式的改革提供了良好的示范作用。但是，矿业临时用地毕竟是我国特定阶段解决矿业开发和土地利用之间矛盾的特殊用地方式，其制度成果还有待于在全国范围进一步实践检验，就目前试点地区而言，也呈现出以下缺陷。

（一）矿业用地社会成本的外化

矿业临时用地采用与土地权利人缔结临时用地协议，并经过地方政府用地审批的方式取得矿业用地。相对于原有的通过土地征收后再利用国有土地的方式，临时用地可以绕开国家严格的用途管制限制，从而简化了用地程序，节约了交易成本，提高了用地企业的福利，是一种更有效率的用地方式。但是，考察一项制度变迁的合理性，不仅要考察其是否节约了私人交易成本，同时也要考量其所带来的社会成本的大小。矿业用地是一种具有负外部效应的土地利用方式，通常会造成地层下陷、生态破坏等系列环境问题，即社会成本的外化。更为重要的是，基于我国人多地少、生产力不发达的现实国情，我国农村土地目前承担着农民生存保障的功能。如果矿业用地不受土地利用类型和建设用地指标限制，且任意扩大其用地范围和条件的话，这必将危及我国农民的生存利益，甚至农村社会的和谐稳定，也会使国家的土地用途管制制度落空，最终危及我国的粮食安全和我国的耕地保护目标的实现。

（二）实践中矿业审批程序不一，破坏国家土地用途管制

矿业临时用地和土地租赁并不完全一样，其不仅涉及土地使用权主体的临时变更，而且要求土地利用遵循相关法律的约束，服从政府的规

范化管理，确保临时用地在满足私人利益的同时，也要促进土地集约利用、环境保护等社会公益目标得到实现。对此，我国《土地管理法》规定县级以上土地行政管理部门享有临时用地的审批权，如果临时用地发生在城市规划区内的，用地还需取得城市规划部门的同意。但是，各个试点地方在落实《土地管理法》的时候，对临时用地的审批权限规定并不统一，如《广西壮族自治区实施〈中华人民共和国土地管理法〉办法》第48条规定，用地期限不超过两年的，由县级人民政府审批，报省级政府土地管理部门备案；超过两年用地期限的，由省级人民政府审批，报国土资源部备案。而根据《浙江省实施〈中华人民共和国土地管理法〉办法》第32条规定，临时用地在十亩以下的，报县级土地行政管理部门审批；用地在十亩至二十亩之间的，报设区市土地行政管理部门审批；用地二十亩以上的，报省级土地行政管理部门审批。根据福建省《临时用地管理办法》（闽国土资文〔2002〕68号）第9条的规定，临时用地使用非耕地的，由县级土地行政部门审核批准；使用2000平方米以下耕地的，由设区市人民政府土地行政管理部门审批；用地超过2000平方米耕地或者使用基本农田的由省级土地行政管理部门审核批准。由此可见，临时用地的审批权限主要在地方政府，并且由于各地法规的不统一，地方政府基于地方经济发展的考虑，往往会规避国家用途管制的约束，从而导致审批权的滥用。而这种临时用地审批步调的不统一本身也会损害国家法律的权威，导致土地管理秩序紊乱，是一种较大的社会成本。①

（三）矿业临时用地缺乏准确的权利定位

众所周知，明确稳定的土地产权具有定纷止争，促进物的利用的民法功能，而根据经济学原理，在市场经济环境下，其还具有内化社会成本、减少交易费用，提高资源配置效率的功能。因此，法律明确规定矿业临时用地使用权的性质和内容具有重要的作用。然而，我国矿业临时用地形成于计划经济时代，是解决矿业开发和土地利用矛盾的一种临时举措，是一种特殊形态的准征用，其本质上属于强制性土地租赁行为。矿业临时用地通过行政权力来直接配置土地资源，仅仅关注矿业用地的

---

① 任群芳：《关于石油开采业用地政策的调查与建议》，《当代石油石化》2012年第7期。

获取和利用，较少考虑当事人间的产权界定和保护问题，导致行为人对土地利用缺乏稳定的预期和法律的保障。[①] 梳理我国现有的土地制度，很少有关于临时用地权利定位的法律规范，不仅我国的《土地管理法》没有规定，作为以保障土地私权为目标的《物权法》也鲜有提及。根据《土地管理法》第 57 条规定，临时用地应按照临时用地合同约定的用途使用土地，并不得修建永久性建筑物，但是没有对永久性建筑的内涵进行明确的界定。矿业用地中很多矿业设施建设，尽管是临时使用土地地表，但是其对土地利用的效力并非是短期性的，如在能源管道的建设中，埋设管道、维修管道使用他人土地可能是临时性的，但是该管道设施的存在却是永久性的。因此，如果不对永久性建筑进行明确界定的话，将不利于矿业权人权利的行使。

市场经济条件下，土地权利只有流转才能更好地发挥其财产价值。然而，我国现有的矿业临时用地使用权并非一种市场化的财产权利，我国《土地管理法》及其实施细则都没有对临时用地使用权流转性进行规定，而根据湖南省以及山东省出台的《临时用地管理办法》，禁止临时用地使用权自由流转。笔者认为，这样的规定是非常不妥当的，因为随着我国矿业权市场化改革的推进，矿业权主体的流动必将常态化。如果因为矿业权流转导致矿业设施产权变动，却不允许矿业临时用地使用权同步流转，矿业权受让人势必要重新申请临时用地审批手续，并要与土地权人缔结新的临时用地协议，这无疑会造成矿业企业用地成本上升，对矿业用地市场也会形成不稳定的用地预期，势必影响矿业临时用地制度功能更好地发挥。

（四）补偿方式货币化和单一化，难以满足矿业用地补偿多元化的需求

目前各矿业临时用地试点对农民的补偿都是参照土地征收的标准，按照采矿和土地复垦的期限确定补偿方案，给予农民一定的货币补偿，尽管这种补偿方式从价值上弥补了农民因矿业用地导致的经济损失，维护了农民合法的土地权益。但是，随着我国市场经济的发展，农民对土地的利用方式也逐步多样化，这样，当农民丧失原土地使用权后，就会

---

① 康纪田：《现代矿业地役权制度探析》，《北方法学》2016 年第 3 期。

对单一的货币补偿方式不再满足，容易造成双方就用地补偿方式难以达成一致的现实尴尬。今后，我国应根据农村用地实践需求，创新矿业用地补偿方式，将货币补偿和非货币补偿结合起来，如以土地换社保，安排失地农民就业等，从而更好地满足用地双方的现实需求。

（五）土地复垦还地不足，影响矿区社会稳定与和谐

基于目前的技术条件，各试点地区矿区复垦还地率一般只有70%，而对于另外30%的不能还地部分，地方政府必须对该部分村民进行安置或者进行等量土地置换，显然，这是目前困扰试点地区政府的一大难题。如在广西平果铝土矿采矿用地中，就有符合要求的土地置换情形，但因种种原因，土地置换无法实质操作。[①] 2011 年以来，以煤炭、石油、有色金属为代表的国际大宗商品市场价格持续走低，很多临时用地试点地区的矿业企业对外销售收入不断下滑，而同期必须缴纳的土地税费、用地补偿金和土地复垦金并没有因此减少，矿业企业生产经营陷入困境。受资金困境约束，很多矿业企业的土地复垦放慢了进度，甚至处于停滞不前的"半瘫痪"状态，导致矿区土地复垦率持续下降，影响了矿区社会的稳定与和谐。

（六）矿业临时用地期限存在问题

就矿业临时用地期限而言，我国目前的《土地管理法》第 57 条规定临时用地期限不得超过两年。而根据《广西壮族自治区实施〈中华人民共和国土地管理法〉办法》第 48 条规定："企业采矿、取土占用土地不超过三年的，经自治区人民政府批准，可参照临时使用土地的规定办理用地手续。"另外，根据山西省与国土资源部签订《创新矿业用地管理机制合作协议》，规定试点地区临时用地期限不得超过 5 年。可见，我国试点地区的矿业临时用地期限已经突破了我国现有法律的规定，造成事实违法用地的局面。

第二节　我国采矿临时用地制度的完善与经验借鉴

采矿临时用地制度是我国在城乡土地产权二元结构背景下解决采矿

---

① 李帅：《露天采矿用地产差异化研究》，硕士学位论文，中国地质大学（北京），2013 年。

临时性用地的一种制度举措，具有保障矿业开发用地、促进土地节约集约利用、维护农民合法权益等制度优势，同时也具有外化社会成本、用地程序不统一、缺乏准确的权利定位等制度不足。目前，采矿临时用地在我国尚处于试点改革阶段，缺乏全国层面的法律规范，其制度依据仅仅是试点地区的用地管理办法。今后，我国应该对各地采矿用地试点经验进行归纳与总结，提炼出适用于全国范围的对策与措施，并加以推广和制度化建设。

一　采矿临时用地适用范围的完善

采矿临时用地制度并非适合于所有的矿业开采类型。从矿产开采方式而言，由于露天开采对地表的影响主要以采场挖掘和外排土场压占为主，其在技术上较容易复垦，一般适合采用临时用地方式；而对于井工开采方式，其对地表的影响主要以开采沉陷和矸石压占为主，这对地表的破坏往往较为严重，且难以恢复土地原有用途，因此，原有的征收用地方式较为合适。从矿产资源赋存条件而言，铝土矿的赋存特点是"矿土共生、露天堆积、矿层薄"[1]，由此决定了其开采方式特点为"开采占地面积较大、开采速率较快"[2]，因此，其整体上适合于临时用地方式。而对于煤炭资源开采而言，由于我国煤炭资源"赋存条件复杂，埋深较大，瓦斯灾害严重，井工开采产量占90%以上"[3]，因此，其一般适合于通过征收出让方式获取土地。而对于其他大部分金属矿开采，因其赋存条件与煤矿相似，不适合于采用临时用地方式。而对于矿产开采规模而言，以煤炭开采为例，一般小型煤矿适合于采用临时用地方式，而大中型煤矿，因目前技术上难以在五年内实现土地复垦还地目标，并不适合临时用地方式的要求。因此，我国将来在设计采矿临时用地制度时，应明确采矿临时用地制度的适用范围。从土地利用类型上，临时用地仅仅适用于用地期限较短，且能够恢复土地原用途的矿业开采活动。

---

①　李倩：《广西平果铝：采矿用地方式破茧》，《中国土地》2012 年第 6 期。
②　同上。
③　曹光明：《浅谈我国煤炭资源赋存特点和开采技术现状》，《综采放顶煤技术理论与实践的创新发展——综放开采 30 周年科技论文集》2012 年 10 月。

二　采矿临时用地协商与救济制度的完善

采矿临时用地制度一方面要保障采矿用地的合理需求；另一方面也要维护原土地权人的合法权益。而我国目前采矿临时用地程序参照了土地征收程序，需要履行"两公告一登记"，但是，采矿临时用地无论是用地决定还是用地审批也仅仅体现了政府部门的单方意志性，土地产权人没有任何话语权，仅仅规定在用地补偿环节必须在政府部门组织下，由用地双方进行协商，达成补偿协议。但是，根据笔者的调研，我国目前矿业用地实践操作中，用地补偿实际也是由政府单方制定补偿标准，较少考虑土地产权人的意志。尽管我国目前试点地区用地补偿标准普遍较高，农民集体利益一般也能得到保障。但是，由于临时用地制度和征收制度一样，刚性有余而弹性不足。同时对土地权人缺乏相应救济机制，土地权人利益难以获得稳定的保障。今后，我国应完善临时用地的协商机制和救济机制，在行政权力强制保障采矿用地需求的前提下，更多地采用民事协商与救济机制。比如，我国可以借鉴台湾地区的矿业立法中的租赁制度经验。如果采矿权人需要租赁集体土地的，集体土地权人非有正当理由不得拒绝，即通过立法明确规定采矿用地租赁权的相对优先地位。采矿用地租赁需要与集体土地权人达成用地协议，明确补偿标准和支付方式，如果双方达不成协议或者土地权人不予协商的，则由土地管理部门进行裁决，对于裁决不服的，双方均可得提起民事诉讼。在此，一方面明确了采矿用地租赁权的优先地位；另一方面土地利用和补偿内容由当事人进行协商以及通过民事司法途径进行救济，可以更好地兼顾用地双方利益的平衡。

三　采矿临时用地土地用途管制的完善

临时用地制度是国家针对短期采矿用地所进行的一种制度安排，其制度目标是在严格保护耕地前提下，统筹相关各方利益，以实现土地和矿产资源的合理开发利用。其区别于当下很多地方泛滥的"以租代征"行为，从公法层面看是一种特殊形态的土地征用，兼具用地内容的意定性和用地强制性的统一，因此，其必须接受国家对其用地过程的管理和规制。但是临时用地用途管制与土地征收的国家管制不一样，土地征收不仅要服从国家土地用途规划的限制，而且还要服从用地指标的计划管理。而临时用地制度由于不改变土地的农民集体所有权和使用权格局，因此，其不再需要通过国家土地征收审批和建设用地指标审批，但是，依然要服从土地用途管制的控制。鉴于我国人多地少的现实国情和农地保护在我国的特殊意义，土地用途管制已成为我国土地管理法的一项基本原则，矿业用地临时使用必须严格遵循土地用途管制的要求。具体而言，从矿业临时用地的确定（规划）到矿业临时用地使用权的初始设立和再移转，都应服从土地用途管制要求，切实履行严格的用地审批程序。同时，为了维护农民土地合法权益以及土地资源的可持续性利用，地方政府还必须对土地复垦（含复垦规划、复垦保证金、验收标准）、用地补偿进行国家管制，从而更好地实现国家、社会、企业和农民利益的共赢局面。

四　采矿临时用地改革对我国采矿用地取得制度的启示

我国以广西平果铝土矿为代表的临时用地试点改革取得了巨大成功，产生了良好的经济与社会效益。采矿临时用地试点改革最显著的成果是创新了我国采矿用地供给模式，即由传统的土地征收转为直接利用集体土地的临时用地，这种用地模式不转变土地的权属格局，不用办理农地转用和土地征收手续，确保了矿业开发完毕后土地迅速恢复农业用途，从而保障了我国耕地保护目标的实现。就采矿用地取得方式而言，采矿临时用地兼具强制性用地与意定性用地的特征。其强制性主要体现在采矿用地取得体现国家单方意志性，不以土地权人意志为转移；其意定性在于土地补偿要求与土地权人达成协议，从而保障了土地权人合法的利益。总之，采矿临时用地制度兼顾了用地过程中的国家、企业和农民集体三者的利益，在一定程度上实现了经济、社会及生态效益的统一和共同提升，这对于我国今后类似矿业用地的取得提供了良好的示范作用。

但是，采矿临时用地制度是我国计划经济时代的产物，是通过行政手段来配给土地资源，其制度目标仅仅关注矿业用地的获取与利用，并没有考虑当事人间的产权界定和保护问题。事实上，采矿用地取得不仅仅涉及土地管理的公法关系，更为重要的是涉及平等主体之间土地利用的私法关系。那么基于行政授权而在他人享有合法物权的土地上进行矿业开采是否具有法律上的正当性呢？如果具有正当性，那么它的权源基础在哪里？现有法律制度并不能给出合理的解释。根据我国现行法律制度，如果对私人财产进行限制以满足"私产公用"目标，目前只能通过两种模式：即征收与征用。而法学理论上一般认为土地征收是对土地所有权的强制取得；土地征用是对土地使用权的强制利用。两种权力的行使都必须基于公共利益的目的，而后者还只能在紧急情况方可启动（如抗洪、救灾）①。矿业临时用地模式尽管涉及对他人土地财产的限制，但是从逻辑上判断，都明显不能划入征收或者征用的范围，因此，我国现行"私产公用"制度存在逻辑上的不周延性。

因此，随着我国市场经济体制不断完善，我国必须建立起符合市场经济体制的法权模式，从而为我国矿业临时用地提供正当的权源基础。笔者认为，根据采矿用地的自然属性以及国外相关立法经验，我国今后应该创设法定地役权，通过法定地役权模式来重构我国的采矿临时用地制度。所谓的法定地役权是指基于土地上不动产利用秩序协调的需要，而以公权力的形式限制供役地人容忍某种不利益或负担。② 从用地形式上看，法定地役权不改变土地的权属性质，仅仅是对原土地权人的权利增设一种负担，以便增进需役地人不动产利用的便利。相比于土地征收，法定地役权一般采用民事契约方式设立，从而尊重了原土地权利人的意志自由，更好地保障了原土地权人财产权利。同时，矿业地役权也保留土地征收的强制属性，从而确保了采矿用地的有效供给。正是因为法定地役权"预先替代了众多的利益纠纷，为社会提供了一种契约化的公共产品，大大减少公共利益取得的交易费用，是一种比较有效的制度安排"。③ 因此，法定地役权目前广泛存在于西方法治国家矿业用地实践中，是除了征收之外的另一种采矿用地强制利用模式。而从我国现行矿业临时用地实践看，我国矿业临时用地兼具意定性与强制性的特征，其本质上属于一种具有强制性的土地租赁制。因为采矿临时用地不转变

① 《物权法》第四十四条规定：因抢险、救灾等紧急需要，依照法律规定的权限和程序可以征用单位、个人的不动产或者动产。

② See Andrew Dana and Michael Ramsey. Conservation Easements and the Common Law, 8 Stan. Envtl. L. J. 2, 22（1989）.

③ 耿卓：《我国地役权现代发展的体系解读》，《中国法学》2013 年第 3 期。

土地的权属关系，也不改变土地的用途类型，仅仅是对原土地权利进行一定期限的限制，并且这种限制是与原土地权利人的用地协议达成，并通过国家行政权力加以保障来实现，其与法定地役权的法权结构相互契合。因此，这为我国通过法定地役权来改造目前的采矿临时用地模式提供了正当的权源基础。我国今后应创设法定地役权制度，并将其适用于采矿临时用地实践中，构建起采矿用地法定地役权的具体法权模型，从而为我国当前采矿用地制度的困境提供新的路径选择。

第二篇

第五章

市场经济体制下我国采矿用地
取得制度改革思路与依据

第一节 我国采矿用地取得制度改革的总体思路

一 采矿用地取得制度的基本理念与价值取向

（一）采矿用地取得制度改革的基本理念

"所谓法的理念，是指对法的应然规定性的、理性的、基本的认识和追求。从学术角度看，它是法及其适用的最高原理；从实践看，它是社会成员及立法、执法或司法者对待法的基本立场、态度、倾向和最高行为准则。"[①] 鉴于立法理念对采矿用地取得制度的构建具有基石性作用，考虑到目前我国采矿取得制度在实践中所遭遇的系列经济、社会问题，其"不但引发了分配的不公正，而且导致生产和交易的低效率"。[②] 在此，有必要重新审视我国现有采矿用地取得制度的理念，并以此引导和重塑我国采矿用地取得的新路径。

我国现有采矿用地取得制度秉持的制度理念是"抑私扬公"。由于我国土地及矿产资源所有权体制安排的差异，矿产资源所有权只能归属于国家，而土地所有权归属于集体或者国家所有。当采矿权发生在集体土地上时，二者必将发生土地使用上的冲突。为解决采矿权与土地利用的矛盾，保障矿业企业用地合理需求，其解决的唯一方案只能是通过制度设计将土地使用权归属于采矿权主体所有。为此，我国实行了一种土

[①] 史际春、李青山：《论经济法的理念》，《华东政法学院学报》2003 年第 2 期。

[②] 周其仁：《农地产权与征地制度——中国城市化面临的重大选择》，《经济学》2004 年第 1 期。

地征收的行政化用地模式，通过行政权力强制实现矿业权与土地使用权的统一。这种用地模式以矿业开发的效率目标保障为依归，用地程序仅仅体现政府公权力单方意志，而忽视了对于土地私权的尊重与保护。其制度具体表现为：第一，用地程序的行政主导性。我国采矿用地参照一般建设用地模式，如果采矿用地发生在集体土地上，唯一合法途径就是通过征收将集体土地变更为国有土地再让渡给采矿权人使用。而根据我国现有的法律规定，征收集体土地必须要以公共利益为条件，经营性采矿用地不能通过征收方式进行供地。但是，由于我国一般建设用地供地程序的行政权力主导性，无论是征收用地的决定，还是征地补偿的数额标准，都由行政机关单方面做出，作为利害关系人——农民集体及其成员完全被排除在程序之外，即使有象征性参与程序，其参与也是"事后的，被动的和极其有限的"①，对土地征收与补偿决定的实施影响微乎其微。第二，我国矿业用地补偿制度以矿业经济保障为依归，以国家利益至上为中心，缺乏对原土地权利人利益的尊重与保护，在制度设计上反映为公权至上和私权虚化。② 在征收用地补偿方面，我国现有采矿用地征收补偿是以原农业用途为标准，忽视了对集体土地所有权及其发展权的足额补偿，造成现实中的土地增值分享上的国家与农民集体利益之间的严重失衡。同时，采矿用地的过度征收也使农民生存权遭受严重威胁，限制或者剥夺了农民进一步发展的空间，威胁着农村社会的和谐稳定。

当然，我国现有采矿用地取得模式存在种种弊端，并不是否定其历史的进步性。新中国成立初期，国家面临如何从落后的农业国尽快建成先进工业国的政治使命。为此，国家选择了一条农村支持城市的重工业优先发展的战略，通过计划手段人为压低土地、原材料、工资等生产要素价格。通过二元体制的土地征收，无偿或者准无偿方式利用集体土地，为工业发展获取廉价的土地资源，以及为城市化积累建设资金。可以说这种征收用地模式为我国矿业经济发展及其工业化进程做出了巨大的历史贡献。但是，随着我国矿业权制度改革的深化以及我国土地产权保护制度日趋完善，原有的征收模式遭遇制度的瓶颈。不仅采矿权人受

---

① 陈小君：《农村集体土地征收的法理反思与制度重构》，《中国法学》2012 年第 2 期。
② 王克稳：《我国集体土地征收制度的构建》，《法学研究》2016 年第 1 期。

制于矿业开发"公共目的"用途限制难以获得土地征收审批，即使绕开公益目的的审查，也受制于建设用地指标的限制，导致实际上无法获得建设用地的审批。同时，随着土地财产价值的凸显，我国现有的征地制度必然遭受权利意识逐步强化的土地权人的抵抗，从而激化了矿区的社会矛盾。总之，现有的采矿用地国有化模式在市场经济条件下既无法实现效率的价值目标，也不能维护基本的社会公平。究其原因，就在于现有的采矿用地制度源自计划经济时代，是以矿业开发用地效率为优先保障目标，追根溯源，在于其秉持了"抑私扬公"理念。

　　与此相对照，在矿业开采用地领域，西方国家大多采纳民事协商用地机制，秉持"抑公扬私"的立法理念。在具体用地模式上，大多西方国家一般采用购买土地所有权或者租赁方式进行矿业供地。但是，无论是土地所有权的购买还是土地租赁，其采矿用地的取得都建立在平等协商基础之上，国家一般不能主动通过行政权力对采矿用地取得进行干预。但是，由于采矿权人在用地谈判中的事实弱势地位，如果完全采用市场化操作模式，将可能损害采矿权人的利益，导致矿业用地谈判搁浅，矿业开发无法进行。为此，大多国家通过法律直接规定用地协商程序，合理地规定用地赔偿金额，兼顾了用地双方的合法权益。典型的如我国台湾地区的矿业立法。采矿用地经行政机关预先核定后，要与相关土地权利人达成用地协议，如果土地权利人拒绝磋商，或者用地协议谈判失败的，则申请行政主管机关进行裁决，如果双方对于行政裁决不服的，可依法提起民事诉讼。这样，由于用地协商和用地补偿都有法可依，一方面可以有效促成土地使用协议的尽快达成；另一方面也避免土地权人对土地利用的漫天要价，从而兼顾了用地双方利益的平衡。另外，也有很多西方国家直接规定了采矿用地征收制度。但是，西方国家矿业用地征收制度一般通过明确采矿用地征收条件，规范用地行政程序，赋予原土地权人参与权利，在征收程序中更多地采用民事协商机制等方式来对公权力行使进行规范和约束，以防止行政权力的滥用对土地权利人造成损害。例如英国征收立法规定了征收"协议购买"前置程序，规定只有在协议购买无效情况下，政府才能启动行政征收。基于征收的最终保障作用，事实上，英国大多土地交易都能在征收程序启动前达成用地协议，最终实行征收用地的非常罕见。[①] 其制度机制在于，对于土地权人而言，如果拒绝协商或者协商要价太高，政府将会启动征收程序，因此，土地权人将会丧失谈判自由，土地赔偿价格也将根据政府规定的指导价格确定。因此，两害相较而取其轻，土地权利人更愿意通过协商达成用地协议。对于政府而言，启动征收程序将带来较大的行政成本和执行成本，因此，只要土地权人出价低于用地价格加上行政成本的总和，政府更愿意选择协商。这样，实际用地成交价格一般会较土地指导价格要高，但比征收总成本要低。通过这种方式，实际上用地双方都实现了利益的最大化目标。从社会整体角度而言，资源配置也实现了帕累托改进，社会整体福利得到了增进。再如根据美国的征收立法规定[②]，政府在做出土地征收决定之后，首先要向土地权利人提交收购邀约，如果土地权利人不同意被收购，则由土地征收人以被收购人为被告向法院提起征收诉讼，从而正式启动征收程序，[③] 征收的合法性问题以及补偿数额由法院来做出最终的裁定。[④] 在我国香港地区，有80%—90%征收补偿问题是由地政部门与土地权利人通过协商解决的。[⑤] 基于此，西方发达国家在采矿用地领域鲜有大规模用地冲突的发生，盖其原因，主要得益于其"抑公扬私"制度理念和立法实践。

当前，随着我国国民经济快速发展，我国社会已经步入工业化发展中后期阶段，我国经济社会发展战略出现了重大的变化，即由"农业支持工业、农村支持城市"的重工业优先发展战略阶段逐步进入到"工业反哺农业，城市反哺农村"新的社会发展阶段，在新的社会经济条件下，原有采矿用地所秉持的"抑私扬公"理念必须得到修正，应逐步转变为公共利益与私人利益协调发展，在一定情况下"抑公扬私"的新发展理念。反映到采矿用地取得具体制度设计上，必须变革现有的以

①　彭錞：《英国征地法律制度考察报告》，《行政法论丛》2012年第2期。

②　例如，美国俄亥俄州1971年的《新统一法典》第163条规定的土地征收程序的第二个阶段就是谈判阶段。美国要求征收人尽一切努力与土地权利人达成协议，以免进入司法程序。参见李蕊《从美国司法判例看我国土地征收制度的完善》，《广西社会科学》2005年第12期。

③　在美国，征收程序的正式启动是从诉讼程序开始的。

④　王静：《美国土地征收程序研究》，《公法研究》2011年第2期。

⑤　潘嘉玮：《城市化进程中土地征收法律问题研究》，人民出版社2009年版，第201页。

征收用地为主导的用地模式，转为在尊重矿产资源土地权属原有格局的前提下，赋予农民集体矿业用地处置权的用地模式，即通过平等协商用地机制为主导，在协商无效情况下，再启动政府强制用地模式。在政府强制用地程序中，要淡化行政权力强制性，更多地采用民事协商的私法机制，从而最终构建起以市场方式为主导、强制方式为保障、创新方式为补充的刚柔相济、公私兼顾、公法与私法相融合的完善的回应型的集体土地采矿用地新制度。

（二）价值取向：效率与公平相协调，更加注重公平

公平与效率是法律永恒的价值追求，采矿用地取得制度也不例外。公平与效率问题贯穿于采矿用地取得制度的全过程。我国采矿用地取得制度目标一方面要保障采矿用地的合理需求，确保矿业经济的可持续发展；另一方面由于采矿用地涉及土地权利人的利益，在涉及采矿用地取得时，必须要处理好采矿权人与土地权利人的利益关系，保障二者之间的利益平衡与协调，即在确保采矿用地需求的同时，不得损害土地权利人的利益。前者的制度目标实际上涉及的是效率问题，后者则主要涉及公平问题。目前，我国采矿用地制度实践中出现了一系列的制度低效问题，归根结底实际上也就是效率和公平的冲突问题。[1] 现在的问题是：如果在同一层面上，采矿用地中的效率和公平目标发生冲突，立法该如何选择它们之间的序位关系？也就是采矿用地取得制度价值取向应该是什么？合理地选择采矿用地取得制度的价值目标和价值体系，对于采矿用地取得制度基本原则的确立、具体规则的设计与完善都具有引导、评价以及整合的功能和意义。[2]

所谓的效率是指投入与产出或者成本与收益之间的关系。[3] 即在既定的投入和技术条件下，最有效地使用资源以满足人类的愿望和需要。从本质上说，效率"是人与自然矛盾关系的主体性力量的体现"[4]，反映了人与自然（资源）之间的关系，衡量的是人是否通过对资源的合

---

[1]　黄胜开：《我国矿业用地取得制度价值的检视与重构》，《理论月刊》2016 年第 9 期。

[2]　杨寿廷：《土地征收法律制度研究——基于利益平衡的理论分析与制度构建》，博士学位论文，西南政法大学，2010 年。

[3]　樊纲：《市场机制与经济效率》，上海人民出版社 1995 年版，第 67 页。

[4]　麻宝斌：《关于公平与效率关系的政治学分析》，《中共宁波市委党校学报》2003 年第 3 期。

理安排而达到高效利用、高效产出的状态。① 具体到采矿用地取得领域，这里的效率不仅指采矿用地取得的效率，即采矿权人如何以最小的成本以满足采矿用地的合理需求；而且指资源的配置效率，即将土地资源在矿业用途与农业或者其他用途之间合理进行配置，以实现土地资源最优化利用的目标。

而所谓的公平，通俗来说就是公认的平等，其所反映的是人与人之间的关系问题，衡量的是社会能否通过制度安排使社会利益或者负担在社会成员之间得到合理的分配。② 相对于效率概念的相对确定性，公平概念则比较模糊。历史上不同的哲学家、政治家、法学家都对公平提出了自己的见解。通过梳理西方思想家对公平的经典论述，我们可以得出，公平至少具有以下几个层面的含义。第一，法律平等，即政治平等，是指人的法律地位平等，人人在法律上享有平等的权利，承担平等的义务；第二，机会平等，指获取社会财富、权力的机会应该平等地向所有社会成员开放，每个社会成员都能自由地发挥其智慧与潜能；第三，分配正义，指社会应该按照社会成员的知识、才能或者对社会的贡献分配因社会合作而产生的盈余，即社会成员从社会中的获得与其对社会贡献要保持相称关系，它是一种比例平等；第四，结果平等，指社会成员最终享有的社会权利或者社会利益大致均衡。

由上可见，因公平含义的复杂性和多面性，其与社会效率的关系也各不相同。一般来说，法律平等、机会平等、分配正义和经济效率是正向激励关系。如果一个社会政治权利越平等，获取财富、权力的机会越公平，财富分配与其贡献越相称，则越能激发其社会成员潜能，该社会就是有效率的，即法律平等、机会平等和分配正义是社会经济效率的逻辑前提；反之，如果一个社会实行收入完全均等化的社会政策，则有可能挫伤社会成员创造社会财富的积极性，则社会效率就会受到损失。因此，二者呈反向的发展关系。但是，如果一个社会收入分配差距太大，也影响其社会的稳定，并最终损害到社会经济效率。因此，从这个意义

---

① 李宴：《农村土地市场化法律制度研究》，中国法制出版社 2012 年版，第 162 页。
② 严明明：《公共服务供给模式的选择——基于公平与效率关系理论的阐释》，《齐鲁学刊》2011 年第 4 期。

说，适度的结果公平也会促进效率。① 从社会公平和效率的关系我们可以看出：平等与效率的抉择，实质上只是呈反向关系的收入平等与效率间的抉择，而抉择的方法就是在收入平等与经济效率之间寻求协调，并达到一种动态的平衡。② 但是，对这种平衡的把握必须要回到具体的社会生活之中，因为，二者的关系与其说是一种理论关系，毋宁说其更是一种实践关系。

　　根据马克思唯物历史观，任何公平与效率都是"具体的、历史的，随着历史条件的改变而改变"。③ 新中国成立后，我国对公平与效率的平衡历程也大致经历了三个阶段：第一个阶段从新中国成立后到改革开放前，为"公平优先"阶段。在此阶段，我国实行"一大二公"经济政策，奉行"多劳多得、少劳少得、不到不得"的按劳分配原则，并在事实上确立起了"公平优先，兼顾效率"的分配模式④。第二个阶段从改革开放后至十六届四中全会前，为"效率优先"阶段。改革开放以后，我国为破除平均主义所导致的共同贫困和效率损失，提出了让一部分人先富起来的经济政策，并在分配模式上转向为"效率优先，兼顾公平"⑤。第三个阶段为十六届四中全会至今，为"公平与效率并重"发展阶段。随着市场经济制度在我国的最终确立和推进，我国经济社会发展取得了巨大的成就，但同时也出现了社会分配不公、贫富差距拉大等社会问题，基尼系数一度超过了国际公认的社会警戒线。鉴于此，我国理论界开始对"效率优先"原则进行反思和质疑，并引发了社会舆论对公平与效率关系的极大关注。反映在社会政策层面，党的十六届四中全会上，党的政策不再提及"效率优先，兼顾公平"原则，而是首次提出要"注重社会公平"⑥，切实采取措施解决社会成员之间收入分

① 强世功：《法理学视野中的公平与效率》，《中国法学》1994 年第 4 期。

② ［美］阿瑟·奥肯：《平等与效率》，华夏出版社 1987 年版，第 80 页。

③ 倪盟蛟：《对改革开放以来我国处理效率与公平关系问题的回顾与思考》，《武汉学刊》2009 年第 4 期。

④ 强世功：《法理学视野中的公平与效率》，《中国法学》1994 年第 4 期。

⑤ 1993 年党的十四届三中全会通过的《中共中央关于建立社会主义市场经济体制若干问题的决定》中正式提出了"效率优先，兼顾公平"的分配原则。

⑥ 我国目前理论界对"注重社会公平"存在多种解读，有认为是坚持效率优先前提下，更加注重社会公平；也有人理解为社会公平应该优于经济效率；还有人认为效率和公平之间应该优化发展。

配差距过大问题，逐步实现社会成员的共同富裕。① 党的十六届五中全会上，我党再次强调要注重社会公平问题，并提出特别要重点"关注就业机会和分配过程的公平"②。随后，党的十七大报告提出"初次分配和再分配都要处理好效率和公平的关系，再分配更加注重公平"。③ 党的十八大也提出要"深化收入分配体制改革，提高居民收入在国民收入分配中的比重，提高劳动报酬在初次分配中的比重。初次分配和再分配都要处理好效率和公平的关系，再分配更加注重公平"。④ 十八届三中全会中，党中央提出了"促进社会公平正义、增进人民福祉为我国社会政策的出发点和落脚点，是解决当前社会突出问题的迫切要求"。⑤

从我国经济社会政策对公平和效率关系的认识和实践变迁可以看出，我国由"一大二公"的"公平优先、兼顾效率"发展到"效率优先，兼顾公平"，再发展到现在"公平和效率并重"，二者要协调发展，体现了国家对"公平与效率"关系的认识和处理已日趋理性和更加成熟。

具体到采矿用地领域，我国目前的采矿用地取得制度是计划经济时代遗留的产物，带有鲜明的时代烙印，是我国计划经济"重工业优先发展"战略的现实产物，是一种效率优位导向的用地制度。正如前文所述，新中国成立初期，国家面临最紧迫的政治任务是将我国尽快建成现代化工业强国，为此，国家选择了一条牺牲农业和农民利益的"重工业优先发展"的道路。具体到土地利用领域，就是通过征收制度来满足新增建设用地的需求，因为通过土地征收方式，不仅可以人为压低土地的取得成本，无偿或者准无偿地利用农民集体土地，为矿业经济获取廉价的土地资源。更为重要的是，通过征收取得矿业用地相较于通过市场谈判方式更富效率，因为它可以省去与众多的土地利用人分别谈判而导致

---

① 戚桂锋：《公平与效率关系的历史考察与展望》，《兰州大学学报》（社会科学版）2009 年第 5 期。

② 《中共中央关于加强党的执政能力建设的决定（单行本）》，人民出版社 2004 年版，第 18 页。

③ 《十七大报告辅导读本》，人民出版社 2007 年版，第 37 页。

④ 杜念峰：《党的十八大文件汇编（汇编本）》，党建读物出版社 2012 年版，第 6 页。

⑤ 《中共中央关于全面深化改革若干重大问题的决定辅导读本》，人民出版社 2013 年版，第 4 页。

谈判成本的高企，从而节约交易费用，更加有利于保障矿业用地的实现。因此可以说，在计划经济时代，通过征收方式来满足矿业用地需求是一种富有效率的制度安排。而从社会公平角度而言，在计划经济时代，由于社会利益没有分化，土地也并非财产，社会所有资源统一由国家按计划配置。同时，由于矿产资源归属国家所有，由国有企业统一开发经营。在此社会背景下，矿业生产本身属于国家利益，基于国家利益的需要征用集体土地与土地征收的"公益目的"属性相互契合，符合了法律上公平正义的要求。

但是，随着我国社会发展和市场经济体制的建立，我国社会利益开始逐步分化，土地财产属性日益凸显，同时，由于更多的私有资本介入矿业开发领域，矿业开采的公益属性逐步稀释和淡化。换言之，随着我国社会经济结构的不断转型，采矿用地征收制度所赖以生存的制度基础和服务目标发生了深刻的变化，其正当性不断受到理论界的质疑。反映到矿业用地实践中，矿业用地征收与社会现实的矛盾日益激化，征收制度功能难以得到有效发挥，体现在制度成效上，就是现有的采矿用地制度既非效率，亦非公平，表现为：采矿权人获取采矿用地后经常难以获得采矿用地使用权；或者即使可以通过征收途径获取采矿用地，但是由于用地成本太高，容易损害矿业企业的效率，妨碍了矿业经济的可持续发展；或者现有的用地方式对采矿用地复垦不具有激励性，使采矿用地难以得到可持续性利用，不利于我国耕地的保护，容易危害粮食安全等。

同时，现有的供地方式也损害了社会公平正义。根据现有的农地非农化制度规定，征收集体土地进行矿业开发必须对失地农民进行补偿，这体现了保护农民集体土地合法权益的社会公平性要求。然而，我国现行土地征收完全以行政机关为主导，失地农民没有任何参与决策的权利，同时，征地土地根据原用途方式进行补偿，剥夺了农民的土地所有权，使失地农民丧失了生产资料，生活难以维持原有水平，从而容易激化社会矛盾，严重影响我国和谐社会的建设，[1] 更是与我国当前的"城

---

① 据统计，矿业征地占我国征地数量的35%；而近几年来，因土地征用导致的冲突占整个同期社会冲突的60%以上，严重影响到社会的稳定。参见郑风田、吴涛《城市化进程中如何确保失地农民利益》，《人民论坛》2011年第3期。

市支持农村，工业反哺农业"的社会发展目标相背离，社会公平正义遭受严重践踏。

由以上观，由于我国目前采矿用地制度以效率为导向，而忽视了用地利益关系的平衡，从而激化了用地矛盾，最终用地效率目标往往也无法实现。今后，我国采矿用地取得制度价值取向应该在把脉我国公平和效率政策发展趋势基础之上，抛弃"效率优先，兼顾公平"，而应选择"效率与公平相互协调，更加注重社会公平"的价值取向，并依此重构我国采矿用地取得制度。

在采矿用地领域"效率与公平协调发展，更加注重社会公平"并非牺牲采矿用地的效率，对于二者关系的选择和处理，笔者比较赞赏阿瑟·奥肯理论观点，即：用地公平并不能吸收或者取代用地效率，除非"更多的公平所增加的好处相当于更多的非效率所增加的代价"①。阿瑟·奥肯认为，无论是公平还是效率，都是人类经济活动的价值目标，二者不能互相取代，也不能简单排定先后序位，而是要促进二者协调发展。当二者遭遇不可协调的矛盾，需要一方做出牺牲时，我们的选择只能是以公正为价值尺度，使公平与效率之间达到相当的均衡状态，而这个均衡度就应当是"效率追求和效率提高所产生的不公平不至于危及社会的稳定"。②

因此，我们首先要否定计划经济时代以牺牲农民利益为代价的采矿用地取得模式，即通过土地征收的行政化用地途径。因为在这种用地模式下，仅仅考虑采矿用地取得的效率，而忽视了用地双方利益平衡，最终用地效率也无法实现。当然，我们也不能走向另一个极端，即仅仅考虑用地双方的权利公平，而忽视了矿业用地的特殊自然属性，完全采用市场化用地模式。这样，尽管尊重了农民的土地财产权，保障了农民土地的合法权益，但是，将土地是否用于采矿用途完全取决于土地权人的意志，将因为矿业用地市场的不完全性，其必然的结果是矿业用地需求无法得到满足，采矿权最终无法得到实现。因此，要实现采矿用地取得公平和效率价值的和谐共生，只能采用市场与行政机制相互结合，在确

---

① ［美］阿瑟·奥肯：《平等与效率》，华夏出版社1987年版，第82页。
② 殷盈：《我国改革开放以来效率与公平关系：演变与展望》，《世纪桥》2014年第8期。

保社会基本公平的基础上满足采矿用地合理需求的用地模式，即采矿用地取得制度首先要保障采矿用地合理需求的实现，其次，再通过对失地农民权益进行补偿，以此兼顾采矿用地取得过程中的用地效率和用地公平价值目标。其理由在于：采矿权作为物权法上的用益物权，国家不仅有义务对其提供法律保障，更为重要的是要为其行使创造必要的条件，确保其能够得到有效实现。当两种权利行使相互冲突时，国家必须根据法律的诸位原则（公平、正义、效率等）对冲突的利益和权利进行价值衡量，重新划定权利行使的边界，设置权利实现的先后次序。因此，其结果必然要有一种权利做出让步，另外一种权利优先得到实现。根据拉伦茨的价值衡量理论，当无法对两种权利进行抽象价值衡量时，我们应该根据法益受损原则、可替代原则以及比例原则等进行处理，[①] 即一种权利让步对其造成的损害是否达到了无法忍受的限度，同时判断两种权利是否具有可替代性，如果优先设计的权利具有可替代性，而另一方不具有可替代性，则优先权不能成立。以此理论框架分析，在采矿用地取得时，涉及了采矿权与土地权利的平衡，但是二者必须要有一方进行让步。基于采矿权行使依赖于相关土地的占有与使用，如果采矿权让步于土地物权，采矿权将因无法获得矿业用地，采矿权本身将无法存在，因此，超过了社会一般观念所认可的容忍限度；反之，如果土地权利让步，那么，国家可以通过经济补偿的方式，使土地权利获得救济。在此，土地权利仅仅是更换了一种载体，其权利本身并不会受到损害。因此，从社会公平角度看，对土地权利进行限制，或者赋予采矿用地优先权，无疑能够在确保社会基本公平基础上兼顾用地效率目标的实现。同时，采矿用地相对于农业用地而言，是一种用地效率更高的用地方式。将土地用于矿业用途，并将矿业权人获得的矿业用地替代农业用地所增加的土地盈余的一部分补偿给受损的土地权利人，那么，从经济学角度而言，可以实现潜在的帕累托效率。换言之，矿业用地替代农业用地，如果在土地权人不受损的前提下，矿业权人实现了收益增加，不仅实现了效率而且也兼顾了社会公平，即实现了效率与公平的协调。另外，从资源配置角度看，社会土地资源优化配置目标也得到了实现。

---

① 王克金：《权利冲突论：一个法律实证主义的分析》，《法制与社会发展》2004 年第2 期。

同时，我国在提出"效率与公平协调发展"价值目标的同时，也提出了"更加注重社会公平"。笔者认为，"更加注重社会公平"并非是公平价值优先于效率价值，而是我国在新的社会历史条件下，对过去一直以来忽视农民利益做法的一种矫枉过正。笔者认为，在采矿用地取得领域，"更加注重用地公平"至少应该包括以下内容。

第一，采矿权用地不得损害农民基本权利。根据罗尔斯的社会正义理论，社会主体享有完全平等的基本权利和自由，并且这种基本权利和自由不因任何社会效率目标而被剥夺，即"平等自由原则"①，换言之，基本权利与自由相对于效率目标更具优先地位。具体到采矿用地取得领域，由于采矿用地取得涉及采矿权人利益与农民土地权益的冲突。采矿权的目标是通过取得采矿用地，从而实现采矿权的经济价值，因而，其属于经济利益范畴；而就农民土地权益而言，由于目前我国农村土地不仅仅具有财产价值，而且还负载农民的生存保障功能，关涉农民的生存利益，属于基本人权的范畴。因此，与采矿权人经济利益相比较，农民基本权利更应该得到优先保障。在我国当前土地利用格局中，鉴于基本农田的"保命田"属性，法律对农民生存权的保障主要体现在基本农田利用上，即未经国务院批准，基本农田不得用于任何经济建设项目。因此，矿业开发如果与基本农田用地发生冲突，矿业开发不具有优先用地地位。

第二，增加采矿用地经济补偿，使国家、采矿权人和原土地利用人在采矿用地增值收益分享上更加平衡。采矿用地取得制度，从经济角度而言，其实质上就是农地非农化收益在国家、矿业权人和原土地利用权人之间的再分配过程。在这一过程中，一方面，我们既要为采矿权人提供必要的矿业用地，满足矿业经济发展对土地资源的合理需求；另一方面，我们也要对失地农民土地财产权益给予合理的补偿。同时，国家作为社会公共利益的代表，根据"土地增值要归公"的原理，国家应该通过土地税费的方式获取土地增值收益，从而为国民经济建设提供必要的建设资金。目前，我国采矿用地取得利益冲突的焦点问题是，由于土地征收补偿的国家行政主导性，土地补偿费用不足以弥补农民为此遭受

---

① ［美］罗尔斯：《正义论》，何怀宏译，中国社会科学出版社1998年版，第67页。

的损失。矿业开发具有公共利益性，因这种公共利益导致的土地征收，其成本不应该完全由原土地权利人来承担，而是要根据"负担共担"原理，由矿业开发受益人——社会公众的代表——国家来承担，国家应该给予原土地权利人完全的经济补偿。

第三，赋予农民集体矿业用地处置的实体权利。随着我国社会的发展，我国经济社会步入崭新的发展阶段。在计划经济体制下，我国为尽快实现工业化、现代化目标，一直采纳以牺牲农民利益为代价的经济发展模式。体现在土地利用领域，就是我国政府垄断建设用地市场，在农业用地转换为建设用地时，农民集体没有直接的处置权利，集体土地权利最终支配者实际上是地方政府，这显然违反了权利平等保护的民法基本原理，也与行政法的平衡理论背道而驰。① 更为重要的是，在国家将农民集体土地进行征收后，仅仅按照农业用途对农民集体进行补偿。在此过程中，农地非农化所产生的巨大差额收益都被国家所攫取，而农民集体作为原土地权利人并不能分享其中的收益。随着我国进入工业化中后期，社会贫富日益分化，在此，国家加快了我国农村土地利用制度改革的步伐，提出了系列政策支持集体土地直接用于非农建设，最终目的是建立城乡统一的建设用地市场，即在符合规划和用途管制前提下，允许农村集体经营性建设用地出让、租赁、入股，实行与国有土地同等入市、同权同价。这为我国今后在采矿用地领域赋予农民土地处置的权利提供了政策依据。从而使集体土地获得与国有土地平等的土地财产权，通过平等财产权的赋予，可以让农民更好地分享我国社会经济发展的成果。

第四，注重采矿用地取得的机会公平。阿瑟·奥肯说"源于机会不均等的经济不平等，比机会均等时出现的经济不平等，更加令人不能忍受（同时，也更可以补救）"。② 在我国采矿用地征收程序中，由于征收决定和征收补偿的行政主导性，农民被剥夺了一切参与和协商的机会，即使能够在有限的领域进行参与，这种参与也属于事后被动的和极其有限的，③ 从而难以完全保障土地权利人的合法利益。因此，更加注

① 陈小君：《农村集体土地征收的法理反思与制度重构》，《中国法学》2012 年第 2 期。
② ［美］阿瑟·奥肯：《平等与效率》，华夏出版社 1987 年版，第 69—74 页。
③ 陈小君：《农村集体土地征收的法理反思与制度重构》，《中国法学》2012 年第 2 期。

重公平，不仅要赋予农民集体平等的土地实体权利，更为重要的是要保障农民的机会平等，赋予农民集体在土地利用过程中充分的程序权利和救济性权利。程序性权利主要是指"被征收人参与整个征收过程、监督征收权行使的权利"。而救济性权利就是"被征收人对土地征收中的行政行为诉请司法救济的权利"。① 根据 2014 年修订的《行政诉讼法》新规定，我国首次把土地征收及其补偿决定纳入了司法审查范围，农民对于采矿用地征收持有异议的，可以提起行政诉讼，正式结束了我国长期实行的土地征收争议非诉化的历史，体现了我国当前对农民财产权保护的社会正义性要求。

第五，"更加注重社会公平"还要求保障采矿用地结果的公平，要求"对弱势的一方予以特殊的关怀，在制度上、规则上应向弱势一方的农民倾斜"。②

综而述之，发展永远是硬道理，在我国已经进入"城市支持农村，工业反哺农业"的时代条件下，我国采矿用地制度价值取向应该从"效率优先，兼顾公平"转型到"效率和公平相互协调"，更加注重公平。一方面，要更加重视对失地农民利益的补偿，由"合理补偿"转为完全的"市场补偿"。在目前社会经济条件下，再采用原土地用途的方式进行补偿，不再具有社会的合理性，容易造成生产力和生产关系、公平与效率的紧张关系，影响社会的可持续发展。另一方面，"效率和公平协调发展"不仅要给予被征地对象完全补偿，更重要的是要赋予其相应的法律权利，即从"利益到权利"的转化。一方面包括实体上赋予农民一定的发展权，让其能够共享社会发展的增值利益；另一方面要赋予其程序上的参与权，平等地参与社会经济发展的决策，体现现代社会还政于民的改革趋势。但是，更加注重公平并不意味着轻视效率，不是牺牲效率而换取公平，而是"要把两者结合起来、统一起来，既重视提高效率，又重视促进公平"。③ 我们应该进一步强化采矿用地的市场化取向，行政机关要逐步退出土地资源配置市场，只起到制定交易规则、维护交易秩序的功能上来。随着我国农村集体用地试点改革的推进

---

① 王克稳：《我国集体土地征收制度的构建》，《法学研究》2016 年第 1 期。
② 李寿廷：《土地征收法律制度研究》，博士学位论文，西南政法大学，2010 年。
③ 戚桂锋：《公平与效率关系的历史考察与展望》，《兰州大学学报》2009 年第 5 期。

和国家系列政策的出台，为采矿权人和土地权利人直接协商供地提供了政策依据和实践经验。供需双方直接协商可以减少政府寻租机会，降低交易成本、减轻企业负担，提高企业竞争力，保障矿业经济可持续发展。当然，国家退出经营性矿业用地供地程序的同时，为防止采矿用地市场的事实垄断而导致市场用地效率降低，最终采矿用地合理需求无法实现，国家要通过行政权力对采矿用地进行兜底保护，即在无法以合理价格通过市场协商用地时，国家应通过设立矿业法定地役权和土地征收模式，最终实现矿业用地合理需求。

二　采矿用地取得制度的基本原则

所谓法律原则是指体现法律精神，用以指导法律规范制定、解释、适用的基本准则。法律原则是法律价值的具体化与承载，[①] 其效力贯穿于立法、执法和守法全过程。由于采矿用地取得制度解决的核心问题就是采矿权人与土地权人、矿业开发与土地利用之间的利益关系问题，因此，采矿用地取得制度基本原则必须围绕此关系的处理来展开。笔者认为，我国采矿用地取得制度基本原则包括以下两条。

（一）采矿用地优先保障原则

自古以来，土地作为人类最重要的不动产，一直受到法律严格的保护。根据传统民法理论，财产权神圣不可侵犯，财产权的基本功能仅仅在于维护"私的使用性"，土地权人可以对其土地财产任意支配，未经权利人许可，其他人甚至国家都不得干预。但是，从近代以降，基于土地财产负载众多的社会功能，其资源属性日益凸显和强化，为此，各国立法纷纷规定了财产权负有社会义务，对土地财产的使用进行限制。土地财产权受到限制，其法理基础是基于社会公共利益的需要，也可以是私法主体权利行使相互协调的需要。前者如公共地役权制度的产生，后者体现为必要地役权、法定取益权的设立等。基于矿产资源与土地资源相互毗邻或者相互包容的自然属性，矿产资源开发不可避免需要利用地表土地，因此，从某种意义上而言，采矿权也是一种土地使用权。但是，与其他土地使用权相比较，采矿用地具有其独特的用地特征。一般

---

① 江帆：《经济法的价值理念与基本原则》，《现代法学》2005 年第 5 期。

土地使用权利用的是土地的承载功能或者生产功能，通过地表建造建筑物或者从事种植、养殖等活动，其对土地的使用一般为长期、排他性使用；而采矿权关注的是地下的矿产资源，目的在于通过地表取得地下的矿产资源，矿业作业完毕后，土地不再具有使用价值，因此，其对土地的使用都是有期限地使用，即使有的矿山开发周期较长，但从根本上而言，也是一种有期限的利用方式。因此，当采矿权与土地物权发生冲突时，国家必须从权利行使相互协调的需要出发，通过法律调节它们之间的利益关系，使利益冲突弱化或者消弭。在此，解决权利冲突首先要遵循的原则应该是采矿用地优先保障原则。因为如果不赋予采矿用地优先的法律地位，采矿权将因无法行使而事实上不能存在，采矿私人利益无法得到保障。而从社会整体利益而言，基于矿产行业的重要性和不可替代性，如果不保障矿业用地，社会整体利益必将受到损害。反之，赋予采矿用地优先法律地位也会给原土地权人带来"牺牲"，但是这种"牺牲"仅仅是与原土地财产的联系，并且这种"牺牲"完全可以通过经济补偿进行救济，在此，土地权人的"个人权利"本身并没有受到损害，其"个人权利"不过是更换了一个载体而已。[①] 换言之，通过补偿，其与原土地的联系得以"重建"，表现为现金或其他新的安置形式。[②] 最为关键的是，采矿权作为一种有期限的土地使用权，矿业开发完毕后，土地可以恢复到原用途或者原土地权属格局，这样，原土地权人的利益最终可以获得保障。用社会俗语表达就是两害相较而取其轻。既然法律对土地权利和矿业权冲突无法给予同等保障，确保两权同时得到实现时，则只能选择牺牲利益较小的一方，然后由获利方对受损方进行经济补偿。由于矿业用地经济效益一般要大于农业或者其他用途，因此，采矿权人在补偿土地权人经济损失同时，还可以获得"净利"余额，换言之，通过国家对矿业用地取得的干预，可以在不损害土地权人利益的基础上，实现矿业用地的效用增加。在经济学上，当社会资源重新配置给一方主体带来的收益要大于另一方为此遭受的损失，并且对该损失进行了相应补偿，那么，从社会资源配置角度，就实现了潜在的帕

---

① 杨寿庭：《土地征收法律制度研究》，博士学位论文，西南政法大学，2010 年。
② 程洁：《土地征收征用中的程序失范与重构》，《法学研究》2006 年第 1 期。

累托改进，从而使"最大化的社会福利"得以实现。① 因此，这种制度就是一种有效率的制度。而从社会公平角度而言，根据罗尔斯社会正义理论，基本人权不能因任何效益的增进而被剥夺，但对于非基本人权，可以在社会利益帕累托改进的前提下重新配置，但是应该给予合理补偿。因此，通过公权力对私有土地财产进行限制或者剥夺，以实现采矿用地合理需求，只要给予了土地财产充分补偿，并不存在社会公平受到损害的情况。总之，采矿用地优先保障机制不仅考量了采矿权与土地使用权不可分离的自然属性，确保了采矿用地合理需求得到满足，而且通过权利补偿机制，也保障了土地权利的合法利益，其最终实现了土地资源配置优化目标的实现，从而最大化增进了社会福利。

（二）矿业开发与土地利用相互协调的原则

在现代社会，土地具有多功能属性，不仅可以满足人类的基建、种植、养殖、开矿等经济利益需要，而且，随着环境保护和农业人文观念的普及，土地在满足人类环保与精神需求方面功能也日益增强。因此，人类社会文明越发展，人们对土地利用的需求就越多。基于土地资源相对于人类需求的稀缺性，人们在土地利用上的利益冲突必将日益激化。在此，国家作为社会矛盾冲突的调节器，不可避免要对土地各种竞争性功能进行调节，从而寻找土地利用的最佳方式。如前文所述，世界各国由于所处的社会发展阶段不同，对土地用于矿业活动的价值取向存在一定的差异。发展中国家普遍面临发展经济、改善民生的紧迫任务，因而更加重视矿产资源开发对经济的促进作用，倾向于将土地更多地用于矿业开采活动。当采矿用地与其他土地利用发生冲突时，一般会赋予采矿用地的优先地位。而发达国家经济发展达到一定的高度，更关注土地的综合用途，相对于土地的经济价值而言，会更加重视土地的生态价值和维护土地权人的私权，因此，当土地利用发生冲突时，一般规定通过平等协商机制解决土地利用的冲突，只有在协商无效的情况下，才会根据效率原则，通过强制手段对采矿用地加以保障。目前，我国已步入工业化发展的中后期阶段，传统的外延扩张式发展模式导致土地利用效率低

---

① 张慧芳：《土地征用问题研究——基于效率与公平框架下的解释与制度设计》，经济科学出版社 2005 年版，第 35 页。

下和大量环境问题，倒逼我国当前必须转变经济发展模式，走内涵式发展道路，反映到矿业用地取得制度上，就是要确立矿业开发与土地资源利用以及环境保护相互协调的法律原则。

在西方法治国家，落实矿业开发与土地利用以及环境保护相互协调原则一般通过矿业用地准入制度来实现。如澳大利亚规定城市规划区不得设立矿业用地。当矿业用地涉及正在耕种的土地、真正和经常地用作庭院、堆料场、花园、果园、葡萄园、植物苗圃或者种植园的土地、墓地、水库所在地等，除非获得土地权利人的书面同意，否则不得占有。① 再如日本《矿业法》（1981）第 64 条的规定："如果矿业权所有者在铁路、轨道、公路、水道、运河、港湾、河流、湖泊、池沼、桥梁、堤岸、拦河坝、灌溉设施、公园、墓地、学校、医院、图书馆及其他公用设施及公用建造物的地面或地下的 50 米之内的地方采掘矿物，除了已按其他法的规定，得到了许可或认可的情况外，还必须得到管理厅或管理人的承诺"，否则不得进行矿业采掘。我国《矿产资源法》第 20 条也规定了矿业用地准入制度，即非经国务院相关主管部门许可，不得在机场、港口、国防工程设施规定范围以内；城镇市政工程设施、大型水利工程设施、重要工业区附近一定范围以内；重要公路、铁路两侧一定范围以内；重要河流、堤坝两侧一定范围以内；国家规定的重要风景区、自然保护区、国家重点保护的位置不能变动的名胜古迹和历史文物所在地等进行矿产资源开采获得。但是，我国矿业用地准入更多考虑的是矿业开发与其他产业的经济协调，而对矿业开发与土地利用以及环境保护之间的秩序协调重视不足。今后，我国在赋予采矿用地优先取得地位的同时，需要通过矿业用地准入制度对矿业用地优先权进行一定限制，从而实现矿业开发与土地利用以及环境保护相协调的原则。

三　农村集体土地上采矿用地取得的基本路径

我国农村集体土地上的采矿用地取得制度改革路径必须是"以市场化配置为基础，以强制用地方式为补充"，在国家宏观调控下采用平等协商方式解决，具体用地模式可以根据双方实际需要，灵活采用出让、

---

① 参见《西澳大利亚采矿法》（1981）第 29 条第 2 款第 1 项至第 6 项。

转让、租赁、地役权以及土地入股的方式。而当市场机制失灵的时候，国家行政权力才能适度干预，以保障采矿用地的合理需求。在强制用地方式的选择中，要根据矿业用地类型、占地范围、开采期限灵活确定强制保障方式。对于短期性、局部性并且不会造成土地形质损害，或者损害后可以恢复土地原用途的，创设法定地役权的保障用地模式；而对于长期性、规模性用地或者采矿用地后难以恢复土地原用途，宜采用传统的土地征收模式。

（一）建立市场化机制为基础的任意性用地模式

无论是借鉴西方国家矿业用地实践经验，还是遵循我国土地政策发展趋势，市场化用地都应该成为我国今后采矿用地的基础性机制。我国实践中的行政化用地机制源自计划经济时代，单纯保障矿业用地的有效供给，是一种典型的强制性用地模式。而随着市场机制和土地产权制度在我国逐步完善。土地征收与我国土地产权之间的冲突和矛盾必将更加激化，从而导致我国采矿用地取得陷入僵局。因此，基于效率与公平价值目标的考量，我国今后采矿用地取得的首选机制应为市场化用地机制，土地征收并非是我国采矿用地的当然途径，而仅仅是我国特定历史阶段基于效率考量的一种用地模式。随着我国市场经济体制的完备，原有的征收机制无论从公平还是从效率角度考虑，都不再具有合理性和正当性。采矿用地取得属于资源配置范畴，首先需要考虑土地资源配置的效率，而在市场经济条件下，市场化用地机制无疑效率最高，能够促进土地资源的优化配置。市场化用地机制就是发挥市场机制在矿业土地资源配置中的基础作用，在国家土地宏观调控的基础上，根据市场竞争关系由当事人协商确定具体的矿业用地模式，采用协议出让、转让、地役权、租赁、股份合作等具体方式。市场机制配置矿业土地资源一方面有利于资源配置效率的提高；另一方面通过市场主体间的充分协商，维护了土地权利人的利益，有助于社会利益关系的平衡，从而也兼顾了采矿用地取得公平价值的实现。但是，由于矿业用地不同于一般建设用地，其选址依赖于矿产资源赋存区位，不可以移到建设用地规划区进行开发，相反，受制于采矿用地选址的不可变更性，土地权人从土地利用价值最大化出发，依据其对土地的事实占有权，不可避免会对采矿用地交易漫天要价，从而导致市场化用地机制失灵。在此情况下，国家必须发挥强制用地方式的保障作用，先协商购买土地使用权，协商不成的，可以申请政府强制征收或者通过法定地役权进行供地，唯有如此，才能实现土地利用公平与效率的和谐共生。

（二）基于限权与授权原则限缩强制性用地模式

根据当前中央土地政策精神，今后我国只有纯公益性用地采用征收划拨用地方式，对于矿业开发等经营性用地项目，要逐步退出土地征收范围，市场化用地已成为采矿用地的大势所趋。但是，我国在发挥市场化用地机制基础性作用的同时，也不应彻底否定行政化用地的制度功效，因为行政化用地模式具有效率、安全、保障等功能，能够避免与土地权利人用地协商的久拖不决，提升采矿用地取得的效率，从而保障采矿用地的有效供应。只是由于土地征收作为一种土地权属转移的用地方式，必然会遭受原土地权利人的阻却与拖延，导致行政成本的增加，更主要的是强制征收导致农民失去土地产权，变成失地农民，也会给社会带来不稳定社会因素，增加用地的社会成本。因此，无论是从保障农民私权出发，还是从降低用地行政成本、提升用地效率考量，我们都应该弱化目前的采矿用地征收模式，其具体改革的进路就是秉持"抑公扬私"改革理念，按照市场机制对采矿用地制度重新进行设计，逐步缩小采矿用地征收范围，严格界定采矿用地征收条件、强化原土地权人私权保护，规范行政用地程序，从而构建系统化的采矿用地新模式。在具体制度设计过程中，要从弱化强制性权力的去公权化角度出发，增设民事协商前置程序，赋予土地权利人知情权、异议权、司法审查权，从而有效控制公权力的运用，防止行政化用地的政府失灵。

（三）基于比例原则创新非权属转移模式

土地征收必须要具有公共利益的利用目标，这是世界各国土地征收的通行做法，我国作为一个正在兴起的宪政国家自然不能例外。但是，公共利益作为土地征收的目的条件，并非是充分条件，作为土地征收还必须受制于比例原则的限制，即征收必须是适当的，且是给被征收人造成最小损害的方法，才允许采用。因此，在同等能够实现公益用地需求的前提下，政府首先应该选择对原土地人损害较小的用地途径。目前世界各国强制用地模式区分为土地征收的权属转移模式和公共地役权的非权属转移模式。土地征收与公共地役权模式的共同目的都是基于公共利益的需要，而对私人土地财产权利进行一定的干预。但是，公共地役权模式与土地征收模式相比较，其不仅能够有效促成公益用地目标的达成，而且由于其不会剥夺原土地权人的所有权，原土地权利人依然享有土地的"剩余财产权"，从而形成公共地役权与"剩余财产权"并存的利益格局。通过对公共地役权设立范围的界定，两种权利各行其道、相得益彰，从而实现不动产价值的最大利用，[①] 提升了土地利用的整体效率。因此，鉴于矿业用地公共地役权具有"简化用地程序、节约交易成本"的制度优势，我国今后凡是可以通过公共地役权即可实现矿业用地政策目标的，尽量不采用土地征收方式，从而扩展我国公益性用地的制度模式。目前，我国物权法中并没有公共地役权的法律概念，但是我国实践中大量存在公共地役权的用地实践，广西平果铝土矿以及其他试点改革区域的临时用地模式，其本质也属于公共地役权模式。我们今后应该借鉴西方国家公共地役权法律制度经验，如法国的行政地役权、美国的保护地役权以及俄罗斯的公共地役权，抽象出我国用地实践中公共地役权的法权结构，并将其改造推广运用于采矿用地供地制度之中。

第二节　采矿用地取得制度改革的理论依据

我国今后采矿用地取得采用强制与意定相结合、私法与公法相融合的新模式不仅是我国当前农村土地制度改革发展的必然结果，而且也得到了当前正在试点的采矿用地制度改革的实践检验，同时，从采矿用地取得制度的正当性层面考量，其无疑也具有经济学与法学两方面的理论依据。

一　经济学理论依据

（一）交易费用理论

1. 交易费用理论的内容

交易成本理论又称交易费用理论。1937 年罗纳德·科斯（Ronald·Coase）在其《企业的性质》中首次提出了"交易费用"思想，后来威

---

① 赵自轩：《公共地役权在我国街区制改革中运用及其实现路径探究》，《政治与法律》2016 年第 8 期。

廉姆森对交易费用进行了系统的研究，并将其发展成为成熟的经济学理论。所谓交易成本是指寻找对象并与其订立合同，执行合同、洽谈和监督交易等方面的支出与费用。用经济学术语来说，交易成本就是"发现相对价格的成本"，是利用市场机制组织生产所产生的人与人之间合作的必要成本，它解决的是人与人之间的关系问题，区别于企业解决"人与物关系"的生产成本。其基本学术观点是：无论是市场还是企业，都是一种资源配置的形式，二者可以相互取代。企业的本质就是作为市场的价格机制的一种替代来节约交易成本，① 即企业之所以产生的原因，就是因为通过企业来组织生产的交易费用要低于通过市场来组织生产的交易费用。

2. 交易成本理论下的政府与市场的角色定位

在完全竞争条件下，市场交易成本比较低，市场作为一种资源组织的客观形式，它以"经济理性人"的自利性为原动力，以价格机制的信号引领作用来配置资源，即在价值规律的作用下，资源会自动流入利用价值较高的社会主体手中，并对市场主体产生合理利用和有效节约资源的约束和激励机制，因此，其具有更强的资源配置效率以及资源配置能力。② 在这种情况下，政府通过权力对资源配置进行干预与经济效率无关或者不起作用。政府此时的功能就是通过建立和完善财产权制度和侵权赔偿制度，清晰地界定产权和对产权交易提供有效的法律保障，让市场主体通过自愿协商的方式自发配置资源，从而解决一部分市场失灵问题，而无须政府直接介入。而在市场交易成本较高的情况下，市场无法通过自身矫正外部性，从而导致市场失灵，政府干预因而具有合理性。政府通过微观的管制和宏观的调控，降低市场的交易成本，努力实现资源配置帕累托优化，或者直接通过行政权力配置资源，提供公共产品来干预经济。但是，政府配置资源也是存在成本的，其包括信息成本、协调成本和反腐败成本，如果政府的成本太高，同样会导致政府失灵。因此，资源是通过市场来配置还是通过政府公权力配置，关键是比较其成本的高低。政府干预只有在其干预成本小于市场成本时，才具有

---

① 罗垚：《科斯与威廉姆森的交易费用理论的比较分析》，《中国市场》2012年第4期。
② 刘俊：《土地所有权国家独占研究》，法律出版社2008年版，第43页。

正当性。[1]

3. 交易成本理论对采矿用地取得制度的启示

就采矿用地而言，土地作为其重要生产要素，在我国目前市场经济条件下，一般应通过市场机制来配置土地资源，这是土地资源合理有效利用的客观需要使然。土地资源的有限性、不可或缺性、不可替代性等资源属性，必然也要求在整个社会建立一种能最大限度发挥土地资源社会效应与经济效应的合理利用制度[2]；但是，由于采矿用地市场特殊属性，即采矿用地的唯一性和不可替代性，采矿用地市场并非完全竞争市场，其实质上是一种卖方垄断市场，导致市场自身无法矫正其正外部性，从而存在采矿用地市场失灵问题。此时，由政府提供采矿用地会比市场机制更富效率。因为行政权力的强制配置可以节省这一部分交易成本。同时，由于矿产资源开采具有很强的正外部性，可以为社会提供能源安全与物质资料，关涉国计民生，而国计民生本质上为公共品，政府也有义务进行提供，从而使"最大化的社会福利"得以实现。因此，政府为保障"国计民生"公共品得到实现，有义务为矿业开发提供土地供应。但是，通过政府供地虽然节约了交易成本，但同时会产生大量的行政成本和社会成本。一方面政府行政程序烦琐复杂，行政成本较高；另一方面政府征收往往会引发矛盾和对抗，产生大量的社会成本。我国近年来因矿业用地征收导致的上访数量的提升就是一个很好的明证，从而导致政府管制的失灵。所以，我国目前就是要比较市场成本和行政成本的大小，从而决定采矿用地的供应途径。即使是选择行政手段配置土地，也应选择行政干预成本较小的模式。一般而言，在目前众多的行政干预手段中，因为土地征收是一种合法"剥夺"农民集体土地财产权的方式，因而，其遭遇的抵触和对抗也最强，行政成本相对也最大。与此相对应，公共地役权、管制性征收、公共土地租赁等土地利用方式由于并不导致土地权属发生转移，只是对农民集体土地利用进行一定的限制，因而其行政成本相对较小。所以，从采矿用地交易费用角度而言，土地征收方式应该是保障采矿用地的最后一道防线，只有在穷尽

---

① 卞宏波：《我国公益用地市场取得方式法律制度研究》，博士学位论文，辽宁大学，2015 年。

② 杨慧：《土地用途管制法律制度研究》，博士学位论文，西南政法大学，2010 年。

其他手段仍不能保障其用地需求的情况下，才能适用土地征收方式。

（二）外部性理论

外部性也称之为外部效应（Externality）或者溢出效应（Spillover Effect）。根据微观经济学原理，市场机制作为理想的资源配置方式，其发挥作用依赖于一个隐含条件的满足，就是单个市场主体的经济行为对社会上其他人的福利不会产生影响，即没有外部效应。作为一种分析市场失灵的经济学工具，外部性理论最早可追溯到亚当·斯密的经济人"利他性"理论。1890 年，马歇尔在其《经济学原理》一书中正式提出"外部经济"（external economies）一词，后来，经济学家庇古在此基础上提出了"外部性"（External Effect）概念，并对外部性理论进行了系统的阐述。从经济学视野出发，所谓的外部性，是指"那些消费或生产对其他社会主体产生了无法补偿的成本或产生了无须补偿的收益的情形"①。其包括正外部性（外部效益）和负外部性（外部负担）两种类型。正外部性是指从事某种经济活动的私人收益低于社会效益，从而导致从事该项经济活动的激励不足，社会资源配置无法实现最优；而负外部性是指从事某项经济活动的私人成本低于其社会成本，从而导致对该物品生产激励过度，以致出现市场失灵现象。而从法律视角而言，外部性的本质是"围绕行使权利引发的利益冲突"②，其中正外部性是"一个市场主体在行使他的权利时，将本可以由自己享有的权利给予了其他社会主体，但是并没有同时对其附加一定的义务；而负外部性是一个市场主体在行使其权利时，将本属于自身应该承担的义务转移给了其他本不应承担该义务的社会主体"③。因此，外部性是一种结果而非过程，是经济主体之间权利与义务的不对等以致出现的利益失衡。为应对外部性而出现的市场主体间利益失衡，避免市场出现失灵现象，现代国家一般通过国家干预的方式，使市场主体的行为给社会造成的成本或收益的内部化。现代市场经济国家中，政府对外部性干预一般包括经济法、行

---

① ［美］保罗·萨缪尔森、威廉·诺德豪斯：《经济学（第 16 版）》，萧琛等译，华夏出版社 1999 年版，第 263 页。

② 王廷惠：《外部性与和谐社会的制度基础——兼论政府角色定位》，《广东经济管理学院学报》2006 年第 1 期。

③ 胡元聪：《法与经济学视野中的外部性及其解决方法分析》，《现代法学》2007 年第 6 期。

政法、民法三种手段。所谓的经济法手段就是对于正外部性给予政府补贴或者奖励的方式，使私人的收益和其产出的社会收益保持平衡；而对于负外部性而言，通常适用税收的工具，即"庇古税"手段，使私人生产制造的外部成本内部化，使私人的均衡产出降低到考虑社会效益的均衡产出。所谓的行政法手段一般是指通过行政管制的手段，对市场主体的微观市场活动直接进行干预，或者通过行政手段直接配置资源。而民法的手段就是通过民法来明晰产权和民事责任，并由市场主体通过市场博弈达致双方利益的平衡。

　　由于矿业经济在国民经济中具有特殊重要的地位，其构成现代社会经济发展"共同基础条件"，为国民经济发展提供物质和能量的供应，矿业开采因而具有正外部效应，其体现在能"促进当地经济的发展、提高民众就业率、推动城市化进程"，[①] 尤其是其中的能源产业还牵涉国家能源安全，具有强烈的正外部性。对于正外部效应的消费，由于其价值无法通过市场显现出来，无法通过市场机制进行消费，因此，其无法被正外部效应的生产者所享有，价值规律会发生扭曲，市场机制配置资源无法达到帕累托最优。在经济学上，对于外部效应去除的方法就是"外部效应内部化"，即由正外部效应的受益者对提供者进行经济补偿。但是，由于正外部效应的消费特征不同于私人物品的消费，其具有公共物品的非竞争性和非排他性，市场缺乏提供这种产品的经济诱因，因此，作为公共利益代表的政府理应介入该产品的生产和供应，包括对其生产用地的提供进行国家干预。同时，随着国民经济的发展，人类资源消费关系逐步趋于紧张，其中的能源安全更是关涉一个国家的核心利益，国家应逐步加大这种关涉国家安全的产品的干涉力度。

　　具体到采矿用地的供给领域，土地具有多用途、多功能属性。土地不仅可以给其权利人带来经济利益，也可以为国民经济（包括矿业经济）提供物质基础，即土地也是一种具有外部效益的资源型物品。同样的道理，由于外部效益无法通过市场价格显现出来，对这部分效应所产生的收益，土地权利人无法完全分享，因此，作为土地实际支配者的权利人基于理性"经济人"的考虑，自然不会将其纳入到土地利用决策

---

① 李帅、白中科：《山西省露天采矿用地方式改革研究》，《中国土地科学》2013 年第5 期。

当中。对于正外部性问题的解决，一般不能采用纯粹的私法手段，即民法的手段往往无能为力，因为我们无法寄望于土地权利人放弃私人利益最大化，而自觉保障具有外部效益的矿业用地的供给。相反，由于矿业用地的先定性和不可选择性，土地权利人基于理性人的考虑，往往会对土地利用谈判漫天要价，从而导致交易成本高企，而使市场化供地无法顺利实施，此时，国家只能通过公法的方式进行干预。而在矿业用地取得领域，公法方式一般指的是通过行政法手段，其中土地征收是基本手段。土地征收因其能够强制土地权利人出售土地，从而省却其漫天要价的可能性，从而保证公益性矿业用地的供给，因而成为世界各国公益性用地取得的重要方式。当然，通过公法方式进行直接供地，由于直接通过有形之手干预市场机制，会使市场机制产生扭曲，同时也会产生巨大的社会成本，如农民土地维权上访量的增加。另外，尽管政府作为公共利益的天然代表，具有维护公共利益的法定职责，但由于政府作为独立的社会主体，也具有其独特的利益取向和价值偏好，政府利益往往并非就是公共利益。因此，我们在给政府对市场干预"授权"的同时也要进行"限权"。这种限权主要是限定矿业土地征收的行使条件、规范行政征收的程序以及通过合理的补偿来防止行政权力的异化，从而达到社会整体福利的最大化。

二　法学理论依据

（一）公私法相互融合理论

1. 公私法相融合理论内容

公法与私法的划分始于古罗马时代，近代资本主义以来，公法与私法的划分构成了现代资本主义国家法律体系的基石。然而，公法与私法并非截然对立，至20世纪20年代开始，随着福利社会的出现，公共利益与私人利益界限不断模糊，市场机制与宏观调控不断耦合，体现在公共行政上，福利行政逐步取代传统的秩序行政。在此背景下，公私法开始相互交融。公私法交融出现了两个不同的发展方向，一个是私法的公法化，公共利益开始介入私法领域，权利本位逐步转向社会本位。其制度实践体现为民法三大原则不断得到修正：财产权绝对转化为财产权相对；契约自由转化为契约正义；过错责任转化为以过错责任主导下的多种归责原则并存。

另外一个发展趋势就是公法私法化，具体表现为公法部门在立法领域对私法法理与理念的借鉴；在执法环节对私法规范与程序的适用或者参考；在司法环节对私法规范和程序的遵循，体现为权力向权利转化，[①]公权力行使逐步由单向、强制嬗变为双向、协商，于是以"协商、自愿、合作精神为要旨的行政指导行为、行政合同行为等新型法律行为便大量产生"。[②]

　　2. 私法公法化及其对采矿用地取得制度改革的启示

　　(1) 私法公法化——财产权社会化理论

　　私法公法化，其本质就是基于公共利益的需要，公权力对传统私权领域进行一定的干预，从而实现社会福利的最大化。私法公法化在财产权领域最主要体现为财产权社会化理论。所谓"财产权社会化"，就是强调财产权的行使不仅应为了个人利益目的，同时亦应有助于社会公共利益的实现，进而主张所有权本身包含义务的成分。[③]财产权社会化理论是伴随近代民法向现代民法制度变迁过程中对传统民法"所有权绝对"观念反思的产物。根据传统民法理论，财产权神圣不可侵犯，财产权的基本功能是"保障个人在财产法领域的自由空间，并由此使其形塑自我负担的生活成为可能"[④]，即保障个人对其财产的任意自由支配和利用的"私的使用性"，个人对其财产的这种"私的使用"只受其个人意志支配，国家无权进行干预和处分，除非这种个人的支配"违反了法律的规定或者第三人的权利"。财产权的这种纯粹私人功能属性是与当时社会经济基础和社会哲学观念相适应的。在传统社会中，无论是西方还是东方社会，个人维系其生存与发展的社会物质基础是对其私有之物的支配和使用。与此相适应，西方社会诞生了以洛克为代表的"劳动价值论"，"由于每个人对其人身和劳动拥有毫无辩驳的所有权，那么对其身体和劳动的增益之物也拥有天然的产权"，[⑤]其他人（包括国家），未经许可，不得进行干预。而体现这种理论最典型的法律制度是法国民法

---

　　① 柳砚涛、刘宏渭：《行政法的嬗变：由公法到公私法合一》，《甘肃政法学院学报》2006年第11期。

　　② 同上。

　　③ 付坚强：《论土地空间权产生的现实动因和法理基础》，《江淮论坛》2013年第3期。

　　④ 张翔：《财产权的社会义务》，《中国社会科学》2012年第9期。

　　⑤ ［英］洛克：《政府论（下篇）》，叶启芳、瞿菊农译，商务印书馆1996年版，第22页。

典，该法典第 544 条规定："财产权对于物有绝对无限制地使用、收益及处分的权利，但法令所禁止的使用不在此限。"第 552 条规定："土地所有权包含该地上及地下的所有权。"就土地所有权而言，不仅其效力范围上达天宇，下达地心，而且权利人可以对土地发展增值享有全部收益。

　　然而，随着社会进入工业化时代，人类所赖以生存的物质生活条件发生了根本的改变，产业工人大量进入城市生活，生活物质基础由依赖于包括土地之类的自己之物转而依赖于"社会关联性"，即由社会化劳动所提供的雇用工资和国家提供的教育、医疗以及养老福利。诚如拉伦次所言，"现代社会个人在生活上的保障，不仅仅要自己采取措施，规划自己人生，并通过不断的努力才能实现，而且更多要依赖于社会集团，甚至国家所给予我们的福利"①。在此社会背景下，财产权社会义务理论开始出现。该理论认为：财产权不应仅仅具有保障私人对其财产进行自由支配的"私的价值"，而且所有权应负载一定的社会功能，须承担社会利益分配与协调、增进社会福祉的社会功能。体现在制度规范层面，财产权制度目标发生了根本的转变。第一，财产权从财产权支配绝对自由到财产权行使应受限制。如德国民法典第 903 条规定：财产权的行使"不违反法律的规定或者妨碍第三人的权利"。在土地法律制度中出现的"土地用途管制"即是该思想的具体化；第二，从财产权行使受限原则发展到所有人负载积极作为义务。如德国魏玛宪法第 153 条第 3 款规定"财产权负有义务，财产权的行使要以公共福祉为目的"。具体到土地法律规范层面，如我国宪法第 10 条第 5 款规定"一切使用土地的组织和个人必须合理地利用土地"，表明我国土地权利人不仅要服从土地用途管制、土地规划制度，而且必须积极开发和利用土地资源。在土地法律具体制度层面，又如我国《土地管理法》规定的我国的土地两年内不使用必须收回制度。财产权社会义务理论出现，标志着财产权以保障私人自由为中心转向同时关注财产权的"社会关联性"，从而使财产权的私人利益与社会公正之间取得平衡。

　　（2）私法公法化理论对我国采矿用地取得制度改革的启示

　　就采矿用地而言，其实质上涉及的就是采矿权与土地物权的相互协

---

① ［德］卡尔·拉伦茨：《德国民法通论》（上册），法律出版社 2004 年版，第 70 页。

调的问题。土地作为一种财产权客体，土地物权人享有排他性利用的权利，非经权利人许可，其他人不得占有、使用其土地。但是，就采矿权而言，采矿权是一种通过采取一定技术措施，从地表以下取得矿产品的权利，因此，采矿权的行使不可避免要对土地地表进行利用。由于我国奉行采矿权与土地权利二元分立的立法模式，矿产资源与土地在事实与法律上处于分离状态，拥有采矿权的主体不一定享有土地权利，这样，采矿权人和土地物权人为实现自身经济利益，在分别行使权利时不可避免会发生权利的冲突。同时，矿产资源的开发不仅涉及采矿权人私人利益，而且也负载国家能源保障公共利益的实现。在此情况下，国家法律必须从社会整体利益出发，为保障双方利益得到实现，不可避免对其中一方权利边界进行限缩，而这种权利边界的限缩，不是一方对另外一方的权利的侵害，而是权利本身所负载的社会功能的体现，即财产权不仅要有利于实现私人的利益，而且要承担社会利益分配与协调、增进社会福祉的社会功能。为了矿产资源开采能够顺利得到实现，国家须对原土地物权做出一定的限制，这种限制范围的大小须考量所保障的矿业利益的大小以及相互比重关系，即遵循公权力对私权限制的比例原则，换言之，所要保障的利益相对于被牺牲的利益要更为重要，或者在价值序列中排位在前。如矿业地下开采须在他人土地上开设通气孔，这既是保障矿业开发顺利进行的必要条件，也是保障矿业工人生命安全的必要条件。在法律价值位阶中，人的生命健康相对于财产价值具有优先地位。同时，对土地权利的限制不得导致"实质性损害"，即不得影响土地财产的基本使用价值，否则，国家必须基于"公平负担"原则，给予相应的补偿。

3. 公法私法化及其对采矿用地取得制度的启示

公法私法化就是要将体现"平等、协商、合作"的私法理念的法要素植入公法法律关系中，从而建构更加平权的公法法律关系。公法私法化主要体现为公权力向非强制或弱强制嬗变，以及政府蜕变为适时依法干预的有限政府两方面。[①]

（1）公权力向非强制或弱强制嬗变

公权力向非强制或弱强制嬗变首先体现为权力的权利化，即在权

---

① 卞宏波：《我国公益用地市场取得方式法律制度研究》，博士学位论文，辽宁大学，2015年。

力行使过程中要弱化权力行使的强制性、单方决定性，更多地采用平等协商机制，强制性的公权力应削弱甚至消弭，以弱权力取而代之；在权利与权力关系中，权利优先，权利是权力存在的目的和界限，因此，法律要尊重和保障私权，强化权利对权力的监督功能；在法律适用上，私法规范要优先于公法规范得到适用，因为在福利行政时代，"权力仅仅是国家目的实现的迫不得已的、最后的手段，只有在权利主体自治与权力权利平等关系不可能实现行政秩序和福利目的情况下，权力介入才是必要的"。① 即权力要保持最后介入的谦抑性。最后，在权力关系内部，蕴含协商、平等、合作精神的权力又优先于强制性的权力得到适用。

（2）政府蜕变为适时依法干预的有限政府

政府对市场进行管制是为了避免市场失灵。然而政府管制并非万能良药，与市场机制失灵一样，政府管制也会产生失灵。由于行政权力具有天然异化和强化的本质属性，"它的强制性、利益性、不平等性和可交换性使它有被扩张和滥用的可能"。② 因此，法律在给行政机关授权的同时，必须对其进行限权，要规定行政权力行使的范围、标准与限度，建立适时依法干预的有限政府。建立有限政府首要措施就是以权利来制衡权力，必须强化权利及其功能，使权利监督独立化与制度化。公法私法化另一个要求就是行政职权的职责化。传统的行政法强调"职权中心主义"。强调通过职权来实现社会秩序的目标。随着福利社会的到来，给付行政模式逐步取代了秩序行政模式，"职权本位"相应被"职责本位"所取代。职责本位的宗旨是凸显行政权力中的职责要素，强调对行政权力自由裁量权的控制，减少权力行使的自由度，同时确保权力行使的主动性和积极性，使之更加适合于福利国家和给付行政模式。行政职责本位的法理基础在于"权利本位主义"。权利是权力的来源、界限和目的，行政权力的行使应以实现公民权利为目标，如果权利自身或者通过与其他权利达成契约就可以实现其利益目标，并且权利的行使并不会对其他权利产生逾越和侵犯，权力就没有存在的必要。

---

① 柳砚涛、刘宏渭：《行政法的嬗变：由公法到公私法合一》，《甘肃政法学院学报》2006年第11期。

② 同上。

（3）公法私法化理论对采矿用地取得制度改革的启示

就采矿用地取得制度而言，我国现有的取得模式是通过行政权力强制的公法模式，即通过行政征收途径取得农民集体土地。这种模式由于行政手段的刚性而导致行政成本上升，用地效率降低，损害原土地权利人利益。采矿用地取得制度的改革方向就是要弱化现有的行政取得模式，采矿用地取得要由行政取得主导转变成市场机制主导，行政强制补充的模式。采矿用地取得首先要通过市场机制的平等协商手段取得，尊重原土地权利人的利益，这样一方面保护了原土地权人的利益，另一方面，由于用地取得是双方协商的结果，符合双方的最大利益需求，可以减少采矿用地取得的行政执行成本，从而提高用地的效率。在市场机制无法保障采矿用地取得时，政府要实时启动强制干预。在干预模式的选择上，蕴含平等、协商、合作精神的权力要优先于具有强制的权力得到适用。公共地役权与行政征收相比较，由于其并不完全剥夺原土地财产权人的权利，仅仅是对其权利利用为一定期间的限制，公共地役权的内容一般通过平等协商方式达成，更加兼顾用地双方的利益平衡，更多体现了"平等、协商与合作"的精神，因此，公共地役权模式应该优先于行政征收模式得到适用。行政征收应是最后不得已才能采纳的手段。但是，即使通过行政征收模式进行用地，也必须改革现有的征地程序，在征收程序启动前，要前置民事协商程序，先通过尝试购买的方式取得原土地权利人的土地权利，只有在购买无效的情况下，再启动征收程序。在征收程序中，要更多地赋予被征收对象的参与权、异议权和救济权，从而一方面可以对行政征收公权力进行监督，防止公权力恣意与滥用，从而维护用地双方的利益平衡。

第三节　我国采矿用地取得制度的类型化构建

如前所述，我国采矿用地之所以表现出制度低效和社会不公等现象，其制度根源在于我国目前采矿用地单一的用地模式，即征收出让或者征收划拨。随着我国市场经济的发展和矿业产权制度改革，原有的单一采矿用地模式难以适应现有的采矿用地实际。Larenz 教授指出："当抽象、一般概念及其逻辑体系不足以掌握某生活现象或意义脉络的多样表现形态之时，大家首先会想到的辅助思考形式'类型'，即类型化方法论。"① 换言之，破解我国现有的采矿用地制度困境，应该根据我国现有采矿用地实际，把矿业开发进行类型化划分，区分不同的情况，从而进行具体的供地制度设计。

一　公益性采矿用地和经营性采矿用地

根据矿业开采的目的，我国把采矿用地区分为公益性采矿用地和经营性采矿用地。所谓的公益性采矿用地是指矿业开采是以社会公益最大化为目标的用地类型。而经营性采矿用地是指以矿业权人经济利益最大化为目标的用地类型。在计划经济条件下，矿产资源属于国家所有，同时矿业开采也由国有企业独家经营。在此背景下，国有企业开发矿产在实现矿业企业利益最大化的同时，也实现了矿产资源国家所有权利益的最大化。换言之，在计划经济体制下，矿业开发的经营性属性和公益性属性保持了协调统一。因此，在当时的经济体制下，矿业开发一概通过征收的方式使用集体土地无疑具有法律上的正当性。然而，随着我国矿业权的市场化，大量的私有资本进入矿业开发领域，私人矿业开发的目的都是基于经营性的目的，其公益色彩逐步淡化和消弭。因此，在市场经济条件下，再通过征收模式使用集体土地，其正当性不再具有说服力。同时，随着我国土地征收条件的日趋严格，非公益用地被一概排除在征收集体土地范围之外，从而形成了目前经营性矿业开发无法供地的制度悖论。换言之，在市场经济条件下，经营性采矿权作为与土地物权平等的物权类型，只能通过与农民集体进行协商供地，如果用地协商失败，采矿用地将无法得到实现。

那么，市场经济体制下，是否还有必要区分公益性和经营性采矿用地，并依此设计不同的供地途径？笔者认为，其答案是肯定的。据公共物品理论，绝大部分矿业开发并非纯粹满足私人市场消费的私人物品，而是一种具有外溢性属性的私人物品，学术界也称之为特殊准公共物品（区别于公共物品中的俱乐部物品）。矿业开发生产的直接物品为矿产品。就矿产品市场而言，其消费主体是普通的市场消费者，在经济学上

① ［德］卡尔·拉伦茨：《法学方法论》，陈爱娥译，商务印书馆 2004 年版，第 337 页。

具有消费的可分割性和排他性，可以把没有付费的消费者排除在消费领域之外。同时，增加单位矿产品的消费会导致单位边际成本的增加，具有消费的竞争性。因此，矿产开发本质上为私人产品的生产，理应使用市场机制配置资源。从另一角度看，矿产开发具有较强的正外部效应，矿业开发的直接物品——矿产品并非普通的物品，而是国民经济的物质源泉，为人类社会的生产和生活提供物质和能量，关涉国家的能源安全和经济安全，其受益主体是不特定的社会公众，具有公共物品消费的"共同消费"特征，无法识别和区分消费者。因此，对于矿业开发的溢出效益来说，其具有纯公共物品的经济属性，无法通过市场对其定价，市场机制在此难以发挥作用，国家必须对其配置进行干预。随着国民经济的发展，人类对矿产资源的依赖程度不断加深，矿产资源供给和需求矛盾日趋紧张，矿产资源安全战略已成为国家经济安全战略的核心。无论是发达国家，还是发展中国家，都将保障矿产资源安全作为国家资源战略的首要目标。因此，基于矿产开发的溢出效应的公共物品性和公共利益性，国家有理由介入其生产用地的供应，从而确保社会总体福利最大化的实现。但是，这种干预的必要性并非干预的充足理由，更非是直接进行土地征收的充分条件。因为政府干预只有在"干预的成本小于市场机制失灵导致的损害"才是正当的、有效的。换言之，由于政府干预也会产生干预成本，如果干预行政太高，资源配置同样失效。就土地征收而言，一般来说，征地的成本包括直接的行政成本，其表现为征地补偿费、安置费以及其他土地规费，还包括间接的社会成本，如社会维稳经费。土地征收的有效性只有在土地征收所增加的成本比因其所减少的市场成本小时才可成立。尽管我们无法准确测度行政成本与市场成本的大小，但是，从我国当前行政化用地法制背景下，基于采矿用地陷入了事实上无法取得的尴尬现实，我们有理由说，正是目前的采矿行政成本太高，才使目前矿业用地国有化制度功效逐步减损。同时，目前采矿用地市场大量以租代征情况的出现，也从另外一个侧面验证了市场机制所带来的效率要高于土地国有化的用地效率。因此，今后我国对于一般性矿业开发，即经营性矿业开发用地都应该采用市场化用地模式，当然，为避免采矿用地市场的不完全性导致采矿用地协商无法达成，国家可以通过法定地役权或者土地征收来保障采矿用地合理需求，即采用市场用地机制为基础，行政用地模式为保障的用地机制。其用地一般程序为：首先由采矿权人向土地权人提出转让或租赁邀约，如果土地权人拒绝协商或者协商失败，则由采矿权人申请政府启动征收或者法定地役权程序，并且必须根据公平市场价值对土地权利人进行补偿。例如，采矿权人意欲获得独占性采矿用地使用权，则首先向集体土地权人提出出让或者转让申请，当申请或协商失败时，采矿权人再启动土地征收程序，由行政机关具体判断是否符合矿业用地征收条件。而对于矿业土地租赁或者地役权用地申请，同样当市场用地方式无效时，采矿权人可以申请法定地役权用地模式，即取得土地部门和规划部门的用地许可，政府部门的许可视为是法定地役权的具体成立，此时由采矿权人与土地权人就用地补偿进行协商，如果补偿协商失败，则提交中立的第三方进行裁决，不愿裁决的也可以直接提交法院判断。而对于法定地役权的设立持有异议的，可以向法院提起行政诉讼，由法院行使司法审查权。总之，对于一般经营性采矿用地，必须根据采矿用地市场的特殊属性，采用意定与强制相结合用地模式，从而兼顾矿业用地取得过程中效率与公平价值目标的实现。

总之，对于一般性采矿用地取得制度，由于其调整的是市场经济下平等主体之间财产利用的法律关系，国家不适宜直接干预。但是，由于采矿用地市场的特殊属性，国家从物权的协调发展和社会资源配置的角度，必须对其进行干预。因此，应该采纳私法与公法相结合的取得机制。私法的作用在于赋予采矿权人直接缔约人的法律地位，并对其提供私法上的救济。公法的作用在于对采矿权地役权的取得具体授权，或者由行政权力启动征收程序，直接取得采矿用地使用权。此处征收并非是基于公共利益的直接需要而启动征收，而是基于私人不动产利用关系协调的目标，但间接上有利于社会资源配置效率，有利于社会总体福利的增加。

但是，否认经营性采矿用地的国有化用地模式，并非否定全部的采矿用地的国有化模式。公共经济学的研究表明：私人物品可以通过市场实现需求与供给，而公共物品则需要通过政治制度实现需求与供给，即具有强烈的国家或政府干预角色。[①] 公共物品区分为准公共物品和纯公

---

① ［美］詹姆斯·布坎南：《公共物品的需求与供给》，马珺译，上海人民出版社 2009 年版，第 1—5 页。

共物品，纯公益性用地属于公共物品范畴，理应直接通过政府供给。大多数采矿用地由于矿业开发的经营属性，都应该划入准公共物品行列，首先要通过市场化机制进行用地。但是，对于采矿用地中不具有经营性特征，仅仅以社会公益为目标的用地种类，则属于经济学中纯公共物品范畴。对于这部分采矿用地，国家应该直接通过征收方式供地。其理由在于：对于纯公共物品，市场没有提供的动力，而应该完全由国家免费提供。为此，国家对这部分土地供应不应以有偿方式供给，如果矿业开采发生在集体土地上，应直接通过征收途径取得用地。换言之，鉴于我国目前土地利用的法制框架，划拨用地仅仅是国有土地划拨，集体土地不具有划拨利用的实现机制。从社会公平角度而言，由于纯公益用地属于公共品，其受益对象具有非特定性，其成本理应由国家提供，国家可以通过税收最终由全社会承担，而不能由集体组织承担用地成本，否则有失负担公平分担的原则。因此，只能通过征收方式，先由国家征收取得土地使用权，再免费供应给公益性矿业开发。而对于集体组织，则由国家给予相应的征地补偿，从而实现收益与负担相一致的法律原则。因此，为保障国家提供公共物品，对纯公益性采矿用地应采用征收取得模式。对于纯公益性采矿用地的范围，笔者认为可以借鉴划拨用地范围的认定模式。目前，我国法律规定只有纳入了《划拨用地目录》范围的，才可以通过划拨方式取得用地。鉴于纯公益用地与划拨用地对公益性要求的相互契合性，以《划拨用地目录》为标准判断是否属于纯公益性用地具有相当的合理性。目前，纳入了《划拨用地目录》范围的矿业用地仅仅为国家重点扶持的能源基础设施用地，[①] 即在目前的法律框架下，这部分用地可以通过划拨方式取得。但是，由于国家重点扶持的能源基础设施大多也属于经营性基础设施，随着我国土地有偿利用制度改革的深化，国家重点扶持的能源基础设施大部分将会被剥离出划拨用地范围，而仅仅是其中公益属性明显，且不具有经营性特征的才可以继续保持在目录范围内。目前，我国《划拨用地目录》正在进行修改，在其征求意见稿中，仅仅保留了石油、天然气储备库用地，其他的矿业设施用地都划入了有偿用地范围。对此，笔者认为，随着我国今后土地有

---

① 参见 2001 年国土资源部《划拨用地目录》第 11 条、第 12 条规定。

偿使用制度改革的深化，对于经营性矿业用地，包括以营利为目的的重点能源基础设施项目用地都将逐步退出土地征收范围，将按照市场化方式进行供地。而对于非营利性且由国家直接投资的重点扶持的能源基础设施用地，由于其用地目的的非营利性，而是为整个国民经济提供物质能源供应，理应与军事、机关、学校等公益性用地一样，继续通过征收划拨方式取得。

二　矿业建设用地模式与矿业地役权用地模式

（一）采矿用地法律属性重新审视

当前，我国采矿用地使用权之所以一概通过征收方式取得，从逻辑上看，在于存在一个前设式基本命题，即采矿用地属于建设用地范畴。而在我国现有的土地利用法律框架下，为确保国家土地财政的实现，国家垄断了建设用地来源，所有发生在集体土地上的建设用地必须通过征收途径取得，因此，根据逻辑上的统摄关系，采矿用地也必须通过征收方式取得。然而，采矿用地属于建设用地这一命题真的具有理念上正确性？笔者认为，采矿用地法律属性涉及采矿用地取得模式选择，不同的采矿用地类型其采矿用地模式自然不一样。因此，对采矿用地法律属性重新审视具有制度建构的基础性作用。笔者认为，采矿用地在法律属性上不应划入建设用地范畴，而是属于地役权范畴，其理由有以下几点。

第一，从土地使用功能上进行区分。根据我国《物权法》第135条规定，建设用地使用权是土地权人"依法对国家所有的土地享有占有、使用和收益的权利，有权利用该土地建造建筑物、构筑物及其附属设施"。由此可见，建设用地的功能是在地表"建造建筑物、构筑物"，利用的是土地的承载功能；而所谓的地役权是指"以他人土地供自己土地的方便和利益之用的权利"，[①] 即为了增进自己不动产利用便利，提升不动产经济价值，而对他人不动产进行一定程度的使用。其利用方式一般包括通行、通风、采光、取土等，是一种对土地取益行为，而非建设行为。具体到矿业开采用地而言，采矿权的客体是地下的矿产资源及其地下空间，其目的在于通过采掘矿产资源，以获得矿产品的所有权。

---

① 梁慧星、陈华彬：《物权法（第四版）》，法律出版社2007年版，第285页。

但是，矿产品的开采离不开土地地表的使用，需要利用特定地表进行开挖或者修建工程设施才能实现矿业权的目标，其权利利用的对象是矿产品而非土地地表本身，土地地表只是其获益的一个媒介载体，因此，其本质上属于对土地的取益行为，是一种特殊类型的地役权。如美国的取益地役权制度就规定，需役地人可以在其他土地上设立取益地役权，其设立不受特定需役地的存在为条件，可以在供役地上进行采矿、取土，通过等多种方式利用。① 因此，从用地功能角度看，采矿用地本质上属于地役权。

第二，从采矿用地期限角度分析。根据采矿用地期限，可以划分为永久性采矿用地和临时性采矿用地。永久性采矿用地是指占地周期较长，用于建设永久性矿业厂库或矿业基础设施的用地类型，如工业广场用地、矿区公路用地等。在此情况下，采矿用地在相当长期限内与原土地利用不能相容，为保障矿业开发需要，采矿用地必须取代原土地物权。因此，矿业权人应取得矿区范围的建设用地使用权，按照建设用地模式进行供地；而临时用地是指使用土地周期较短，土地使用完毕后可以恢复原土地用途的用地类型。如广西平果采矿用地改革试点中的矿业用地。在此情况下，尽管采矿用地与原土地利用也不能相容，但是，基于矿业用地的周期性属性，矿业开发完毕后，将进行闭坑和复垦，以恢复土地的原用途和原权属格局。因此，矿业开发仅仅是一定期限内利用他人土地，这种土地利用本质上不会导致他人土地所有权的丧失，而仅仅是一定期限内使用权的限制，其本质上也属于地役权的利用方式，而非建设用地使用权关系。

第三，根据土地利用的排他性区分，采矿用地可以区分为独占性用地和非排他性用地。矿业开采要对特定矿区范围内的土地地表进行使用，但是采矿用地与原土地使用并非完全不能兼容，而是要具体情况具体分析。第一种情况是在他人土地上构造永久性建筑物或者其他矿业工程设施，必然要求对土地稳定地、排他地利用，在此情况下，矿业开发与原土地利用相互排斥，只能保留一种权利存在。以矿业工业广场为例，矿业工业广场一般是占用土地地表以建造矿业基础设施，其与一般

①　Green and Henderson, *Land Law*. London Sweet& Maxwell 1988. 124.

工业用地方式无异，是一种完全排他性的土地利用方式，因此，矿业用地使用权的设立要求终止原土地权利人的土地使用权，二者只能选其一。而对于采矿区用地而言，其区分为地下开采和地面开采两种类型。地下开采主要是对地下空间层的利用，其对地表利用主要是开挖通风孔、井口，属于附属设施用地类型。这种土地利用类型对原土地人权利影响较小，仅仅是对原土地使用权的一种限制，本质上属于地役权方式。而对于露天开采矿产，尽管必须在土地地表兴建矿业开采面，构筑相关配套设施，使原土地使用权功能无法继续存在，但是，正如前文所述，采矿用地作为一种周期性用地，其仅仅对原土地权利有一定期限的限制，原土地权利本质上并不会丧失，理应属于矿业地役权属性。

综上所述，矿业开发仅仅在长期性、独占性使用土地情况下，属于建设用地范畴。典型的如工业广场用地。但是，这并非采矿用地的主体部分。而从采矿用地面积看，采矿区用地和尾矿库用地一般占地面积较大，构成了采矿用地的主体部分，[①] 值得注意的是，由于这两种用地方式都具有明显的周期性特征，因此，本质上都属于地役权用地范畴。[②]

对于建设用地，应按照现有建设用地供地模式，即在当前法制环境下，只能通过征收的途径取得集体矿业用地，但是，随着我国城乡统一建设用地市场政策的逐步落实，今后集体土地也可以通过出让或者转让的方式直接进入矿业用地市场。而对于地役权的用地方式，由于地役权不用改变土地的权属性质，因此，不需要通过征收途径取得集体矿业用地。在当前法制环境下，可以通过矿业临时用地模式进行用地。但是，今后我国应不断完善矿业临时用地制度，创设法定地役权的用地新模式。

（二）采矿用地法定地役权用地模式的构建

1. 采矿用地法定地役权构建的必要性

（1）有利于克服采矿用地征收制度的弊端

第一，法定地役权有助于采矿用地公益目标的实现

---

① 李炜、吴永高：《当前矿业用地管理现状及若干思考》，《中国国土资源经济》2006 年第 10 期。

② 根据有的矿业用地分类，采矿用地仅仅指采矿权用地和尾矿库用地，因此，采矿用地属于地役权。

　　我国现有的采矿用地供给模式的制度逻辑在于将公民私法上的财产纳入公有公物的调整范围，即通过土地征收制度把集体土地转换成国有土地，然后再通过出让或者划拨的方式实现具体矿业项目的用地。这种用地方式尽管具有快捷、高效的制度优势，但是，从产权角度而言，这是一种所有权转移和让渡的用地方式，用地方须支付土地所有权的经济对价，需要支付较高的土地取得费用，在国家囿于一定时期内的财政问题而无法支付全部土地费用时，其必然妨碍了矿业企业及时顺利地取得矿业用地。与此相反，矿业法定地役权作为典型的非权属转移方式，其只对原土地权利人的土地利用进行一定的限制，与此相对应，其支出代价相对较小，更为重要的是，非权属转移方式相对于权属转移方式，其还具有在管理成本、交易成本、谈判成本、财产利用效率等方面的独特优势，从而更容易被原土地权利人接受。按照现代物权权能分离理论，物的利用应以利用效益和优化配置为重心，采矿用地取得的客体就不再局限于所有权权属的转移，而是转向占有权、使用权、收益权、处分权等权利的转移或设定地役权、租赁权等权利为内容。[1] 因此，通过法定地役权实现采矿用地不仅代表了民法物权理论发展的方向，更重要的是通过他物权的限制和转移可以节约用地成本，提高采矿用地的取得效率。

　　第二，法定地役权有利于保护原土地权利人利益

　　土地征收尽管也会对原土地权利人进行经济补偿，但是，由于征收补偿并非征收权利人和土地产权人自由讨价还价的结果，更非土地产权交换的市场对价，而是由行政机关单方面做出的对于土地产权人基于公共利益所作的"特别牺牲"的一种经济补偿，其类似于侵权法中的经济赔偿，是对于国家"合法侵害"私法上财产权的一种经济救济措施。因此，基于行政征收的公权力行为属性，其难以有效地保护原土地权利人的合法权益。于是，原土地产权人往往会采取拖延、躲避、不配合和想尽办法抵抗的方式对私人财产进行保护，这无疑增加了采矿用地取得成本。与此相对应，由于法定地役权设立采用民事契约的方式，通过法定地役权的方式进行采矿用地的供给，一方面尊重了原土地权利人的意

---

① 卞宏波：《我国公益用地市场取得方式法律制度研究》，博士学位论文，辽宁大学，2015 年。

志自由和财产权利，"对于心甘情愿者没有不公平"，从而满足了采矿用地的制度公平；另一方面，由于采矿地役权是双方自由协商的结果，是双方经济利益最大化的体现，双方从追求自身利益最大化动机出发，都能够自觉地履行地役权合同，并能监督对方是否实际履行了合同，从而减少了合同履行中的交易成本，有助于提高社会财产向有利于公共利用方向倾斜的趋势。

第三，法定地役权更加有利于土地资源的节约利用

根据我国目前土地法律制度，采矿用地参照一般工业用地模式，如果采矿用地发生在集体土地上，须通过土地征收把集体土地转为国有土地后再通过出让或者划拨方式进行矿业开采。由于采矿用地并不完全具有工业用地特征，有其自身特有的法律属性，如周期性、固定性，通过征收途径取得采矿用地在实践中会出现种种的弊端，如用地程序烦琐、用地费用高昂、土地资源浪费、矿山闭坑后的土地利用和复垦低效等问题。尤其值得注意的是，采矿用地并非一个单一的用地类型，而是包含不同用地期限、不同用地方式的用地大类。对于很多种用地类型，采矿用地征收并不能产生预期的制度效应。如矿业通行权，其用地内容就包括为了矿业生产的架设管线、埋设管道、通水、通行等土地利用方式。实践中，这些土地利用类型并不需要独占土地的利用，如果通过土地征收来使用土地，一方面会剥夺农民赖以生存的土地财产权；另一方面也会造成土地资源的浪费，不利于土地资源的节约利用。相反，如果通过法定地役权的方式来使用土地，就能够发挥地役权非独占利用土地的优势，从而有利于土地资源的综合利用。

另外，国家通过土地征收取得了大量的土地用于矿业开发，一旦矿山开采完毕，必然导致大量土地滞留国家手中，在我国目前矿山用地缺乏退出机制的背景下，国家占用大量土地而无法对其进行有效利用，而农民集体由于没有产权，也无法对其进行有效利用，从而不利于我国土地资源可持续性利用目标的实现。

（2）为我国采矿用地实践提供正当性依据

在我国现有的采矿用地制度框架下，当矿业开采需要短期性使用他人土地时，往往采用了临时用地模式。例如，为了矿业开采的需要而临时使用集体土地的，实践中会采取租赁农民集体土地，即通过临时"借

地"模式获取土地的利用。由于矿业开发具有"增加政府税收、提高社会就业、发展地方经济"的正外部效应，且由于这种"借地"经过了有关国家机关批准，用地单位于是理所当然认为，该用地不需要再取得土地权利人的同意，也不须对其进行付费补偿。而作为被借地一方，因为对方的矿业临时"借用"土地，而使自己的土地利用受到限制，经济利益也会受到损伤，如果没有取得其同意就使用其土地，往往会产生抵触情绪和对抗行为。临时用地制度是我国计划经济时代产物，是通过行政手段来配给土地，其制度目标仅仅关注矿业用地的获取和利用，并没有考虑当事人间的产权界定和保护问题。事实上，采矿用地取得不仅仅涉及土地管理的公法关系，更为重要的是涉及平等主体之间土地利用的私法关系。那么基于行政授权，而在他人享有民法物权的土地进行矿业开采是否具有法律上的正当性呢？如果具有正当性，那么它的权源基础在哪里？现有法律制度并不能给出合理的解释。另外，我国采矿用地实践中，还有一类广泛存在的矿业用地方式，即管道通行权，比如西气东输的天然气管道。建设天然气管道需要利用他人土地，如开挖地表埋设天然气管道，另外，当天然气管道建设完毕后，对管道附近土地的利用并没就此结束，而是在管道存续期间都要对管道附近土地的利用进行限制。如2010年10月开始实施的《石油天然气管道保护法》第三十条规定："在管道线路中心线两侧各五米地域范围内，禁止下列危害管道安全的行为：（一）种植乔木、灌木、藤类、芦苇、竹子或者其他根系深达管道埋设部位可能损坏管道防腐层的深根植物；（二）取土、采石、用火、堆放重物、排放腐蚀性物质、使用机械工具进行挖掘施工……"实践中这种对他人土地利用的方式，一般通过与地方政府签订用地合同方式取得土地和使用权。但是，这种通过法律直接对土地权利进行限制的法律逻辑在哪里？现有的法律不能给予合理的解释。根据现有法律框架，对他人土地财产进行限制以满足"私产公用"目标只能通过两种模式，即征收与征用。前者为基于公共利益的需要，合法剥夺他人的土地财产所有权；而后者是基于公共利益的需要，剥夺和限制他人的土地使用权。两种方式都是行政主体依照法定程序强制获得行政相对人财产的一种具体行政行为，都必须要基于公共利益的目的才能行使，而后者甚至受制于紧急情况方可启动，[①] 如抗洪、救灾等。矿业临时用地模式和管道通行权都涉及对他人土地财产的限制，但是从逻辑上判断，都明显不能划入征收或者征用的范围，因此，现有制度设计在逻辑上存在不周延性。相反，如果我国立法设立了法定地役权，将能够对这类"私产公用"的法律实践提供正当的权利基础。因为，法定地役权本质上就是基于土地上不动产利用秩序协调的需要，而通过立法明确规定的一种法定优先权，因此，可以为公益性矿业用地或者私人矿业用地取得提供私法上的正当性权源。

市场经济是一种法权经济，奉行等价交换的互利互惠原则，而这种市场经济的等价交换体现在法律中就是产权的交换。随着我国市场经济体制的完善，我国采矿用地制度必须与之相适应，须用私法上权利义务的法律规范来替代原来的行政权力安排，而法定地役权恰好具备这一功能。矿业法定地役权就是一种能促进私有财产有助于矿业开发的产权制度安排。一方面，法律可以直接规定基于矿业开发的合理需要，矿业权人优先取得矿业开发所必要的通行、取土、废渣堆放、开凿通风井口等必要的土地使用权，从而可以避免矿业用地市场的市场失灵，确保了矿业用地需求的合理满足；另一方面，法定地役权允许用地双方就矿业用地方式、经济补偿等问题进行协商，签订用地协议，明确双方权利义务关系，并为权利行使提供私法上的救济，从而增加土地利用关系的稳定性，增强矿业权人对土地利用的合理预期。[②]

2. 采矿用地法定地役权构建的可行性

（1）其他国家（地区）成功的范例

在当今世界各国法律制度中，不乏通过法定地役权以实现采矿用地的成功范例。有些国家是通过民法典的形式对法定地役权进行一般性的规定，而有些国家通过矿业部门法规定了矿业法定地役权制度。

澳大利亚《西澳大利亚矿业法》（1978）第 85 条规定，采矿权人基于与采矿作业相关的任何特定目的而使用、占有、利用所在矿区的土地，……该土地使用权是排他的、专有使用权。《西澳大利亚采矿条

---

① 《物权法》第四十四条规定："因抢险、救灾等紧急需要，依照法律规定的权限和程序可以征用单位、个人的不动产或者动产。"

② 康纪田：《现代矿业地役权制度探析》，《北方法学》2016 年第 3 期。

例》（1981）第 42 条（B）对上述《矿业法》规定的土地专用权进一步予以明确和细化，"采矿权人基于采矿许可证有权对矿区及周边土地享有以下权利：1. 修筑道路；2. 通行电车；3. 架设索道；4. 铺设管道；5. 架设电线；6. 修建输送系统；7. 挖掘隧道；8. 搭建桥梁 9. 尾矿运输……等等"[1]。

法国的《民法典》第 650 条规定"法定地役权"制度："为公共的或地方的便宜而设立的役权，得以沿通航河川的通道，公共或地方道路的建筑或修缮，以及公共或地方其他工事的建筑或修缮为客体。一切有关此种役权的事项，由特别法令规定之。"[2] 由于采矿用地特殊的自然属性，其与"法定地役权"的制度功能相互契合，因此，法国采矿用地实践中，广泛存在通过"法定地役权"模式取得矿业设施用地。详言之，当采矿权人开采矿产资源要对他人土地进行利用时，必须向最高行政法院申请用地许可，在获得最高行政法院的行政令后，采矿权人可以在其矿区范围内或者矿区范围以外占据因矿山开采及其附属设施[3]所需的场地。

意大利的《民法典》第六章第二节规定了"强制地役权"制度，"根据法律（参阅第 1033 条及后条），某一土地的所有人有权在另一所有人的土地上设立役权，在欠缺契约的情况下，这一役权由判决设立。在法律特别规定的情况下，也可以由行政机关实施这一设立"，即根据意大利民法典，如果油气管道运输、矿业开发等公益设施需要通过他人土地排水、水道开设、水闸设置、通行、送电等方式使用土地，在不能通过地役权协议取得情况下，可以经由法院通过判决方式设立地役权，土地权利人应当负容忍义务。[4]

根据德国《矿业法》的规定，矿产资源与土地资源产权采取部分分

---

① 国土资源部地质勘查司：《各国矿业法选编》（下册），中国大地出版社 2005 年版，第 847 页。

② 罗结珍译：《法国民法典》，北京大学出版社 2010 年版，第 193 页。

③ 该附属设施包括：救急设施，如通风竖井和排水坑道；对从矿山采出的燃料和矿石进行制备、冲洗和富集的车间；对上述两段中的工作所产生的产品和废弃物进行堆积和储存的设施；用于运输上述产品和废弃物或矿山所需物资的运河、公路、铁路及所有地面设施。参见国土资源部地质勘查司《各国矿业法选编》（上册），中国大地出版社 2005 年版，第 600 页。

④ 费安玲译：《意大利民法典》，中国政法大学出版社 1997 年版，第 285 页。

离模式。如该法第 3 条规定，土地资源所有权人只对部分矿产资源享有所有权，其他矿产资源所有权归属国家所有。如果矿产资源和土地资源分属不同主体时，矿业权人经国家授权取得矿山开采权后，矿业权人同时取得该矿区土地的法定地上权，土地所有权人负有容忍义务。其具体用地方式由矿业权人和土地权人通过契约方式规定，如果达不成契约的，采矿权人可请求强制性取得该土地使用权，如果基于公共福祉的需要，也可以为了私人矿主的利益实施征收，取得该土地所有权。①

俄罗斯《土地法典》第 23 条第 3 款第 9 项规定："临时利用地块进行勘查、研究及其他工作可以设定公共地役权。"基于经济建设需要临时利用他人土地的，在尚未达到需要通过土地征收的情况下，可以通过法律直接设立公共地役权，但是设立公共地役权应当进行听证，并将听证结果作为地役权设立重要依据。

匈牙利的《采矿法》（1993）第 38 条规定：不动产所有权人或者使用权人应容忍矿山企业对其土地的下列使用行为："对矿区土地的观察与测量、在土地之上或之下修筑管道等……但矿山企业必须以合适的方式进行使用，并且须给予合理的经济补偿。"

南非 2004 年生效的《矿产资源与石油开发法》第 5 条至第 27 条规定了矿业用地制度。根据该法规定，矿业权人经政府批准取得勘探和采矿权后，权利人享有在他人土地上勘探、开采和处分矿产资源的权利。该法第 5 条：勘探权持有人进入他人土地，有权将机械设备带入土地，有权建设勘探、开采所需的基础设施，并有权用水和进行其他相关活动，但是这些活动的开展都需要通知土地所有人或者占有人并同其协商。矿业用地的这种权利因此也被称作为特定个人利益而利用他人土地的人役权。②

阿富汗的《矿业法》（2010）第 70 条规定："矿业企业可以对其矿区临近土地合法通行…"即通过规定"矿业通行权"的方式为矿业企业提供矿业用地。

---

① 中国土地矿产法律事务中心：《矿业用地改革与创新》，中国法制出版社 2012 年版，第 36 页。

② Tario Bakheit，Mining and land accessed access issues in South African mineral laws，In：http：//www. Dundee. ac. uk/cepmlp/car/html/CAR9_ ARTICLE22. pdf.

我国台湾地区在其"民法"（2002）第787条中也设立了"袋地通行权"①，并通过该"袋地通行权"解决矿业权人在矿山区域的矿业通行权问题。"袋地通行权"和矿业通行权都包含土地非所有权人对他人土地的利用，是一种特殊的土地用益物权，其区别在于矿业通行权设立要依赖于矿业权的合法存在。

美国法中可以根据"公共信托理论"设立"独立地役权"，广泛用于公益设施用地、生态环境保护、文物保护等活动中。如矿业权人可以与土地权利人协商，在其土地上直接设立采矿地役权或者管道通过地役权，不以矿业权人拥有需役地为必要条件。②

通过对国外相关立法的梳理，我国可以得到如下启示：第一，由于矿业公共（法定）地役权可以"预先替代众多的利益纠纷，为社会提供一种契约化的公共产品，大大减少公共利益取得的交易费用，是一种比较有效的制度安排"③。因此，国外许多国家（地区）通过立法的形式肯定了矿业地役权在矿业用地供给中的法律地位，其广泛适用于矿业用地取得，尤其是矿地通行权的取得中。尽管很多国家没有称之为是地役权（如德国称之为法定地上权），但是其法律构造和制度功能基本相似。第二，矿业地役权一般具有法律强制性。其由法律明确进行规定，并优先于土地所有权等土地物权得到实现，并且由于其法定地位，矿业地役权的行使不以土地物权人的意志为转移，具有突出的法律强制性。

（2）采矿用地法定地役权与土地征收具有相似的法权结构

第一，制度功能目标相似

矿业用地征收和法定地役权的立法宗旨都是一种从社会整体利益最大化出发，为充分发挥土地利用效率和资产效应，而对土地资源进行配置的产权制度安排。矿业法定地役权是为矿业资源不动产开发的便利，以提高其使用价值和经济价值，而对矿区土地或者相邻土地权利进行一定的限制或者利用；矿业土地征收是为了矿业开发用地需要，而依法通

---

① 土地因与公路无适宜之联络，致不能为通常使用者，土地所有人得通行周围地以至公路。

② 马新彦、张晓阳：《地役权的借鉴与重构》，载王利明《物权法专题研究》，吉林人民出版社2002年版，第780页。

③ 耿卓：《我国地役权现代发展的体系解读》，《中国法学》2013年第3期。

过取得矿区土地或者相邻土地的所有权，发挥该土地资源整体效率，从而最大化社会公共福利。

第二，法律关系的主体相似

矿业用地征收和法定地役权的主体基本一致。矿业开发法定地役权的供役地人为土地的所有人、利用权人，而需役地人都是矿业权业主。在土地征收中，行政机关尽管为征收法律关系一方主体，但是，在矿业用地征收中，国家机关并非是基于公共使用的目的去征收土地，征收法律关系中实质受益人为矿业权主体。

第三，法律关系的客体相似

由于法定地役权一般没有明显的需役地，因此，法定地役权的客体并非需役地，而是供役地，没有供役地，法定地役权将无法实现，因此，矿业法定地役权的客体为集体土地；而土地征收的对象也是集体土地，征收的目的就是取得集体土地的所有权。

综上所述，通过矿业用地征收和法定地役权的比较分析，我们可以得出以下结论，矿业用地征收和法定地役权都是矿业强制性用地的重要方式，二者具有很多的相似点，如共同的价值取向、共同制度功能、共同的法律关系主体。当然，二者也具有不同的法律属性、不同的用地方式和用地范围。因此，我们可以说，正是由于二者具有这些共性和异性，才使得矿业法定地役权作为强制性采矿用地取得方式成为必要，也具备了可能。[①] 二者之间的共性为法定地役权成为采矿用地取得方式提供了充分的条件，而二者之间的差异性使法定地役权能够弥补土地征收的制度缺陷，从而使其在一定范围内取代土地征收，并成为我国采矿用地重要方式创造了必要的条件。

（3）不会对我国耕地保护目标构成威胁，反而有利于我国耕地保护政策的实现

如果我国采矿用地采用法定地役权模式，可以直接使用集体土地进行矿业开发，那么，是否会对我国目前耕地保护政策造成威胁呢？笔者认为，国家垄断建设用地的初衷并非是对土地资源的保护性利用，从而确保国家18亿亩耕地的国家政策的实现，而是为了在城乡二元土地产

---

① 张鹤：《地役权研究：在法定和意定之间》，中国政法大学出版社 2014 年版，第161 页。

权格局下，垄断建设用地使用权的来源，从而最大化保障我国土地财政的实现。目前，我国矿业用地领域存在矿业用地退出数量少、节奏慢、质量低等问题，矿业用地利用效率的低效和浪费达到触目惊心的地步。① 因此，国家垄断矿业用地使用权并不能够有效保护耕地资源，恰恰相反，我国目前的矿业用地的粗放经营弊端，其制度根源就在于这种土地利用国有化体制。因为在现有土地征收体制下，矿业用地只有从集体土地变成国有建设用地的法律途径，而缺乏从国有矿业用地退回到农民集体土地的法律路径。另外，现有的矿业用地征收体制下，由于土地复垦缺乏实质的监督主体，从而造成土地复垦效果往往不佳。反之，如果构建矿业法定地役权模式，让集体土地直接进入矿业用地市场，由于不改变土地权属性质，矿业用地完毕后还要归属农民集体，在此，农民集体必然要从自身利益最大化出发，对矿业用地复垦和退出进行监督，从而在国家专门机构监督之外，增加了土地产权人的监督路径，从而更加有利于土地资源的可持续性利用。

3. 法定地役权的设立与行使

从应然权利而言，由于矿产资源开采对土地地表依附性以及矿业用地先定性和不可变更性的特征，导致矿产资源对矿区范围内土地地表天然地役权的存在。换言之，矿产资源的所有人——国家天然地对集体土地地表享有地役权。国家开采矿产可以直接利用地表土地，也可以通过设立矿业权的方式，将矿业地役权转移给矿业权人。在此，矿业权作为矿产资源所有权派生的他物权，根据地役权的从属性原理②，矿业权人在获得采矿权的同时，自动获得了矿产资源地表的地役权。但是，从实

① 据统计，全国十一万座矿山中，采空区面积就达到了 2023.5 万亩，占我国目前矿区总面积的 26%；矿业生产破坏的土地面积 3574.5 万亩，占我国目前矿区总面积的 47%；矿业生产导致的矿山次生地质灾害累计 12366 起，造成人员伤亡约 4250 人，直接经济损失 166.3 亿元。参见佚名《国土资源部政策法规司司长王守智谈〈矿山地质环境保护规定〉——保护矿山地质环境促进矿区可持续发展》，2009 年 3 月 5 日，中国政府网，（http://www.gov.cn/zwhd/2009-03/05/content_ 1251045. htm）。

② 《物权法》第 162 条规定："土地所有权人享有地役权或者负担地役权的，设立土地承包经营权、宅基地使用权时，该土地承包经营权人、宅基地使用权人继续享有或者负担已设立的地役权。"即土地所有权吸收了地役权，如果所有权转让或者设定他物权，受让人和他物权人自动获得地役权，从而节约了交易成本。尽管此处规定是土地而非不动产，矿产资源所有权似无适用的可能，但是，从我国地役权的客体规定（是不动产而非仅仅土地），我们可以对该条进行扩张解释，推理出矿产资源地役权可以自动转为矿业权地役权。

然权利角度看，法定地役权作为国家对私有财产权的一种干预方式，在现代国家必须遵循权利法定原则，即矿业法定地役权不仅要具有权利的正当性理由，而且必须要有法律的明文规定。通过梳理域外国家（地区）的矿业用地制度可知，域外制度中对于矿业法定地役权的设立大致可以区分为两种模式。一种是以德国、法国和日本立法为代表的行政授予模式。① 另一种是以意大利和中国台湾地区为代表的民事用地模式。② 从我国现有研究主流来看，大多学者认为我国今后矿业法定地役权应借鉴法、日等大陆国家立法模式，参照土地征收程序，通过行政授予方式设立。③ 因此，基于矿业地役权设立的行政行为性，以及矿产资源开发和土地资源利用协调发展的需要，国家在设立矿业地役权时，应遵循正当程序原则，通过正当合理的程序来设立矿业法定地役权，即一般要经历申请、审查、听证、决定、登记等设立程序。详而言之，就是由矿业权人向国家主管机关申请设立矿业法定地役权，该主管机关对地役权申请进行审查，并召集相关利益当事人举行听证会，最后由有权机关决定是否批准地役权设立。如果主管机关不同意地役权设立申请的，矿业权人可以向司法机关提起行政诉讼。反之，如果土地权人对于矿业法定地役权的设立持有异议的，也可以提起行政诉讼予以救济。提起行政诉讼的法律理由在于《行政诉讼法》第 12 条第 3 项规定，"申请行政许可，行政机关拒绝或者在法定期限内不予答复，或者对行政机关做出的有关行政许可的其他决定不服的"，可以提起行政诉讼；或者依据该法第 12 条第 7 项规定："认为行政机关侵犯其经营自主权或者农村土地承包经营权、农村土地经营权的"，可以依法提起行政诉讼，要求撤销行政许

---

① 即矿业用地审批的模式。矿业用地都需要预先取得土地行政机关（德国是地政主管机关、法国是最高行政法院、日本是通商产业局长）的用地审批（主要是基于土地的外部性考虑，防止损害环境以及土地可持续利用），土地行政机关在用地审批时，同时履行法定地役权审批手续，即申请受理，公告，听证，批准。取得矿业用地批准书的同时，法定地役权也就成立了，即通过行政许可的方式进行设立。

② 通过民事立法模式，即通过立法明确规定法定地役权，如果采矿权人需要利用土地的，不仅要取得主管部门的用地审批，同时还需要与土地权人达成用地协议，如果无法达成用地协议的，须经由民事诉讼方式，由法院通过判决的方式设立地役权。但是，采矿权人在缴纳赔偿金或者保证金后，可以先行利用土地。

③ 王明远：《天然气开发与土地利用：法律权利的冲突和协调》，《清华法学》2010 年第 1 期。

可行为。法定地役权行政许可如果被依法撤销，那么，采矿权人的法定
地役权自然无法存在。

　　但是，为体现对原土地财产权的尊重，降低行政干预成本，矿业地
役权的设立应设置地役权协商前置程序，即在申请矿业法定地役权前，
要求用地方和土地权利人就法定地役权合同条款进行充分磋商。如果协
商不成的，政府再启动矿业地役权审批程序。矿业地役权是基于矿业开
发用地的合理需求而对土地权利进行的限制，因此，为体现法律的公平
正义，必须要对土地权人进行补偿。补偿标准由双方通过地役权协议协
商确定，如果协商不成的，应由中立的第三方进行裁决。对于裁决不服
的，用地双方都可以提起民事诉讼。

　　笔者认为，矿业法定地役权尽管由行政机关进行审批，但是，其并
非是基于公共利益保护而创设的公权利，而是一种为调和不动产利用关
系而产生的由采矿权人所享有物权性权利，[①] 只是借用了公权的设立方
式而已。因此，对于矿业法定地役权的行使应该借鉴我国台湾地区矿业
用地立法模式，通过民事救济机制进行保障。换言之，当采矿权人获得
矿业法定地役权后，依法进入他人土地进行采矿时，如果土地权人进行
阻止的话，由采矿权人依法提起民事诉讼，从而保障自己的土地物权得
以实现。

---

　　① 高富平：《土地使用权和用益物权：我国不动产物权体系研究》，法律出版社 2001 年
版，第 213 页。

第六章

我国农村集体土地上采矿用地取得的具体制度

第一节　集体采矿用地取得租赁制度

　　土地租赁是指土地权利人和矿业用地人通过缔结租赁契约，矿业用地人取得矿业用地使用权，而土地权人取得该土地租金，土地租赁关系终止后，矿业用地人把土地交还给土地权利人的用地方式。[①] 2007 年十七届三中全会通过的《关于推动农村改革发展若干重大问题的决定》明确提出："在土地利用规划确定的城镇建设用地范围外，经批准占用农村集体土地建设非公益性项目，允许农民依法通过多种方式参与开发经营并保障农民合法权益"，从而为我国城市规划区外的矿业开发直接使用集体土地提供了政策支撑。2013 年十八届三中全会通过了《中共中央关于全面深化改革若干重大问题的决定》，提出要"建立城乡统一的建设用地市场"，并首次确立"同地同权"理念，即集体经营性建设用地可以和国有建设用地一样出让、租赁、入股，打破了集体建设用地不得出租的坚冰。[②] 显然，我国不断深化的农村土地市场化改革对于矿业企业通过租赁直接使用农村集体土地提供了方向的指引，我国需修改现有法律制度，明确土地租赁的范围、条件和程序，从而为我国集体采矿用地租赁制提供制度的支持。

　　[①] 张鹤：《采矿用地使用权的取得——以地役权解"采矿用地"之结》，《昆明理工大学学报》（社会科学版）2009 年第 11 期。

　　[②] 刘守英：《农村土地法律制度改革再出发——聚焦〈中共中央关于全面深化改革若干重大问题的决定〉》，《法商研究》2014 年第 2 期。

一　集体采矿用地取得"租赁制"的优势与弊端

（一）集体采矿用地取得"租赁制"的优势

1. 土地"租赁制"具有更高的用地效益

土地租赁是一种建立在双方平等协商基础的契约行为。从经济学角度分析，由于用地双方都是追求自身利益最大化的理性人。如果用地双方能达成租赁协议，即表示用地方获取的土地使用权的效用要大于其支付的租金成本；而对于出租方而言，其所获得土地租金利益也一定会大于其让渡土地使用权所带来的效用损失。因此，合同双方都能从土地租赁合同中获得效益的增长。而从社会角度而言，通过租赁合同的达成，土地资源必然流向利用效率较高的一方，从而实现了资源配置的帕累托改进，社会整体福利得到了增进。从合同的履行角度而言，租赁合同是双方自愿达成，符合双方利益的最大化目标，合同双方都会从理性思维出发，积极履行租赁合同，从而与土地征收相比较，大大节约了土地履行成本，从而提高了土地利用的效率。

2. 土地"租赁制"具有广阔的市场用地需求

尽管我国目前实行城乡土地利用双轨体制，农村土地不得用于非农建设，即无论是农村集体经济组织还是农村土地承包权人都不能将土地租赁给矿业企业用于矿业开发。但是，我国现行农村集体土地采矿用地结构表明，土地租赁制在我国农村具有广阔的市场需求。根据 2011 年辽宁省国土部门公布的采矿用地数据：划拨矿业用地 290000 亩，占全部矿业用地 5.58%；出让矿业用地 50000 亩，占全部矿业用地 0.96%；通过国有土地租赁 500000 亩，占全部用地数额 9.62%；矿业权人私自租用农民集体土地 4360000 亩，占全部矿业用地总量 83.85%。[①] 该数据表明，我国当前农村租赁方式用地已占到全部矿业用地的八成以上，显示出土地租赁在农村地区的巨大市场需求。对于这种市场需求国家只能通过合理疏导而非强制抑制，因为国家强制打压并不能从根本上消灭土地市场需求，并且在目前我国农村缺乏合法有效的土地利用途径情况下，行政打压只会导致土地租赁从地上转为地下，从而使我国的土地管

[①] 康纪田、刘卫红：《探索多元的农村矿业用地方式》，《华中农业大学学报》（社科版）2015 年第 1 期。

理秩序更加混乱。2005 年以来，我国对农村土地"以租代征"问题的多次治理①并没有取得明显效果，甚至在很多地方还愈演愈烈，② 即是对这一问题的最好注解。因此，随着我国农村土地利用制度改革的推进，农村集体土地直接进入市场已是大势所趋，我国今后应该将农村集体土地租赁纳入法制化管理轨道，确认土地租赁制的法律地位，明确用地双方的权利义务。

3. 采矿"租赁"制属于典型的国际采矿用地方式

土地租赁是当今世界通行的采矿用地取得方式，包括分离式租赁和利用式租赁两种模式，前者以美国矿业法为代表，后者以澳大利亚矿业法为典范。澳大利亚矿产资源产权体制与我国相类似，矿业权和土地权利分属不同社会主体所有。同时，澳大利亚作为矿业发达国家，拥有完备的矿业用地法律体系，这对我国矿业土地法制的完善具有较强的借鉴意义，我国实践中的广西平果铝土矿用地试点改革即是参照了澳大利亚的承租模式在运行。③ 根据西澳大利亚州矿业法（*Mining Act* 1978）的规定，在西澳大利亚州开矿，首先要取得采矿租约（Mining lease），为保障矿业开发顺利实施，矿业开发人同时可以申请通常目的租约（General purpose lease）和杂项工程许可证（Miscellaneous license）。取得通常目的租约后，采矿权人可以获得"与作业有关的竖立、安放和操作机械，处置矿物和残渣以及与开采相关的其他特定目的而使用土地的权利"④；而通过杂项工程许可证（Miscellaneous license），可以取得与采矿活动有关的项目施工许可的权利。两项土地权利的取得都需要经由监察部门或矿业登记官的推荐，并取得矿业与能源部部长的审批同意。⑤ 而根据昆士兰州《1994 土地法》的规定，所有采矿土地租约都需要预

---

① 参见国土资源部 2005 年 8 月下发了《关于坚决制止"以租代征"违法违规用地行为的紧急通知》；国土资源部 2006 年 5 月下发的《关于当前进一步从严土地管理的紧急通知》以及国土资源部办公厅 2006 年 6 月下发的《关于严明法纪坚决制止土地违法的紧急通知》，都明确禁止农地使用的"以租代征"行为，如果违反该规定的，都将按照非法批地进行从重处理。

② 这是国土资源部耕地保护司司长潘明才在接受记者采访时的观点。见王永红《以租代征，此风不可长——访国土资源部耕地保护司司长潘明才》，《国土资源》2007 年第 10 期。

③ 康纪田：《对农村矿业用地首选租赁制的质疑》，《中国煤炭》2009 年第 11 期。

④ See s 87（1）of the Mining Act of Western Australia.

⑤ 王清华：《澳大利亚矿业权授予和转让制度及对我国相关立法的借鉴意义》，《河北法学》2011 年第 6 期。

先申请，如果利用的是私有土地，申请文件必须附有相关土地权人的书面同意书。① 就租约期限而言，通常目的租约和杂项许可证和采矿权的期限保持一致，通常为 21 年以内，如果采矿权人遵守相关法令和租约规定，期限届满前 3—6 个月内可以申请续期，具体期限由矿业与能源部部长决定，最长可达 21 年。② 获得进入私人土地许可证后，矿业权人必须缴纳土地损害补偿金，其数额标准由矿业与能源部确定，并由该部进行代收，如果当事人对土地补偿金数额持有异议，由政府行政裁判庭进行裁定。③

尽管澳大利亚与我国处于不同的社会发展阶段，土地产权管理体制也存在较大差别，但是，他山之石，可以攻玉，澳大利亚的采矿用地租赁制对我国采矿用地制度的完善具有较好的借鉴价值。

（二）集体采矿用地取得"租赁制"的缺陷

1. 缺乏法律的依据

我国目前立法仅仅规定了国有土地租赁，土地租赁是我国法定的国有土地有偿利用方式之一。但是，根据我国现有土地管理法，农村集体土地不得出让、转让、出租用于非农经济建设，因此，目前通过土地租赁制进行采矿活动，尚属于违法用地范畴。尽管我国目前中央政策允许我国集体土地将来通过租赁方式进入建设用地市场，但是，在我国目前法制环境尚不完备的情况下，贸然放开农村集体土地租赁市场，将可能出现无法控制的市场风险。

2. 农村集体土地租赁会损害社会公共利益

采矿土地租赁属于典型的市场化用地模式。在采矿用地租赁市场中，土地租赁双方作为市场经济人，必然追求自身利益的最大化。这样，由于矿业用地收益相对较高，农民会倾向于将农业用地通过租赁协议转为矿业建设用地，从而导致我国耕地面积大量减少，危及我国耕地保护与粮食安全等政策目标的实现；而对矿业用地企业而言，因采矿租赁制可以避免烦琐的用地审批程序，减少支付繁重的建设用地补偿金，

---

① 佚名：《澳大利亚土地资源管理》，2009 年 6 月 19 日，豆丁网，（http：//www.docin.com/p-1580578011.html）。

② 国土资源部地质勘查司：《各国矿业法选编》，中国大地出版社 2005 年版，第 747 页。

③ 徐阳：《浅析澳大利亚矿业法律制度》，《理论界》2010 年第 11 期。

这也会激励矿业企业大量采用土地租赁模式，这必然也会威胁到我国土地用途管制的实现，国家的土地财产权益也往往得不到实现。

3. 由于租赁制属于意定性用地方式，由用地双方平等协商用地方式和补偿标准。但是，矿业用地市场并非完全竞争市场，通过租赁制实现采矿地不一定能够实现用地双方双赢的局面，而且可能因为矿业用地市场的事实垄断导致租赁交易失败，矿业权无法得到有效实现。因此，单纯的市场化租赁方式不足以保障矿业用地的有效需求。

鉴于此，笔者认为，我国传统的土地租赁制并无直接适用的可能，我国今后应根据我国土地管理体制和采矿用地特殊的自然属性，实时将土地租赁制转换为采矿临时用地制，通过临时用地方式来实现采矿用地的"租赁"需求。

二　通过临时用地制度实现土地"租赁制"的可行性与制度优势

（一）通过临时用地制度实现土地"租赁制"的可行性

1. 采矿临时用地制度本质上属于土地"租赁制"

我国采矿临时用地制度始于 2005 年开始的广西平果铝土矿用地试点，此后相继推广到广西、山西、云南、内蒙古等地继续开展矿业临时用地改革试点工作。2012 年，历时 7 年的广西平果铝采矿用地试点通过了国土资源部的验收，取得了丰硕成果，并获得了我国理论界的高度认可。从法律关系内容而言，由于临时用地不改变土地的权属性质，不用办理土地征收和转用手续，仅仅是采矿权人一定时间内对土地进行占有使用。而对土地权利人而言，土地权人丧失的并非是土地所有权，而仅仅是一定期限内的土地占有和使用权。因此，临时用地关系同于民法中的土地租赁关系，其法律属性本质上为土地租赁。因此，我国实践中的采矿临时用地的"租赁"属性为我国今后通过临时用地制度改造土地租赁制提供了法理上的依据。

2. 采矿临时用地制度更加符合采矿用地的自然属性

采矿用地不同于一般性建设用地，并非建设永久性设施，而是利用一定的技术措施开采土地地表下的矿产资源，具有典型的用地周期性。例如，广西平果铝土矿具有"矿产埋藏较浅，开采速率快，生产周期短"的用地特征，尽管矿山整体规划期限为 50 年，但是规划期是生产周期而非占地周期，由于采用了"边开采、边复垦"的用地模式，平均每块土地的占地周期仅仅 4 年到 6 年。因此，正如中国铝业广西分公司原总经理瞿向东先生所言，"无论是从全部采矿期还是从年度采矿期来看，平果铝土矿采矿用地都可以界定为临时用地"。① 通过临时用地方式供给采矿用地，由于不改变农民集体土地权属和农村土地承包关系，保证了农村社会经济关系的稳定，符合目前中央土地政策发展方向。同时，采矿用地不受建设用地指标限制，不用办理土地征收和土地转用手续，因此也减轻了矿业企业用地负担，提升了矿业企业经济效率，间接促进了地方经济发展，因此可以说，由于采矿临时用地制度"兼顾了政府、企业和农民各方利益，理顺了采矿与土地、民生的关系和企业与农民、政府的关系，较好地化解了用地矛盾，是深化采矿用地使用制度改革的重大创新突破"。②

3. 采矿临时用地制在我国具有法律和政策的支持

1949 年以来，临时用地就是和土地征收并列的我国两种重要的建设用地取得方式。我国历届土地管理法律规范都有涉及临时用地的制度规范。1953 年《国家建设征用土地办法》第 11 条规定："凡修建工程，须临时使用征用范围以外之土地作为材料堆存场所及临时运输道路等用途者，应与该项土地所有人（或使用人）协商临时借用，或订立契约临时租用。"1958 年《国家建设征用土地办法》第 12 条规定："用地单位或者施工单位在修建工程进行中，需要临时使用征用范围以外的土地，作为堆存材料的场所和运输道路等，取得当地人民委员会和土地所有者的同意后，可以租用或者借用。"1982 年《国家建设征用土地条例》第 19 条规定："遇到抢险或紧急的军事需要等特殊情况急需用地时，属于临时用地的可以先使用，并立即报告所在地县、市人民政府。"

现行《土地管理法》第 57 条和《土地管理法实施条例》第 27 条、第 28 条对临时用地事项进行了相应的规范，提出基于建设项目施工、地质勘查需要以及抢险救灾的需要可以临时使用国有土地或者农民集体所有的土地，但必须向相应的政府部门履行报批手续，并且需在用地结

---

① 瞿向东：《破解采矿用地难题——平果铝采矿用地征改租新模式的成功实践》，《中国有色金属》2009 年第 5 期。

② 同上。

束一年时间内恢复土地的原始用途。从逻辑上而言，由于采矿属于建设项目施工范畴，因此，基于采矿的需要可以适用临时用地的法律规定。正是基于上述法律依据，2005 年 7 月，国土资源部下发了《关于对广西平果铝土矿采矿用地方式改革试点方案有关问题的批复》（国土资函〔2005〕439 号），同意广西平果县开展铝土矿临时用地改革试点。2010年国土资源部第 35 次部长办公会通过了《采矿用地方式改革扩大试点方案》，决定在全国范围内扩大矿业临时用地试点。此后，国土资源部相继批复在辽宁省（国土资厅函〔2011〕660 号文）、山西省（国土资厅函〔2011〕715 号文）、云南省（国土资厅函〔2011〕724 号文）、内蒙古自治区（国土资厅函〔2011〕929 号文）、四川省（国土资厅函〔2013〕255 号文）等地开展采矿用地方式改革试点，矿业用地改革于是在全国范围内顺利展开。

2014 年 4 月，国土资源部办公厅发布了《关于开展 2013 年度全国土地变更调查临时用地审核工作的通知》（国土资厅发〔2014〕15号），进一步对临时用地进行了分类，把临时用地划分为四大类型，即分为工程项目建设施工临时用地、地质勘查临时用地、抢险救灾临时用地、采矿用地方式改革试点临时用地四大类。其中工程项目建设施工临时用地项下又细分为交通、水利、能源、管线、采矿（指除采矿用地方式改革试点之外的采矿项目）临时用地等 5 个子项，在政策层面进一步明确了采矿用地可以采用临时用地方式。

综上可见，采矿临时用地制度无论是在国家法律层面还是部门政策层面都已获得广泛的认可与支持，并在实践中取得较大的成功，而临时用地在私法层面属于土地"租赁制"，这表明我国完全可以通过"租赁制"来创新采矿用地取得方式，使其成为我国今后短期采矿用地取得的重要模式。

（二）通过临时用地制度实现土地"租赁制"的优势

1. 采矿临时用地制度属于一种意定与强制相结合的用地方式，能够有效保障采矿用地的合理需求。

根据广西平果铝采矿用地试点经验，临时用地是一种由政府主导下的意定与强制相结合的用地程序。如果矿业开采需要使用农民集体土地的，由矿业企业根据矿区规划和分期实施规划制订年度采矿用地计划和复垦规划，报省级国土资源管理部门批准并报国土资源部备案后实施。如果采矿临时用地申请被批准，地方政府必须在矿区范围内进行"两公告，一登记"程序，保障农民享有充分的知情权。同时，临时用地需对土地占用期间农民的损失进行补偿，而补偿标准参照征地补偿标准，在当地市县人民政府的统一组织协调下，由采矿企业与农村集体经济组织或土地承包经营权人按照平等协商的原则签订补偿合同（协议），按照合同（协议）约定进行补偿。因此，采矿临时用地尽管要求与农民平等协商，签订用地协议，但是，采矿临时用地本质上是一种类似于土地征收的强制用地程序。在目前的用地实践看，无论是采矿临时用地的决定，还是临时用地的补偿标准都由政府单方面决定，农民实际并不享有最终的决定权。但是，根据目前采矿用地实践，由于临时用地参照土地征收标准补偿，补偿标准一般都比较高①，同时，矿业用地使用完毕后，采矿企业还必须根据复垦规划进行工程复垦。而根据广西平果铝矿业用地复垦实践，工程复垦后交还给农民的土地"较原来的土地更加平整，防排水系统也更为完善"②。从而在根本上解决了民生和耕地保护的难题。总之，由于采矿临时用地通过行政权力推行土地租赁制，从而克服了土地租赁市场的不完全竞争性的弊端，能够在兼顾农民集体利益基础上，实现了采矿用地的有效需求。因此，采矿临时用地是一种效率较优的制度选择，代表了我国今后短期采矿用地取得模式发展的方向。

2. 采矿临时用地采纳"采矿—用地—复垦"一体化设计模式，有助于土地复垦目标的实现。

原有的采矿供地模式把矿业用地周期分割成互不关联的用地取得、用地复垦与用地退出若干阶段，制度设计偏重于保障矿业企业获得矿业用地，而忽视了土地资源的循环利用以及土地权利人的物权保护等价值目标的实现，导致用地实践中的矿业生产与土地利用的矛盾激化，最终矿业用地也难以得到保障。试点地区采矿临时用地的矿业企业根据矿区

---

① 广西按照土地年产值的 17 倍进行补偿，其中 10 倍是土地补偿金，7 倍是生物复垦补偿金。

② 瞿向东：《破解采矿用地难题——平果铝采矿用地征改租新模式的成功实践》，《中国有色金属》2009 年第 5 期。

规划和分期实施规划编制年度用地计划和复垦规划，合理确定每期用地期限，[①] 报省、自治区政府批准[②]；采用"边开发、边复垦"的开采模式，对土地利用和土地复垦同步设计，同步实施，按照"剥离—排土—采矿—复垦"一体化的技术步骤，在地方政府的统一组织和严格监督下，实现还地于民的政策目标，从而在保障土地可持续利用的前提下，实现了矿业用地的有效需求。

3. 采矿临时用地兼顾了用地各方利益，实现了多方共赢的局面。

（1）从国家层面看，由于采矿临时用地不再占用新增建设用地指标，有利于缓解不断增加的矿业用地需求和法律严格保护耕地目标之间的冲突。同时，地方政府也可以腾出更多的建设用地指标用于其他的经济建设，从而有利于地方政府对土地利用的宏观调控。

（2）从矿业企业的层面看，采矿临时用地制度一方面有助于矿业企业减少矿业用地成本，同时，由于临时用地不改变土地用途和土地权属，可以绕开土地征收和农地转用审批，大大简化了矿业用地手续，从而提高了矿业企业的市场竞争力，更加有利于我国矿业经济可持续性发展。

（3）从农民集体层面看，采矿临时用地是在地方政府统一组织协调下进行的，参照土地征收标准，根据用地期限进行补偿，一般能够做到用地补偿足额到位，用地单位及时复垦归还土地，切实维护了农民集体的合法土地权益。同时，农民集体或者土地承包权人可以就土地利用方式、用地补偿标准等事项与矿业企业进行协商，充分保障了农民对土地利用的知情权、参与权。最为重要的是，由于临时用地后的土地产权关系和土地用途保持不变，农民不会失去赖以生存的土地生产资料，从而确保了农村经济的可持续性发展。

（4）从社会层面看，采矿临时用地制度解决了矿业征地导致的矿地矛盾、人地矛盾，促进了我国矿区的工农业可持续协调发展；解决了

---

① 李帅、白中科：《山西省露天采矿用地方式改革研究》，《中国土地科学》2013 年第 5 期。

② 在具体每期时间上，各省规定不太一致，如广西规定的是原则上完成采矿和土地复垦的实施周期不超过 5 年，其中每期采矿用地的使用期限不超过 2 年，超过 2 年的，依法重新办理临时用地手续；山西则规定露天采矿临时用地使用期限为 5 年，自批准之日起，在 5 年内完成采矿、复垦和还地。

因农民失地而需要政府安置的民生问题，维护了农村社会的和谐稳定；临时用地制度有助于缩短矿业企业用地周期，最大限度减少占地面积，促进了土地资源的循环利用，有助于节约集约用地和保护耕地法律目标的实现。

总之，临时用地制度兼顾了用地过程中的国家、企业和农民集体三者的利益，在一定程度上实现了经济、社会及生态效益的统一和共同提升，对于我国今后类似矿业用地的取得提供了良好的示范作用。

三　我国集体采矿租赁制度的具体设计

（一）我国集体采矿租赁制度的适用条件

根据我国《土地管理法》第 57 条的规定以及广西《采矿临时用地试点方案》对临时用地适用范围和条件的规定，我们可以推理出，我国今后集体采矿用地"租赁制"必须同时满足以下三个条件：第一，矿业开采类型上，矿业用地"租赁制"只适用于矿体埋藏较浅，适合露天开采的矿藏开采类型；第二，用地时间上，矿业用地"租赁制"只适用于用地时间较短的采矿用地。如广西《采矿临时用地试点方案》规定矿业临时用地原则上完成采矿和土地复垦的实施周期不得超过四年，其中采矿用地期为三年，复垦期限为一年。用地期限届满无法还地的，可以申请续展一次；第三，土地复垦的条件。矿业"租赁制"用地只适用于容易复垦，且复垦后能够恢复耕地或者土地原用途的采矿用地。

（二）我国集体采矿"租赁制"具体制度的完善

1. 优化采矿临时用地的协商与救济制度

我国现行采矿临时用地一方面要保障矿业用地的合理需求；另一方面也要兼顾原土地权人的合法权益。同时，采矿临时用地取得参照了土地征收取得程序，无论是采矿用地的决定还是用地审批，都仅仅体现政府部门的单方意志，土地权人没有实质话语权。尽管采矿临时用地制度规定用地补偿要与土地权人达成协议，但是对于如何达成协议，以及无法达成补偿协议怎么处置，现有制度并无相关规定。实践中的做法是用地补偿在政府部门统一组织下，由用地双方达成补偿协议，具体补偿标准由政府部门参照征收用地补偿标准，按照原农业用途的一定倍数进行补偿，因此，其本质上体现的还是行政权力的单方强制力，同时对土地权人的异议缺乏相应救济机制，尤其缺乏民事调整机制。今后，我国应完善临时用地的协商机制和救济机制，即在通过行政权力保障采矿用地合理需求的前提下，更多地采用民事手段调整土地利用关系，而非仅仅是行政强制手段。例如，我国可以借鉴台湾地区的矿业立法中的租赁制度。如果采矿权人需要租赁集体土地的，集体土地权人非有正当理由不得拒绝，即通过立法明确规定采矿用地租赁权的一般优先地位。采矿用地租赁需要与集体土地权人达成用地协议，明确补偿标准和支付方式，如果双方达不成协议或者土地权人不予协商的，则由土地管理部门进行裁决，对于裁决不服的，双方均可提起民事诉讼。在此，一方面，立法明确了采矿用地租赁权的法律属性（法定地役权）和优先地位；另一方面，土地利用和补偿内容由当事人进行协商并通过民事司法途径救济，将临时用地纳入到民事法律规范当中，淡化、弱化临时用地行政取得的刚性属性，从而更好地兼顾了采矿用地双方利益的平衡。

2. 采矿用地复垦不达标的处理机制

目前，根据我国现有土地复垦技术条件，我国采矿用地试点地区的土地复垦率一般为70%，而根据《采矿用地方式改革试点方案》要求，对于土地复垦不足的部分，必须办理土地征收和农地转用的手续。但是，根据笔者对广西平果县采矿用地调研，目前，对于土地复垦不足的实践操作是既没有相应的处理程序，也没有相应的农地转用指标。因为从往年广西平果铝用地实践看，每年平果铝新增矿业开发用地大致为3000亩，如果要对30%的土地复垦不足部分办理征收和转用手续，将需新增建设用地指标1000亩，而国家每年划拨给平果县建设用地指标不足1000亩，因此，由于缺乏相应的建设用地指标，导致了对土地复垦不足部分的土地征收和农地转用规定流于形式。

因此，笔者建议，今后我国采矿临时用地对于土地复垦不足部分的处理办法不再需要办理土地征收和农地转用程序，而是仅仅办理占地平衡手续即可。其理由如下：就土地征收程序而言，土地征收制度的价值目标在于确保国家对于新增建设用地来源的控制，如果农地转为建设用地，首先必须转变土地的集体性质后，才能进行用途转变。而根据中央十八届三中全会的精神，我国今后将允许集体土地直接流转，打破了国家垄断建设用地的局面，土地征收在国家土地用途管制中地位将逐步弱化，再对土地复垦不足部分进行征收不再具有意义。而就农地转用程序而言，所谓农地转用，是指国家把土地的规划用途区分为建设用地、农用地和未利用地，如果土地利用人把农用地转化为建设用地，则必须取得土地行政管理部门的用地审批，而政府部门的农地转用审批的依据就是农地转用指标。对农地转用控制并非我国独有制度，而是目前世界各国普遍采用的一种制度。在西方土地资源相对丰富的国家，农地转用控制的目标主要是环境保护，而在我国以及一些土地资源相对匮乏的国家，强化农地转用控制则主要基于耕地保护目标考量。[①] 但是，正如前文所述，在我国目前土地管理制度框架中，对于采矿复垦不足部分的农地转用，目前既缺乏相应的转化程序，也缺乏相应的用地转化指标，如果严格按照现有方案进行操作，不仅会使现行制度规定流于形式，而且国家用途管制的权威性也会受到损害。在此情况下，笔者建议，对于土地复垦不足部分，只需要求采矿用地人履行土地占补平衡义务，由其开垦新的耕地作为占地补偿，或者交纳相应的土地复垦费用或者耕地开垦费，再由地方政府委托具有技术条件的社会主体开垦新的耕地，这样，国家的耕地保护目标并不会受到实质损害，同时也使现有制度更具可操作性。

第二节　集体采矿用地地役权制度

一　矿业地役权的概念

一般认为，地役权"是指以他人土地供自己土地的方便和利益之用的权利"[②]，其本质是"以提高土地利用效益为目的而利用他人土地的一种权利安排"[③]。作为人类历史上最古老的用益物权形式，地役权在调节人类土地利用关系上发挥了特殊的作用。随着社会经济的发展以及

---

　　① 李茂：《美国、加拿大等发达国家土地用途管制制度及其对我国的启示》，《国土资源情报》2003 年第 10 期。

　　② 梁慧星、陈华彬：《物权法（第四版）》，法律出版社 2007 年版，第 285 页。

　　③ 耿卓：《我国地役权现代发展的体系解读》，《中国法学》2013 年第 3 期。

人们对土地资源利用程度不断加深，人们之间土地资源利用关系逐步紧张，地役权的适用范围不断得到扩展，除传统范围外，世界各国还将其扩展到电力、管道、公路交通等的役权化处理方面。在此社会背景下，矿业地役权也应运而生。矿业地役权作为一种典型的空间地役权，是专为矿业权人矿业开发提供便利的地役权。① 其中矿业用地企业为需役地主体，而提供土地利用方为供役地主体。现有研究表明，由于地役权的局部供地方式与矿业用地特点相互契合性，构建现代矿业地役权制度，可以为我国矿业用地获取拓展途径、提高矿业土地利用效率、方便矿山企业退出市场等，是矿业开发使用土地颇具效率的制度安排。②

二　矿业地役权的制度必要性

(一) 有助于克服土地相邻制度的局限性

我国《物权法》规定了不动产相邻制度，此外，《矿产资源法实施细则》也规定了若干矿业相邻关系。这些法律规范为矿业权人利用相邻土地提供了合法的依据。相邻关系由法律直接做出规定，减少了当事人间就土地利用进行协商的交易成本，间接提高了土地利用的效率。但是，矿业用地关系不同于普通的土地相邻关系，其既有平面之间的相邻，如矿地通行；也有上下层面之间的相邻，如开凿矿井通风口。同时，矿业用地不仅仅会对相邻土地进行利用，而且对于物理上不相毗邻的土地也有利用需求，如矿业企业利用他人的土地安装管道、架设电线、运输废土废渣等，因此，其早已脱离了传统相邻权制度调整的范围。再者，矿业用地是一种商业化用地，这种土地利用不仅仅是对相邻不动产的一般限制，而是会对其附加一定的负担，对其财产利益造成较大损失，超出了相邻权最低限度调节的制度目标。根据民事相邻权理论，相邻权一般仅仅为生活便利的需要而使用土地，而对于以赢利为目标的经济建设用地不适用。因此，通过地役权合同来取得矿业用地使用权，并给予供役地主体相应的补偿，其不仅使矿业用地获得了正当的权源，而且更加符合公平合理的市场经济法则。

---

① 康纪田：《矿业地役权合同理论及其适用》，《天津法学》2015 年第 1 期。
② 同上。

（二）有助于克服土地征收制度的缺陷

土地征收制度是我国目前矿业用地的主流方式，是一种通过转移土地所有权的方式来实现公益用地的制度安排，因其剥夺了被征收土地方的"讨价还价"市场权利，并为其提供一套标准化的补偿方案，因此，其大大减少公益性用地取得的交易费用，不失为一种有效率的制度安排。但是，随着我国矿业权主体多元化改革，土地征收制度逐步显示出与社会不相适应性。因为将土地征收后再用于矿业开发，一方面其难以克服目前"法律禁止为商业目的而征收集体土地"的制度困境；另一方面受制于土地利用规划和用地指标的限制，矿业用地难以获得地方政府的用地审批，实践中经常会出现矿业权人有矿权而无地权的现实尴尬。

地役权作为一种非权属转移的用地方式，其用地特征就是非独占性用地。地役权的设立和行使一方面不会改变土地的原用途，因此，矿业权人可以绕开程序烦琐的用途管制限制。另一方面矿业权人行使地役权也不会影响原土地权人对土地的继续性利用，从而也有助于土地资源的节约和集约利用。矿业用地实践中，采矿用地是个具有复杂结构的多种用地类型的集合，根据不同的用地功能，采矿用地一般可以被区分为若干个矿业区，其中的附属工程（设施）用地并不需要独占土地的使用，如堆放废土废渣，埋设地下管线、架设地上线路、运输矿物材料和矿产品、开凿通风井口等。这些典型的采矿附属工程用地的共同特点都是非独占性用地。如果按照传统的征收的方式进行用地，一方面会大大提高矿业企业的获取土地的成本；另一方面受制于土地用途管制和复杂的土地征转程序，也难以获取采矿用地行政审批。同时，由于我国目前采矿用地缺乏有效的退出机制，采矿用地使用完毕后，将会导致大量土地滞留在矿业企业手中，也不利于土地的节约利用。

三　矿业地役权的制度优势

（一）有助于提高土地利用的公平与效率

从法经济学角度，矿业地役权是矿业权人与供役地人之间通过缔结物权契约的方式进行用地，而一旦契约达成即表明需役地人支付的成本要小于其不动产利用增加的价值，供役地人获得的地役权报酬大于其不动产贬损的价值，双方利益实现了最大化，从而达到双方利益的平衡。罗马古谚云：对心甘情愿者不存在不公平。从一定角度言，法律公正与否，即取决于利益是否平衡。而从整体社会角度而言，"这种利用或排除利用对需役土地创造的价值，会高于供役土地减少的价值，除非交易制造了相当高的外部成本，这将提升土地资源的整体利用效率"。①

（二）有助于降低土地交易成本

交易成本是衡量制度优劣的重要评价标志之一。② 根据法经济学理论，市场经济条件下，法律的一个重要作用就是降低市场交易的成本，促进市场交易的达成，从而促进市场机制资源配置作用的发挥。在土地相邻利用关系中，由于土地利用相邻关系的复杂性、不可预测性，法律无法对人们土地利用关系做出精确安排，以致当事人间权利义务关系会出现模糊地带，这必将增加交易双方的缔约成本，从而妨碍交易的顺利达成。相反，通过矿业地役权的方式进行用地，就可以弥补民法相邻制度的不足。其一方面借助了物权的对世性特征，避免了债权相对性导致的权利关系不稳定；另一方面通过当事人间就彼此的矿业役权关系进行充分的协商，明确彼此权利义务之间的疆界，有助于缓和相邻关系物权法定性所导致的关系僵化。

（三）有助于增强采矿用地法律关系的稳定和可预期性

矿业地役权与目前流行的矿地租赁相比较，二者权利来源都是用地双方的用地协议，都是双方自由意志的结果，都是一种效率较高的用地模式。但是，相较于土地租赁的债权属性，矿业地役权属于物权范畴，具有债权所不具备的对世效力和排他属性，另外其权利关系也更为稳定，可以增强用地双方的可预期性，更好地保障采矿权的有效行使。尤其值得注意的是，由于采矿用地租赁权是建立在双方合同基础之上，由于合同的相对性限制，当采矿权转让时，采矿用地使用权并不能自由转让，而是要取得原土地权人的同意。与此相对应，如果采用地役权模式供地，则由于地役权属于物权范畴，并且具有附从性属性，当采矿权转让时，采矿用地使用权自动发生转让，从而有利于我国当前矿业权市场化改革的推进。

---

① 苏永钦：《走入新世纪的私法自治》，中国政法大学出版社 2002 年版，第 250 页。
② 汪军民：《土地权利配置论》，中国社会科学出版社 2008 年版，第 209 页。

四 矿业地役权的可行性

把地役权制度引入矿业用地关系，其制度障碍在于地役权的附属性。根据传统地役权理论，地役权只能为了需役地的利益才能设立，而不能为了特定人的利益设立。地役权附属于需役地，是需役地权利效力的扩展，并随着需役地的转移而转移、需役地的消灭而消灭。如果严守地役权只能为了特定土地的利益才能设立的话，矿业地役权似无存在的可能性。然而，地役权作为一种与时俱进的促进物的利用的权利安排，随着几千年的发展演变，其权利类型早已脱离了原有的制度藩篱。如法国《矿业法》第21条的规定：经地表主人同意，探矿人、采矿人可以在他人地表上钻探、开挖矿井、安装机器建筑仓库等，这些权利属"占有和通过土地的地役权"。[1] 再如美国的取益地役权制度，其设立也不受特定需役地的存在为条件，矿业权人可以在供役地上进行采矿、取土、通过等多种方式利用。[2] 1993年匈牙利《采矿法》第38条也有相似的立法规定："土地权利人对于矿山企业以合适的方式对矿区土地的观察与测量、在土地之上或之下修筑管与道应付容忍义务。"[3] 即从适用范围看，地役权的适用范围除了传统领域外，世界各国还将其扩及电力、管道、通信线路铺设权等的役权化处理。[4] 从功能目标看，地役权不仅可以为了特定土地的利益设立；也可以为了特定人的利益进行设立，如人役权；还可以为了公共利益目标进行设立，如公共地役权。2007年我国《物权法》首次规定了地役权和空间权制度。该法第156条规定："地役权人有权按照合同约定，利用他人的不动产，以提高自己的不动产的效益。"同时，由于我国《物权法》并没有明确限制地役权人设定地役权的目的和范围，双方可以基于意思自治原则进行订立。这被我国理论界解读成这为我国矿业地役权的设立提供了制度的支撑。[5]

---

① 袁华江：《采矿用地之契约式供给——以采矿通行权的分析为视角》，《海峡法学》2012年第3期。

② Green and Henderson, *Land Law*. London Sweet& Maxwell 1988. 124.

③ 康纪田、黄永香：《矿业用地的临时性向常规性过渡》，《内蒙古社会科学》2014年第6期。

④ 耿卓：《我国地役权现代发展的体系解读》，《中国法学》2013年第3期。

⑤ 康纪田：《矿业地役权合同理论及其适用》，《天津法学》2015年第1期。

　　退一步言之，即使要我们须坚守传统地役权理念和逻辑，地役权只能为特定土地的利益才能设立。根据我国《物权法》第 136 条规定，我国建设用地使用权采用分层立体设立规则，认可了地下空间使用权。一般建设用地使用权以土地地表为标的，而地下空间使用权以地表以下一定空间为标的。同时由于矿业权作为我国法定的不动产物权，其客体为地下矿产资源和矿区地下空间，[①] 其权利效力[②]集于地中一定区域。因此，矿业权人在获得矿业权的同时，即自动获取了地下空间使用权，即"矿业地下空间使用权"，其范围包括矿产赋存体、巷道工作区以及设备安装空间等形成主体矿区，与地表使用权相互毗邻，并列存在。[③] 同时，根据建设用地分层设立理论，各区分建设用地使用权在设立和行使时，不得损坏在先的建设用地使用权，但是，权利人可以就彼此间的空间利用关系缔结契约，即"空间役权契约"，划定彼此之间的权利义务范围。矿业地役权作为一种特殊的空间地役权关系，地役权人间既可以就土地的平面利用关系进行约定，也可以就立体空间的利用范围彼此协商。如矿业企业为了开采地下矿产资源，需利用他人土地地表开凿通气井口，就是立体空间的地役权关系。在这个矿业地役权关系中，矿业权人所占据的地下空间为需役地，他人的土地地表为供役地。基于以上分析，矿业地役权在我国目前法律中的适用不存在任何的制度障碍。

　　综上所述，矿业用地与土地征收、矿业相邻权、矿地租赁等方式相比较，其具有稳定的权利预期、较强的法律效力、较低的用地成本等制度优势。同时，矿业地役权因与矿业用地特点相互匹配，法理上不存在逻辑障碍，所以在一定程度上讲，矿业地役权不失为我国今后矿业用地取得方式创新重要方向之一，为采矿权人实现采矿权提供了一条便捷的通道。[④]

五　矿业地役权制度设计

(一) 矿业地役权的适用范围：局部性用地

　　如上所述，地役权天然具有与矿业用地特征相互契合的法律属性。

---

① 崔建远：《土地上的权利群研究》，法律出版社 2004 年版，第 198—199 页。
② 其权利包括对矿产资源的支配权也包括对包裹矿产资源土壤的支配权，因此，其权利行使的范围应该是地中的一个空间。
③ 康纪田：《现代矿业地役权制度探析》，《北方法学》2016 年第 3 期。
④ 张鹤：《采矿用地使用权的取得》，《昆明理工大学学报》(社科版) 2009 年第 11 期。

如果矿业权人的矿业用地是非整体性用地，仅仅占用土地的部分区域，那么可以采用地役权模式。根据矿业用地的不同功能，矿业用地可以分成工业广场用地、采矿区用地和附属工程（设施）用地①。其中的工业广场和采矿区用地从物理角度而言，都属于整体性用地类型，如果通过地役权合同用地，其不可避免导致原土地用途的改变，也会导致原土地权利人无法用地，因此，其用地特征不适合于地役权方式。而对于附属工程用地，如开设通风井口、埋设地下管道和架设地上线路等，由于附属工程用地不需要独占土地全部区域，也不会改变原土地的用途和使用价值。采用矿业地役权方式不仅可以减少烦琐的用地行政程序，而且由于地役权合同是缔约双方真实意愿的法律表达，符合双方利益的最大化，其执行成本也会大大降低，从而实现土地资源配置的最大效益。

（二）矿业地役权的类型

由于我国建设用地使用权采用分层设立规则，根据供役地与需役地所处空间位置不同，矿业地役权一般可以区分为两种基本类型。第一种是上下类型的矿业地役权。在这种类型中，矿业地役权的需役地为地下空间，而供役地为地表土地或者地表以上空间。实践中典型的如地下矿产资源的采掘，一般要从地面开设出入口和通风口，从而涉及地表土地的利用。矿产资源大多深埋于地下一定空间，矿业权的客体为地下矿产资源和地下一定空间，但是其权利范围不包括地表土地使用权和地表上空，根据我国现有的《矿产资源法》规定，矿业企业依法取得矿业权后，还需要再依法取得地表土地的使用权，因此，无论是勘探还是开采该地下资源，矿业权人都将处理好与地表土地使用权的关系。上下类型的矿业地役权另一种情形是地下与空中关系的地役权关系。矿产资源开发除了会利用地表土地外，有时候要利用地表以上的空间，如架设空中管线、向空中排放废气，其中前者为空间实体占用关系，其必然会使土地权利人对其地表上空的利用受到限制，所以应该通过契约关系，明确空间利用方式和补偿的数额等内容；而后者涉及空间环境权关系，由于环境权目前并不属于民事权利序列，在此暂且不予讨论。第二种矿业地

---

① 矿业广场用地包括厂房设施用地、生活设施用地；矿业工区用地包括探矿或开采的工作区域用地、选矿或炼矿的工作区域用地、尾矿库区域用地；矿业附属工程用地包括通风口用地、排土或排水用地、道路与管线铺设用地等。

役权为平面地役权关系。其又可以细分为地表平面地役权关系和地下平面地役权关系。前者如矿业工业广场用地，其可能会因为安装管道、通水、取土、运输矿业材料等目的而利用他人土地地表等，如果工业广场与他人土地不具有物理上的毗邻性，则只能通过矿业地役权合同的方式进行用地；而后者为处理地表以下矿业用地空间的物权利用的制度安排。由于矿产资源地下赋存状况的复杂性，有时候需要经过相邻矿区地下空间才能顺利开采出自己的矿产资源，在此情形下，也须通过与其他矿业权人进行平等协商，签订地役权合同。

（三）矿业地役权的法权结构

1. 矿业地役权的主体

对于矿业地役权的需役地主体，目前理论界基本不存在争议。矿业权人为矿业开发的不动产利益而利用他人土地，恒为需役地人。但是，在我国目前土地制度框架下，矿业地役权的供役地主体存在一定争议，需要具体情况具体讨论。根据《物权法》第 159 条规定："供役地权利人应当按照合同约定，允许地役权人利用其土地，不得妨害地役权人行使权利。"从理论上说，供役地地表权利人即为供役地主体。然而，由于我国目前土地权利利用关系复杂性。如果是矿业用地属于国有土地，土地权利人包括了所有权主体和利用权主体，所有权人和利用权人是当然的地役权主体；但是，如果矿业开发发生在集体土地上，则其供役地关系比较复杂。根据目前中央正在推行的"三权分离"土地政策，农村集体土地上负载着土地所有权主体、土地承包权主体和土地经营权主体。根据地役权理论，地役权属于他物权性质，因此，土地的所有权主体属于当然的地役权设立主体。而根据我国《物权法》第 163 条规定："土地上已设立土地承包经营权、建设用地使用权、宅基地使用权等权利的，未经用益物权人同意，土地所有权人不得设立地役权"。集体所有权人作为地役权主体资格受到他物权的限制。目前理论界通说认为，根据《物权法》第 163 条以及第 161 条对地役权"不得超过土地承包经营权剩余期限"的规定，我国集体土地上的用益权人实际上已成为我国地役权的真正主体。这种规定已突破了大陆法系供役地主体仅仅为土地所有人的制度藩篱，是我国在土地公有制国情上对土地产权制度的一种创新。至于土地经营权主体的地役权主体地位，根据民法利益相关理论，土地经营权人实际占用支配土地，并享有土地的使用和收益权，而地役权作为土地的一种重要收益方式，土地经营权人理应可以享有地役权主体地位。因此，在我国土地承包经营权继续分离出土地经营权之后，土地经营权主体可以成为我国矿业地役权设立主体。

2. 矿业地役权客体

所谓矿业地役权客体，就是矿业地役权所针对的对象，即供役地的具体位置和范围。传统地役权客体仅仅为供役地的土地地表。但是，随着我国《物权法》第136条确立了建设用地使用权分层设立规则："建设用地使用权可以在土地的地表、地上或地下分别设立"①，即土地地表上下一定的空间也可以成立建设用地使用权，其中地下一定区域的物理空间可以作为地下空间建设用地使用权客体，而地表以上一定区域的物理空间作为地上空间建设用地使用权客体。同理，地役权客体也被扩大化了，除了土地的地表可以继续作为供役地以外，地表以上及地表以下的空间同样可以作为供役地。② 这种以地表一定空间为客体的地役权，目前理论界称之为"空间地役权"。矿业用地利用形式和传统建设用地不同，体现其自身一定的用地特殊性，大多矿业地役权用地不仅涉及平面土地利用，也会涉及立体化用地，如架设管线、开设通风井口、勘探钻井无不属于这种用地类型，因此，矿业地役权属于典型的空间地役权。但是，由于我国目前法律中没有空间地役权法律地位，相关法律的规定也较为疏漏和简单，导致实践中用地关系出现无序状态，因此，矿业地役权合同必须对矿业地役权客体加以明确地规定，从而为当事人行为提供准确的指引。

3. 矿业地役权的内容

根据物权法第157条规定，地役权合同包括下列条款：……（三）利用目的和方法；（四）利用期限……由此可见，矿业地役权的内容主要是由地役权当事人根据意思自治原则通过契约的方式加以规定。而一般关涉矿业权人主要利益的内容无非就是地役权的利用方式和利用期限。就矿业地役权的利用方式而言，当事人可以互相就矿业用地

---

① 这被理论界解读为是我国设立土地空间权的法律依据，尽管我国没有采用土地空间权的法律名称。参见付坚强《土地空间权制度研究》，东南大学出版社2014年版，第160页。

② 康纪田：《矿业地役权合同理论及其适用》，《天津法学》2015年第1期。

方式充分协商，以有利于矿业开采目的方式进行利用，法律一般不加以干预。但是根据合同自由不得损害合同正义的民法原理，当事人地役权合同不得规避国家土地用途管制政策，不得破坏土地的原用途，不得以损坏第三人利益的方式对土地进行利用。

矿业权的用地期限，一般也由合同当事人自行约定，但是，根据《物权法》第 161 条规定："地役权的期限由当事人约定，但不得超过土地承包经营权的剩余期限。" 鉴于很多矿业附属设施用地都是长久性用地，如天然气管道的埋设。如果以土地承包期限对其加以约束，则不利于矿业地役权的稳定和可持续。随着我国土地承包经营权永佃化的发展趋势，建议相关规定：矿业地役权期限由当事人进行约定，从而保障矿业用地的稳定供应。

（四）矿业地役权的设立与行使

根据前述矿业用地取得模式的具体路径，基于用地效率原则的考量，首先要由用地双方基于彼此实际需求，对矿业地役权的内容平等协商，缔结用地协议。如果双方能够达成用地协议的，根据经济学原理，即表示用地双方实现了利益的最大化，从社会角度考虑，也实现了资源配置的帕累托效率。但是，由于矿业用地的先定性和不可变更性，矿业地役权市场并非完全竞争市场，矿业地役权协议往往难以达成，即使能够达成，也难以实现"不使一方利益受损的前提下，使另一方利益得到增加"的帕累托改进状态。在此情况下，为保障弱势的采矿权人一方利益，如果土地权人要价太高，或者拒绝缔结地役权协议的，采矿权人可以申请法定地役权用地模式，即取得土地部门和规划部门的用地许可。政府部门授予地役权必须召开听证会。政府部门要根据矿业开发类型、开采方式、原土地利用状况，对用地双方利益进行具体衡量，综合判断是否授予矿业法定地役权。如果政府部门给予采矿权人用地许可，则法定地役权成立，视为是"土地所有人或者用益权人同意在必要范围内（由法律法规和相关技术标准确定）设立地役权"[①]，此时，再由采矿权人与土地权人就用地补偿进行协商，如果补偿协商失败，则提交中立的第三方进行裁决，不愿裁决的也可以直接提交法院进行裁判。而对于法

---

① 王明远：《天然气开发与土地利用法律权利的冲突和协调》，《清华法学》2010 年第 1 期。

定地役权设立持有异议的，可以向法院提起行政诉讼，由法院行使司法审查权。

小　结

由于我国当前采用单一的公法制度来满足矿业用地需求，其中最典型的就是土地征收和临时用地制度，其制度目标主要是满足矿业经济的用地需求，而较少顾及对原土地权利人利益的保护。在这种法律调整模式下，实践中出现很多制度的不适应性，既难以满足现有的矿业用地需求，也不能很好地维护农民集体合法权益。矿业地役权作为一种土地资源再配置的法律工具，其通过地役权物权契约方式，兼顾了矿业企业土地利用和土地权利人经济利益的双重满足，同时矿业地役权属于局部性用地，矿业权的设立和行使不影响原土地功能的发挥，有利于土地资源的集约综合利用，因而具有较好的社会功效，理应成为我国将来矿业用地取得的重要方式。但是，由于我国目前《土地管理法》以及《矿产资源法》都没有关于矿业用地的法律规定，更没有对矿业地役权做出相应的制度安排，因此，亟待加强矿业地役权相关立法研究。我国今后立法应逐步完善矿业地役权的主体条件、适用范围、适用程序以及补偿标准等规范内容，从而更有效地发挥其制度功能。

第三节　集体采矿用地股份合作制度

一　集体采矿用地股份合作制的立法依据

采矿用地股份合作制是土地股份合作制的亚类型[①]，是指矿业权人和土地权利人约定，将土地权人所拥有的土地使用权作价折合成一定的股份，并按其股份比例享有收益承担风险，而矿产企业获取该土地利用权力的用地类型。历史上，我国有采用土地股份合作开发矿业的立法先例。1907《大清矿务章程》中，我国就规定了股份合作、政府收购及

---

① 我国当前"土地股份合作社"的使用存在泛化的现象——大多数在土地承包经营权入股意义上使用，少数在集体土地所有权折股量化意义上使用。这两类土地股份合作社在入股客体、股权配置、利益分配方式等方面存在明显差异。

土地租赁并列为矿业用地取得方式，而其中股份合作又为土地利用之首选。① 1949 年以后，我国《土地管理法》第 60 条明确规定了农村集体经济组织可以在乡镇土地利用总体规划确定的建设用地内以入股和联营的方式与其他单位、个人共同举办企业。2007 年我国颁布了《农民专业合作社法》明确了包括土地股份合作社在内的专业合作社的法律地位和法律属性。2011 年的《土地管理法实施条例》第 29 条把国有土地使用权作价出资或入股确立为我国国有土地有偿利用方式之一。近年来，我国不断探索农村土地直接进入建设用地市场的途径和方式。党的十七届三中全会提出了"在土地利用规划确定的城镇建设用地范围外，经批准占用农村集体土地建设非公益性项目，允许农民依法通过多种方式参与开发经营并保障农民合法权益"。"按照依法自愿有偿原则，允许农民以转包、出租、互换、转让、股份合作等形式流转土地承包经营权"。这次会议不仅提出允许农民集体以土地直接参与非农项目建设，而且首次将股份合作列为农地流转方式。2013 年中央一号文件更是直接提出"鼓励和支持承包土地向农民合作社流转"的政策措施，这些都为我国矿业用地采用股份合作制提供了政策依据和导向。农民以土地使用权入股的方式参与矿业开发对于提高农民经济收入，转移农村剩余劳动力，进而加速推进我国城乡一体化进程②都具有重要的现实意义。

二　集体采矿用地股份合作制的制度优势

1949 年以后我国先后历经互助组、初级社和高级社等土地入股合作发展阶段。近年来，我国又在不断探索包括农地入股或者入合作社的农地流转新方式，在其历史变迁中，土地入股之所以一直受到青睐，必然有其存在的合理性，以及相较于土地转让、转包和出租更加凸显的制度优势。

（一）有助于减少交易成本

无论是土地转让、转包还是租赁等方式利用土地，矿业权人和土地权利人都将承担缔约、执行和监督等费用，产生较高的交易成本，而交

---

① 参见《大清矿务章程》第 14—18 款。

② 参见 2009 年重庆市农业委员会和重庆市工商局联合发布的《关于以农村土地承包经营权入股发展农民专业合作社注册登记有关问题的通知》。

易成本的高企必然会降低土地资源的配置效率。在经济学上，降低交易成本可以通过明晰产权、完善市场机制来实现，也可以通过企业代替市场来进行，"企业存在的原因可以说是为了避免每天在市场里进行所有的交易"①，企业作为一种专业化的市场代替物，通过其精确计算的内部指令来取代市场主体之间的相互博弈，可以减少交易成本，提高经济运行效率。通过股份合作制利用矿业土地，并非是同质性土地成员间的合作关系，而是矿产资源与土地资源间的异质性功能互补型的产权联合，它能够发挥各自的资源禀赋优势，以实现资源配置效率的优化。②

矿业用地股份合作制根据内部产权结构可以区分为内部紧密型和内部松散型两种类型。前者是矿业权人以矿业权、资金和实物出资，土地权人以土地利用权出资，共同形成合作企业财产，双方共同经营、共担风险的企业组织形式；而后者是众多的土地使用权人以土地使用权共同投资，组建合作制企业，然后以合作企业的名义统一向矿业企业发包和租赁土地，从而有效发挥土地规模利用的效益。相对于第一种矿业土地合作方式，松散型合作制通过聚集土地后再统一和矿业企业缔结用地合同，相比于单个农户与矿业企业分别订立合同的方式，可以大大地节约交易成本，取得更高的比较经济效益。③

（二）有利于农民分享土地增值收益

一个不可否认的事实是，现行矿业用地政策是目前我国矿业用地困境的制度根源。目前农村矿业用地只有土地征收一条法定路径，而通过土地征收会使农民失去了赖以生存的土地，同时，由于补偿的不完全性，导致了农村矿业用地矛盾的激化。而通过农地股份合作的方式，农民可以直接分享土地用于采矿而产生的非农收益，从而提高其经济收益水平。同时，相对于土地租赁等其他非农化利用方式而言，土地合作制不仅使农民可以获取当期土地收益，而且可以分享土地未来增值的收益。目前，我国土地合作制一般采用"保底收入和浮动分红"利润分

---

① ［美］布罗姆利：《经济利益与经济制度》，陈郁等译，上海人民出版社 2006 年版，第156 页。

② 康纪田、黄永香：《农村矿业用地遴选股份合作的制度创新》，《学术论坛》2009 年第10 期。

③ 高海：《农地入股合作社的嬗变及其启示》，《华北电力大学学报》（社会科学版）2013 年第 2 期。

配模式。而实践中，土地入股的保底收益往往不低于当地土地租赁的固定租金①，另外，土地权人还可以参与分配合作制企业盈利分红，分享土地经营收益，因此，其比土地租赁等固定分配方式的土地转用途径利用方式而言，更加容易实现农民的增收目标，从而在一定程度上，也实现了政府农村社会发展的终极目标。

（三）有助于负外部性内部化

矿业开发通过其他方式利用土地会导致土地利用人与土地权利人的分离，而这种分离导致了土地利用人并不承担土地损害的后果，其后果往往由土地权利人最终来承担。在这种土地利用模式下，土地利用人必然会从理性原则出发，过度利用土地，从而导致土地资源的衰竭和环境的破坏。尽管我国可以通过其他的途径对土地利用人过度利用土地行为进行干预，如土地复垦保证金。但是，该政府管制模式对矿业企业而言属于一种外部压力，在我国目前土地复垦管制约束不严的情况下，土地保护状况并不容乐观。相反，矿业土地股份合作制是一种企业内部的约束机制，由于土地权利人同时也是企业的股东，是土地实际占有人和利用人，其可以通过企业决策权和剩余控制权，尽可能减少对土地过度利用，或者积极对土地损坏进行修复，从而保障土地资源的可持续利用目标的实现。

三　集体采矿用地股份合作社的法律地位和产权性质

农民以农地使用权入股矿业合作社②，该合作社是矿业权和土地使用权的产权合作，是我国当前土地股份合作社的一种亚类型③，是一种非典型性土地合作社组织，在性质上属于外来资本"参股型"土地股份合作社。典型性土地股份合作社是土地与土地的联合，是为了发挥土

---

① 以黑龙江克山县仁发现代农机专业合作社为例，2011 年，合作社改为土地承包经营权出资入股后，入社农民每亩的收益从上年租地的 240 元增长到 710 元，翻了近三倍。其中，入社农民的保底收入为每亩 350 元。参见周晓东《土地入股合作社有关问题探讨》，《农村经营管理》2012 年第 8 期。

② 其客体主要是土地承包经营权或其派生权利，当然也不排除集体经济组织以尚未发包到户的集体土地使用权入股。

③ 我国目前土地股份合作社的典型类型是"外租内股型"土地股份合作社，农户以土地承包经营权出资到合作社，然后以合作社的名义再统一对外租赁土地，在此合作社只发挥流转中介作用，不直接从事土地经营活动。

地的规模效应而进行的产权联合，而矿业用地股份合作社是矿产资源和土地资源的异质性互补型合作，是为了发扬各种资源的不同禀赋而进行的产权联合。这种产权联合使"土地用途发生改变，从而建立起一种新的生产函数，把一种异质的生产要素与和谐的生产条件进行组合后再引入矿业开发"①，从而使土地利用效用得以增加，资源配置效率出现帕累托改进。

根据我国当前地方立法②和用地实践，农户用以土地承包经营权出资合作社并不需要办理产权转移登记手续，农户并不丧失土地承包经营权。其理论依据是由于我国现阶段农地还承担着特殊的农村社会保障功能，因此，农户用来出资矿业合作企业的土地使用权仅仅是经营权，不能是具有身份保障功能的土地承包权。出资期间，土地承包权人仅仅丧失一定期限内的土地的占用、使用和收益权，而并不导致物权属性的土地承包经营权的转移，因此，其属于一种债权性出资。随着我国农村土地承包经营权"三权分离"政策的推进，矿业用地入股合作社的债权性出资进一步获得中央政策层面的支持。因此，从企业产权结构而言，矿业用地股份合作企业具有一种复合型的产权结构，矿业资本方的货币、实物等出资以及土地权利人其他实物、技术出资形成了企业的法人财产权，而土地权人以土地使用权出资的企业产权，在法律上并不属于股份合作企业的法人财产权，其依然为个人财产权。

四　集体采矿用地股份合作制企业责任的承担

采用股份合作的方式设立矿山企业需要回答的一个理论问题是：作为出资的土地使用权能否用来承担企业的债务责任？对此，我国现有的法律并没有明确的答案。例如，矿产主以五十万的资金和设备出资，而土地使用权人以十年期的土地使用权折价为五十万，双方各占50%产权份额，如果企业运营五年后出现亏损破产，企业的资金和设备作为破产财产当无疑问，而剩余五年期的土地使用权能否成为责任财产？对此问

---

① 康纪田、黄永香：《农村矿业用地遴选股份合作的制度创新》，《学术论坛》2009年第10期。

② 江苏省和海南经济特区《农民专业合作社条例》中"农民可以以承包地（耕地）的经营权作为主要出资方式"与新疆维吾尔自治区《实施〈中华人民共和国农民专业合作社法〉办法》中"农民以土地承包经营权出资入社的，不丧失其土地承包经营权……"

题，我国目前法律并没有明确规定。从权利与义务相一致的法律精神出发，农户以十年期的土地使用权出资，如果其享有50%的企业利润分配权，也理应承担企业亏损份额的50%，否则有违权利与义务相一致原则，而其承担企业债务的责任财产就应是其出资企业的土地使用权。但是，正如前述，由于现阶段我国农村土地还承担着社会保障的功能，集体土地使用权是一种具有身份属性的成员权和财产权的统一，并非单纯意义上的财产权，不具有完全的市场流通性。如果用集体土地使用权承担企业的债务，则与土地使用权的身份属性相冲突，导致土地的社会保障功能面临危机。因此，如何在遵循法律公平精神的基础上又不违背我国现有的法律规定，设计出我国矿业合作制企业的责任承担方式是当前立法的难题。在此，本书认为，我国可以引入国际合作社中的"土地使用权保证责任"① 的概念。所谓的"土地使用权保证责任"，是指土地权利人用来出资的土地使用权并不划入合作企业法人财产范畴，不用办理产权变更登记手续，土地使用权仅仅作为土地使用权人分享企业盈余和承担企业债务的核算依据，而非承担企业债务的责任财产。如果出现企业对外负债，土地权人在其土地使用权出资折价限度内，用其自己的其他财产对企业债务承担"有限"责任，此处的"有限"责任，是指以折价为限，超过该限度范围的则不予承担。目前，我国很多地方的土地股份合作试点也采纳了该责任方式，从而保障了企业债权人和土地权利人利益关系的平衡。

五 集体采矿用地股份合作制企业利益分配机制

从我国当前"参股型"土地合作社用地实践看，土地合作社利益分配一般采纳三种模式。第一种是固定分红模式，即通过用地协议或企业章程明确规定每年的土地利用报酬；第二种是固定收入加浮动分红相结

---

① 《瑞士债法典》第868条规定了社员的有限责任后"第869条和第870条分别规定：特许保险合作社以外的合作社，可以在章程中规定，合作社的财产不足以清偿债务时，其社员个人对此承担无限责任，或者社员有义务在社员费和认购资金之外的最高限额内对合作社承担责任"。参见《瑞士债法典》，吴兆祥等译，法律出版社2002年版，第257页。

合模式①，即规定每年土地分配报酬基础上，每增加一年则增加若干红利数额；第三种是固定分红与二次分配相结合模式，即规定除每年派发固定土地报酬外，合作社经营一个周期后，再根据合作社盈余状况进行二次分配。目前，我国大多地方采纳第二种利益分配办法。本书认为，之所以第二种模式具有普遍性和代表性，这与我国当前社会经济发展状况密切相关。目前我国农村社会发展水平还不太高，农地依然是农民的基本生活保障，通过土地使用权的固定报酬，可以保障农户基本的生活水平；而通过土地浮动分红可以让农户分享土地和矿产相结合的增值收益，从而提高其生活水平。同时，该分配机制也很好诠释出我国当前股份合作制中土地投资的法律属性。我国当前实践中的土地合作入股并非纯粹的股份制，而是一种土地出租和土地入股的杂糅体，兼具土地租赁和土地出资的双重属性。固定分红实际上是对合作社成员"惠顾"的代价，同于土地租赁制中的定额租约制，而浮动分红则属于合作社的"惠顾返还"②，同于股份制分配方式中的分成合约制。

　　另外，我国当前土地合作社利益分配体现了"资本报酬有限"的原则。"资本报酬有限"原则是国际合作社通行的基本原则，体现其"保护弱者"的伦理价值，有利于维护合作社企业的人合性。我国《农民专业合作社法》第37条有资本报酬"不得超过可分配盈余的40%"的限制性规定，同时我国地方合作社立法也有相似的立法限制③。然而，"资本报酬有限"作为合作社的传统原则，其较少地考虑"外来资本的参与、资本的证券化以及外部市场交易等问题"④，随着我国经济发展市场化水平的提高，经济发展必须吸纳大量的外来资本，固守传统的罗奇代尔"资本利益受限"原则，限制外来资本的报酬比例，必然不利于经济的扩大化生产。同时我国"资本报酬有限"制度不符合我国当

---

①　例如，海南经济特区《农民专业合作社条例》第27条第1款规定："农民专业合作社应当向以土地承包经营权作价入社的成员签发承包地经营权入股或者出资证明书并设定保底收益。"

②　高海：《农地入股合作社的组织属性与立法模式》，《南京农业大学学报》（社会科学版）2014年第1期。

③　《江苏省农民专业合作社条例》第27条规定："农地股份合作社应当将可分配盈余的60%以上，根据成员的承包地经营权出资额按比例返还给本社成员。"

④　温世扬：《土地承包经营权入股农民专业合作社法律问题探析》，《甘肃政法学院学报》2014年第3期。

前矿业用地股份制之实际。就矿业用地股份合作社而言，由于矿业资本方在企业生产中居于主导地位，对其资本利润分配数额进行过严限制，将不利于激励矿业资本通过股份合作制投资矿业经济，建议今后修改相关立法，通过立法授权企业章程根据矿业企业生产实践，灵活确定资本报酬比例，从而使企业分配机制更加符合我国当前矿业经济发展的需要。

六　集体采矿用地股份合作制企业内部治理机制

根据传统的合作社组织理论，合作社是一种非营利性的人合组织，本质是"以劳动者联合为基础的资本联合"①，奉行民主管理原则，因此，合作社内部治理机制一般采用"一人一票"的管理模式。然而，"一人一票"管理机制并不符合矿业股份合作制企业的实际。矿业股份合作制企业并非纯粹的合作型企业，是矿产资源与土地资源的异质性产权联合，其本质"以资源产权联合为基础的成员联合"②，体现了更多的资合性。而矿产资源方在矿业企业中占据绝对主导作用。矿业企业发展需依赖矿产资源方投入巨额的开发成本，借助其丰富的市场管理经验，因此，矿业企业内部治理机制必须保障矿产资源方市场风险和经营收入的匹配性。尽管采用"一人一票"制可以保障农户民主权利得到实现，但却使矿产资源方市场风险大大增加，如果企业预期经营风险超过预期收益，将无法对矿产资源方形成有效激励，不利于矿业企业的投资与开发。同时，在合作制企业内部，由于矿业主和农户在知识和能力禀赋方面存在较大的差异，"一人一票"制不利于企业管理水平和效率的提升。因此，矿业股份合作制内部的治理不能实行股份制企业的"一股一票"制，也不应采用纯粹合作制企业的"一人一票"制，而应兼收二者特长，采用"双重特征"表决机制，即股份合作制企业的股东会在选举企业董事会、监事会等企业管理人员时，采用"一人一票"的决策机制，从而维护合作制企业的人合性特征；而在对企业重大经营性事务进行决策时，如企业的经营方案、股权变动、组织变更、企业分

---

①　杨劲：《农村集体资产产权改革的探索与深化》，《现代乡镇》2008年第4期。

②　康纪田、黄永香：《农村矿业用地遴选股份合作的制度创新》，《学术论坛》2009年第10期。

红等，宜采用一股一票的方式，从而维护企业的经营效率。

七　集体采矿用地股份合作制的公法规制

矿业土地合作社以土地使用权入股，尽管农户所有的具有物权属性的土地使用权不发生转移，但是，根据我国现有法律的规定，土地使用权的用途由农业用途转为矿业非农用途，必须履行相应的公法管制程序，以防止经济建设对国家耕地保护目标的损害。本书认为，矿业权人和土地权利人通过契约的方式取得土地利用的权利，这属于意思自治的私法范畴，随着我国逐步放松农地直接入市的市场管制，国家没有干预的必要性。但由于土地、矿产资源承载着重要的社会功能，以及土地利用的负外部性，国家须对取得土地产权后的土地利用行为进行干预，以保障社会福利的增加和社会公平的实现。因此，矿业股份制企业在设立时，国家行政主管部门除了要进行矿业企业设立一般性审查项目外，重点要对股份合作企业的土地利用行为进行审查。其应包括矿业权人与土地权人利用土地是否签订入股合作协议；矿业用地是否符合土地利用规划和年度计划；土地转用途是否履行了相应的行政审批手续等。如果通过审查准予矿业开发的，主管部门应该与矿业企业签订"矿业开发管理行政合同"，通过行政合同方式进一步约束矿业企业土地利用的后续行为。

小　结

综上所述，采矿用地股份合作社是我国土地股份合作社的一种特殊类型，其具有复合型的企业产权结构，土地权利人以土地使用权投资入股的，并不形成企业的法人财产权，不能作为责任财产对外承担责任，仅仅作为分配盈余和承担责任的计算依据。但是，土地权人须在土地使用权投资额度内以其个人其他财产对合作社企业承担保证责任。由于矿业股份合作社是以产权联合为基础的成员联合，在企业内部治理结构中，须采用双重决策机制，对于人事变动安排宜采用"一人一票"制，而对于经营性事务的决策采用"一股一票"制，从而兼顾企业的决策效率和维护企业的人合性特征。在企业盈余分配中，一方面要发挥资本在企业中的主导作用；另一方面要兼顾现阶段农地所承担的社会保障功能的发挥，因此，在坚持"资本报酬有限"分配原则基础上，根据矿业生产企业生产经营的需要，授权企业章程灵活确定资本报酬比例，从而使企业分配机制更加符合我国当前矿业经济发展的实际。同时，由于矿业开发的公益属性和用地负外部性，国家在矿业企业设立过程中，应该对土地利用行为进行公法的规制，要不断优化公法管制的条件和程序，从而为矿业用地股份合作社提供长效发展机制。

土地入股合作社是我国当前中央所倡导的农村土地流转方式，其未来的发展方兴未艾，但是，由于我国土地股份合作制尚处于实践发展阶段，同时由于股份合作社发展的多元化、复杂化，目前的矿业用地股份合作社难以纳入《农民专业合作社法》现有的法律框架，今后矿业用地股份制改革既要以现有中央农村土地政策为导向，不断创新，勇于探索，待其制度特征相对成熟后，再对矿业股份合作社进行单独立法，明确其法律地位、组织结构、内部治理以及公法规制等法律问题，从而促进矿业股份合作社良性有序地发展。

第四节　集体采矿用地征收制度

一　采矿用地征收的适用范围

所谓的土地征收，是指国家基于公共利益的需要，根据法律的授权，通过行政权力强制取得私人土地财产权，并给予其一定补偿的法律行为。[①] 土地征收的实质是国家未经土地财产权人同意，强制购买其财产权的公法行为，是土地产权的再分配，土地产权人被剥夺了说"不"的权利，也被限制了讨价还价的能力。土地征收权属于国家主权的范畴，属于国家固有的、不可让渡的一项国家权力，是国家行使正常职能的必要条件。基于此，现代宪政法治国家中，土地征收一般受到公共利益、正当程序和公正补偿三个宪法条件的限制。

我国土地征收的宪法渊源可以追溯到 1954 年《中华人民共和国宪法》，该法第 13 条规定了国家基于公共利益的需要，可以对包括土地在

---

①　王静：《城镇化中土地制度改革的未来走向》，《甘肃行政学院学报》2013 年第 4 期。

内的生产资料实行征收或者征用，甚至国有化。① 而 1982 年《宪法》第 10 条对国家土地征收权进行了重申。2004 年《宪法修正案》不仅规定了国家征收权，而且第一次区分了土地征收和土地征用，并提出征收要给予补偿。② 法学理论上一般认为：土地征收是对土地所有权的强制取得；而土地征用是对土地使用权的强制利用。后来，我国《土地管理法》以部门法的形式，对土地征收的条件、程序等具体事项进行了规范。

　　就采矿用地而言，如果矿业开发的目的完全基于公共利益需要，毫无疑问可以通过征收途径获得采矿用地，如国家重点扶持的能源用地中的储备库用地。其立法理由在于：对于这部分矿业开发，其在经济学上属于纯公共物品。对于纯公共物品，市场没有提供的动力，而应该完全由国家免费提供。因此，国家对这部分土地供应不应以有偿方式供给，如果矿业开发发生在国有土地上，则通过国家土地划拨免费取得；如果矿业开采发生在集体土地上，则应通过征收途径取得用地。换言之，鉴于我国目前土地利用的法制框架，划拨用地仅仅是国有土地划拨，集体土地不具有划拨利用的实现机制，因此，只能通过先征收再划拨的方式取得集体用地。另外，从社会公平角度而言，由于纯公益用地属于纯公共物品，其受益对象具有非特定性，其成本理应由国家提供，国家可以通过税收最终由全社会承担，而不能由集体组织承担用地成本，否则有失负担公平分担的法律原则。因此，只能通过征收方式，先由国家征收取得土地使用权，再免费供应给公益性矿业开发。而对于集体组织，则由国家给予相应的征地补偿，从而实现收益与负担相一致的法律原则。因此，为保障国家有效提供公共物品，对纯公益性采矿用地应采用征收取得模式。

　　但是，对于经营性目的采矿用地是否可以通过征收取得？如果可以通过征收取得，其适用条件是什么？根据当前中央土地政策精神，今后我国只有纯公益性用地才能通过征收模式用地，对于经营性建设用地，要逐步退出土地征收市场，只能通过市场化的方式进行供地。在市场经

① 参见 1954 年《中华人民共和国宪法》第 13 条规定。
② 参见 2004 年《中华人民共和国宪法修正案》第 20 条规定。

济体制下，由于大部分的矿业开发通过市场化运作，矿业用地目的属于经营性用地，因此，对于这部分用地通过市场化途径已成为大势所趋。但是，我国在发挥市场化用地机制基础性作用的同时，也不应彻底否定土地征收对采矿用地的保障作用。其理由在于：采矿用地与一般建设用地相比，其具有先定性和不可替换性的自然属性，如果完全通过市场机制供地，将由于矿业用地市场的事实垄断性，而导致市场配置效率降低，甚至是无效率，矿业用地需求无法得到保障。因此，国家必须从物质资源有效配置的社会公共利益出发，对矿业土地利用秩序进行调节，不可避免要通过公法手段对原土地权人权利进行限制。其限制的手段要么是土地征收，要么是法定地役权。如果采矿用地属于长期性、规模化用地，或者矿业开发完毕后土地无法恢复原土地用途的，则应该采用征收的模式。在此，土地征收的理由并非是基于公共目的使用，而是基于物权利用协调的公共利益需要。

二 采矿用地征收的条件

土地征收需要以公共利益为条件，这是世界各国征收制度的立法通例。我国作为一个建设中的法治国家自然不能例外。我国 1949 年以后的历届宪法无不规定了土地征收和征用的公益目的条件。2004 年我国《宪法》修正案对公益目的进行了重申，并对土地征收和征用进行了区分，从而确立了我国土地征收立法的法治框架。现在的问题是，由于采矿用地领域的公共利益判断具有其特殊性，如何来认定采矿用地征收的公共利益标准？笔者认为，由于采矿用地征收的适用范围包括两种情况，其公益认定标准也应区分为两种情况。

第一种是对于纯公益性矿业用地，如石油储备库用地。该类用地不以营利为目的，完全是基于公共利益的需要，自然可以采用征收用地方式。其公益性认定标准同于机关、学校以及军事用地的公益性标准，即具有公共使用目的，或者本身属于公益性工程。

第二种是对于一般性矿业开发用地，即长期性、独占性采矿用地，采矿用地与原土地物权无法相容，或者土地经使用后无法恢复原用途的，可以采用征收用地方式。对于此用地类型，其公益性认定标准并非是指具体的公益性需要（无具体的公益用地项目），而仅仅是抽象的公共利益的需要。这里的公共利益指的是一种社会功利，即社会效率最大化。由于土地资源的有限性和多用途性，在同一时空下土地只能用于一种用途，因此，国家必须基于土地资源利用效率的考量，将土地用于最佳的利用用途，从而获得最大的社会福利。就采矿用地而言，采矿用地是比农业用地更佳的用地方式，且矿业产业对社会具有不可替代性，国家只能将土地用于矿业用途，并通过对原土地权人进行经济补偿，从而在维护社会基本公平的基础上，实现土地资源配置效率的优化。这种基于社会功利而征收土地相对于传统的公共使用目的而言，无疑属于抽象的公共利益。通过梳理征收制度发展变迁可以发现，随着各国征收制度的发展，土地征收的条件早就从单纯的公共使用（PublicUse）扩展到一般性公共利益上。如美国早期的土地征收只限于公共使用或者公共事业使用，但随着社会的发展，公共利益目的的含义被不断扩展，认为即使不是由政府公务部门或者公共事业单位使用，但是，只要社会公众能直接获益甚至间接获益的，也都被认为符合公共利益的需要。① 再如法国征收制度，征收最初的适用范围仅仅是公共工程使用，但是随着社会不断发展，公共利益内涵不断被扩展，不仅公益需要指"公共的、大众的直接需要，而且包括间接的能够满足公共利益的需要，以及政府进行宏观调控的需要"②。矿产是现代社会发展所不可或缺的重要资源，矿产资源开发涉及社会整体利益，属于抽象的公共利益范畴。在市场经济体制下，矿产资源开发一般通过授予矿业权的形式由私人经营，而矿产开发不可避免涉及对土地地表的利用，与原土地权利人就土地利用产生冲突。如果矿业用地与原土地权利行使不相容，那么，国家就必须从社会利益最大化出发，对原土地权力进行一定的限制，甚至直接对原土地产权进行征收，以保障采矿用地合理需求。因此，大多数采矿用地征收并非是基于具体的公共利益目的需要，而是一种基于土地资源有效利用的社会公共政策考量而对私人财产权利的干预，是一种间接、抽象的公共利益的需要。现在的问题是，在具体矿业用地征收中，由于缺乏具体公益用地项目，那么如何判断这种公共利益存在呢？在实体法上，其具体的判断标准是什么？笔者认为，我们可以借鉴《国有土地上城市房屋

---

① 廖加龙：《关于"公共利益"的范围》，《人大研究》2006 年第 7 期。
② 同上。

征收补偿条例》立法中征收条件的规定，规定凡是基于矿业开发的需要，且同时纳入了矿业开发规划以及土地利用总体规划中，都应该视为符合公共利益，应允许土地征收。根据 2011 年我国的《国有土地房屋征收与补偿条例》第 8 条第 5 项的规定"由政府依照城乡规划法有关规定组织实施的对危房集中、基础设施落后等地段进行旧城区改建的需要"可以征收城市房屋。换言之，基于旧城改造的目的，即使征收来的土地被用于建设一般性经营性项目，只要其纳入了当地的"国民经济和社会发展规划、土地利用总体规划、城乡规划和专项规划"以及"市、县级国民经济和社会发展年度计划"就可以被视为符合了公益性条件。这种以是否"纳入城乡规划"作为"公共利益"判断标准在其他国家也有相似的立法规定。如日本《城市规划法》第 69 条规定，"城市规划事业可以视作《土地收用法》第 3 条所规定的各种事业"。即第 69 条赋予了公益认定机构根据城市规划认定征收事项适合公益的资格。而基于城市规划的需要征收的私人土地，其最终既可能用于公益事业设施，如学校、公园；也可能用于纯粹商业用途，如建设商场。再比如美国土地征收立法，美国传统的土地征收条件必须是基于公共使用的目的（PublicUse），而 2005 年 6 月"凯洛诉新伦敦市案"后，美国的土地征收公益标准已不限于公共使用，而是扩展到包括"经济发展需要"在内的抽象公共利益，即可以对列入城市发展规划"衰败地区"的私有财产进行征收，从而进行新的开发。[①] 将纳入城乡规划视为符合公共利益需要，其理由在于城乡规划作为经济法上的一种宏观调控手段，本身就是从社会利益最大化目标出发而对城乡各种物质资源所进行统筹利用安排。以土地利用总体规划而言，其是在一定区域内，为满足经济社会发展目标，依据自然与社会经济条件，在空间上和时间上对土地资源所进行的总体安排和布局，[②] 其制度目标是确保土地资源的合理利用，是从社会利益总体妥当角度出发，以社会效益最大化的实现为目标。因此，无论是欧陆国家的土地征收制度还是我国的土地征收实践，事实上都已确立了城乡规划作为公益征收的标准。鉴于此，笔者认为，我国今

---

① 邹爱华：《美国土地征收法的新发展及其对我国的启示》，《现代法学》2013 年第 7 期。

② 张占录、张正峰：《土地利用规划》，中国人民大学出版社 2006 年版，第 37 页。

后矿业用地公益性判断，必须借鉴《国有土地房屋征收与补偿条例》中的立法经验，引入"城乡规划的判断标准"，矿业用地只有纳入当地城乡建设规划的，才能进行土地征收。在此，符合城乡规划不仅是土地用途管制的要求，也是土地征收公益性判断的标准。今后，在我国矿业法进行修改时，必须增设矿业公益标准的相应规范。其立法表述可以是："由政府依照城乡规划法有关规定组织实施的基于矿业开发的需要，确需征收农民集体土地的，由市、县级人民政府做出土地征收决定"，同时规定"征收农民集体土地进行矿业开发活动，应当符合国民经济和社会发展规划、土地利用总体规划、城乡规划和矿业开发规划，并且应当纳入市、县级国民经济和社会发展年度计划"。

综上所述，笔者认为，对于一般性矿业用地，只要矿业开发具有公益正外部性，即可认为矿业用地符合公共利益需要，其具体判断标准为是否纳入了当地国民经济与社会发展规划以及土地利用规划。但是，对于是否决定将土地用于矿业并对其征收，"不能机械地套用类型化规则，简单地认为属于某一类型的情形就一定符合公共利益的标准，而应当考虑价值性、多数人享有、比例原则和程序的正当性、公开参与性"。①即还需要对公共利益进行具体判定。其理由在于，根据行政法的一般性原理，公共利益并非是土地征收的充分条件，行政征收还必须受制于比例原则的限制。比例原则作为目前世界各国通行的行政法上一条基本原则，一般包括适当性原则、必要性原则和均衡性原则。就行政征收而言，政府征收对被征收对象所可能造成的私人财产损失要与意图保障的公共利益目标保持利益的大致均衡，不能去为一个较小的公共利益而去牺牲一个较大的私人利益（均衡性原则），且征收必须是无可替代的最后保障手段，即不存在其他的对被征收人权益损失更小的替代手段，该损失是实现公共利益的必要代价（必要性原则）。综上所述，公共利益的需要只是公益征收的必要条件，而非充分条件，除了对征收目的进行类型化分析，还必须对公益和私益进行利益衡量，只有是为了实现公共利益，且所要实现的公共利益大于所要牺牲的个人利益时，同时征收必须是为实现公共利益所不得已而采取的最后手段时，这才有其存在的正

---

① 王利明：《论征收制度中的公共利益》，《政治与法律》2009 年第 2 期。

当根据。即公益优先原则的成立必须以利益均衡和比例原则适用为前提。①

三　采矿用地征收的正当程序

征收作为政府合法剥夺公民私有财产的一项公权行为，其不仅受到"公共利益"的限制，而且要受到"正当程序"制约。所谓正当程序（due process of law），理论上一般认为其源自英国的古老的"自然正义"原则，后被美国宪法修改案发扬光大，现在被法治国家普遍确立为一项对行政权力进行制衡的宪政制度。它要求行政机关在剥夺他人生命、财产时必须遵循最基本的程序要求，目的在于保障私人最基本的人格尊严、防止"行政国家"时代行政权的恣意，提升行政机关行政决定的正确性，进而提高行政决策的正当性。② 但是，目前理论界对于什么是正当程序，正当程序所要遵循的基本条件是什么并没有一个确定和统一的标准。在美国司法实践中，正当程序一般要求具备以下三项基本条件：（1）行政活动的主持者必须是独立的；（2）行政机关做出对相对人不利的行政活动时必须告知相对方有关事实和救济权利；（3）行政机关必须为相对方提供听证的机会。在土地征收领域，正当程序的价值主要体现为组织和校准功能，即通过对征收时间、空间、形式、方法的设定，一方面可以减少行政部门在征收过程的主观恣意，从而避免对私人土地财产的强取豪夺；另一方面也可避免土地产权人对土地价格漫天要价，使土地交易无法达成。同时，正当程序通过提供一整套指标、参照系、基本单位或计算公式，从而起到了促进目标客观量化的作用。③

（一）代表性国家采矿用地征收程序

1. 日本采矿用地征收程序

根据日本1950年出台的《矿业法》第105条规定，矿业权人基于以下矿业开发目的需要使用矿区他人土地，而这种土地利用会"使土地形质发生改变，且难以恢复土地原状的，同时，该土地利用又属于无可

---

① 沈开举：《论征收征用权》，《理论月刊》2009年第2期。
② 汤德宗：《行政程序法》，中国法制出版社2002年版，第112页。
③ 程洁：《土地征收征用中的程序失范与重构》，《法学研究》2006年第1期。

替代时"，① 可以向国土交通大臣申请土地征收。而根据该法第 107 条规定："除了本法律另有规定之外，《土地征用法》（1951 年法律第 219 号）的各有关规定，均适用于按照第 104 条或第 105 条的规定所进行的对土地的使用与征用。"即《矿业法》作为土地征收的特别法，如果矿业法有特殊规定的，按照特别法优先于一般法原理处理，适用于《矿业法》的规定，但如果《矿业法》没有做出特殊规定的，日本矿业用地项目的征收适用于作为征收一般法的《土地收用法》的相关规定。

根据 1951 年出台的《土地收用法》规定，日本土地征收程序一般包括用地者申请、公共事业认定、调查报告的制作、用地的协商购买、征收委员会裁决、行政裁判所行政诉讼②等 6 个阶段。但其最具特征的是公共事业认定和收用裁决两个阶段。根据《土地收用法》第 15 条的规定，土地征收申请人（起业者）如果基于项目建设需要利用他人土地，可以与土地权利人进行协商购买或者利用，如果协商失败的，可以向都道府县斡旋委员会申请斡旋，如果斡旋失败或者没有申请斡旋，可以向相关行政机构③申请土地征收，正式启动征收程序。征收程序的第一阶段就是公益事业认定阶段，即事业认定机关首先要审查用地项目是否属于《土地收用法》第 3 条第 1 号列举的 49 种适格事业种类，如果不属于该收用事业范围的，则直接驳回土地收用申请，反之，也不能直接下达用地许可，而是还需根据该法第 3 条第 2、3、4 号的有关规定，审查该征地计划具体的公共性。④ 公共事业认定机构分别是国土交通大臣和都道府县知事。如果仅仅涉及一个区域的土地征收，其公共事业认定机构为都道府县知事；如果土地征收跨行政区域，或者起业者为都道府县等公法人团体，其适格事业认定机关为国土交通大臣。第二阶段是土地收用裁决阶段。如果国土交通大臣或者都道府县知事审核公益事业

---

① 参见日本 1950 年出台的《矿业法》第 105 条。

② 对于征收决定和范围不服的，属于裁判所诉讼范围，而对于土地征收补偿金额不服的，则须向法院提起民事诉讼。

③ 如果用地项目属于跨县项目且申请人非属于政府机关，其受理机构为国土交通大臣，如果属于一个县域内的项目申请，受理机构为都道府县知事。

④ 参见《土地收用法》第 3 条第 2 号、第 3 号、第 4 号有关规定：即征收事业者要有相应的意思与行为能力、征收要具有公益上的必要性，以及征收要有助于土地合理恰当地利用三个具体判断标准。

认定申请，并下达了许可通知后，则进入土地收用裁决阶段，由各都道府县内独立设置的收用委员会对土地征收的区域、期限、补偿金额等问题做出决定。① 土地收用裁决并非依职权发动的行政行为，而是取决于起业者主动申请，起业者收到事业认定机关下发的用地许可后，须在一年之内向收用裁决委员会申请收用裁决，否则用地许可作废。收用裁决内容细分为权利取得裁决和迁出裁决两项，即原土地权利人搬迁时间和土地所有权转移时间的裁决，在裁决的同时还需对土地征收损失进行认定和裁决。由于适格事业认定和收用裁决导致的直接结果是原土地权利人权利的被剥夺，为履行日本宪法规定的财产权保障义务，以上两个阶段必须遵循严格的行政程序和并且给予"正当的补偿"，根据《土地收用法》第 15 条规定，征收保障程序包括召开事前说明会、举行听证会、发布征收公告、说明与解释公益认定的理由、提出意见书、公告相关信息等环节，② 并把其作为事业认定机构所必须承担的一项强制性义务。同时，无论是适格事业认定还是土地收用裁决，对其裁定不服者都可以提起行政诉讼程序，由法院对其进行司法审查。③

2. 韩国矿业用地征收程序

韩国的矿业用地征收程序与日本立法体例基本相似，如果矿业法有特别规定的，优先适用矿业法的有关规定，否则，按照土地征收法一般程序进行处理。根据 1994 年韩国《矿业法》第 87 条规定，矿业权人基于矿业开发目的需要使用他人土地的，可以向工商资源部长官申请土地征收，工商资源部长官在做出土地收用决定时，必须听取矿区土地利害关系人的意见（第 88 条），但工商资源部长官依本法第 88 条第 1 项做出征收认定时，视为依照《土地收用法》第 14 条规定的公益事业认定（第 89 条）。④

总之，韩国矿业用地征收程序一般可以归结为以下几个步骤：矿业用地人申请矿业用地，工商资源部对其公共利益进行审查和认定，矿业用地人与原土地权利人进行协商，协商不成的，由用地委员会对其进行

---

① 黄宇骁：《日本土地征收法制实践及对我国的启示》，《环球法律评论》2015 年第 4 期。

② 参见日本《土地收用法》第 15 条之 14、第 23 条、第 21 条至第 25 条之 2。

③ 杨建顺：《日本行政法通论》，中国法制出版社 1998 年版，第 471—475 页。

④ 参见 1994 年韩国《矿业法》第 87—89 条有关规定。

裁决，对该用地裁决不服的，双方可以提起行政诉讼。①

3. 美国采矿用地征收程序

在美国，征收首先要有立法的明确规定，而在取得立法授权后，其征收程序一般包括以下步骤：土地征收程序启动前，土地征收权利人（行政机构或得到特别授权的非政府实体）向土地权利人发出购买征收客体的邀约请求。当该邀约请求被土地权利人拒绝后，征收权利人才能向法院提起征收的诉讼，由法院审查土地征收的合法性与必要性（有的州在向法院提起诉讼之前，必须制作详细的征收计划并取得立法机关的审批，在州议会对征收事项进行审议之前，就征收事宜必须向征收地发出公告，并举行听证会），法院收到征收权利人诉讼请求后，须将该征收通知所有的利害关系人，征收权利人必须在法庭证明征收的目的性与必要性，并由法庭对征收的必要性和合法性做出裁定。美国对于审判土地征收是否需要陪审团各州没有统一的规定（美国宪法对此没有要求），即使需要陪审团的，陪审团职责权限只限于对征收补偿数额进行裁定，而无权对征收的合法性进行裁定。土地征收判决后，当事人双方可以进行上诉。

4. 英国矿业用地征收程序

英国是个土地私有制国家，如果政府修建公路、铁路等大型基础设施需要利用私人土地时，可以通过征收方式（Compulsory Purchase）取得，虽然英国征收制度并没有明确规定征收必须基于公共利益目的，而是通过一系列严格用地程序来保障征收的公平性与合理性。② 英国的采矿用地征收手续大致包括以下几个步骤：采矿用地业主向土地征用管理机构（土地征用局）提出征地申请，同时，用地方根据用地法令须向所有与被征土地有关的利害方发送征地公告。土地征用管理机构在收到征地申请后须询问土地产权人对土地征收的意见。如果土地产权人对于土地征收持有异议的话，则需举行听证会，然后土地征收管理机构根据听证报告制作裁定书。如果征收申请获得土地征用局的批准，土地征用局将签发强制征地令，用地方根据该强制征地令可以进入该土地进行采

① 欧海若、吴次芳：《韩国的土地征收制度及其借鉴》，《国土经济》1999 年第 4 期。

② 刘晶英：《国土强制购买制度及其启示——基于典型案例的分析》，《世界农业》2012 年第 9 期。

矿；如果土地产权人对该征地令持有异议，则其可以向法院提起诉讼。土地征收活动批准后，采矿用地方可以与土地产权人就补偿事宜进行协商，协商不成的，由土地裁判所进行裁决。①

综上所述，通过对代表性国家采矿用地征收程序进行比较分析，大多国家采矿用地征收一般都包括了以下程序：申请→公共利益认定→协商→裁决→诉讼。国外采矿用地一般都设置了二元的救济机制，即独立的行政机构裁决和司法裁决，并且司法介入时间往往较早；都设置了公共利益认定程序，维护了私益与公益之间的平衡；都设置了征前购买程序，充分保障了土地产权人财产处分意志的自由。可见，各国采矿用地程序共同特点都是对被征收人赋予了充分程序性权利，体现了征收程序的严格性与程序的民主性与协商性。②

（二）我国采矿用地征收程序分析

根据我国现有的法律规定，由于采矿用地属于单独选址项目，其适用于单独选址项目报批程序，其程序规范主要散见于《土地管理法》第 45 到第 49 条、《土地管理法实施条例》第 21 条、《建设用地报批管理办法》、《各类用地报批会审办法》以及《土地征收公告办法》等法律中。根据这些法律规范，我国的采矿用地征收包括征地准备、征地报批和征地实施三个阶段，一般包括以下几个程序步骤：建设项目用地预审→用地人提出用地申请、土地调查、预公告、听证→土地行政管理部门拟定"一书四方案"③→用地审批→市县人民政府拟定征收补偿安置方案并进行公告→实施各方案→救济。④我国采矿用地征收程序和国外采矿用地征收程序相比较，在程序设置过程上，缺乏了公共利益认定和征前协商购买程序；在实体权力配置上，我国现有采矿用地征收程序主要是权利配置过于集中在行政机关且对其缺乏有效的司法审查，而与征地有利益关联的其他社会主体则缺乏对土地征收实质意义上的知情权和参与权，其主要体现在以下几个方面。

---

①　杨忠蝴：《中英土地征收制度比较研究》，《品牌》2013 年第 5 期。

②　汪新胜、汪进元：《公益性建设用地与经营性建设用地的界分及其法律化》，《江汉大学学报》2011 年第 1 期。

③　建设用地呈报说明书、土地征收方案、农地转用方案、补充耕地方案和供地方案。

④　汪新胜、汪进元：《公益性建设用地与经营性建设用地的界分及其法律化》，《江汉大学学报》2011 年第 1 期。

1. 缺少公共利益的认定和审查程序

由于公共利益的抽象性、模糊性和不确定性，难以从实体上对其精确法律表达，"公共利益界定的本质并非实体问题，关键是由谁来界定的问题"。① 因此，从程序上保障公共利益的正确认定就显得尤为重要。目前，我国公共利益的范围的认定完全依赖于行政机关的解释，而根据公共选择理论，行政机关基于自身利益偏好的追求，往往对其范围进行扩展解释，难以获得被征收对象的认同，容易激化公共利益和私人利益的冲突和矛盾。根据笔者在江西、广西等地的调研，由于我国目前正处于大规模工业化建设时期，地方政府面临经济建设庞大的用地需求和有限的建设用地供给的矛盾，因此在土地征收审批程序中，实际上缺失公共利益认定环节，即只要是根据用地规划进行征地或者基于经济建设目的进行用地，都被实际视为是符合公共利益目的。但是，随着我国逐步进入工业化发展阶段中后期，我国经济建设由重视外延扩张逐步转向内涵发展，相应地土地征收制度改革的方向是必须增加公共利益认定和审查程序，从而保障土地征收制度的合法性和正当性，以平衡经济建设与土地权利人间的利益关系。就采矿用地征收程序而言，必须将公共利益认定作为采矿用地征收的法定程序之一，并把它安置于土地预审程序之后，土地审批程序之前，并且应规定未经公共利益认定程序，不得进行土地征收审批。

从学理上考察公共利益认定主体和程序，我国目前理论界有三种代表性观点，相应地产生了三种公共利益认定模式。第一种模式是由立法机关来认定公共利益。该模式的法理基础在于人民主权理论，其理由是：人民是公共利益认定的最权威决定者，而立法机关是人民的政治代表，同时由于"民主与公共利益具有本质上的一致性，都体现多数者的利益，由立法机关进行公共利益认定因而具有最充分的正当性"（张千帆，2003）；第二种模式是由司法机关来进行认定（郑贤君，2005）。该观点以德国法的公法理论为依据，认为公共利益并非抽象的利益，而是要结合具体条件加以具体判断，由于司法程序和其他程序相比较更加严谨和公平，因此是公共利益的最佳判定程序。第三种模式认为，土地征收是具体的行政行为，理应由行政机关来具体判断公共利益。

---

① 胡锦光、王锴：《论我国宪法中公共利益的界定》，《中国法学》2005年第1期。

　　从世界各国立法体例考察，英美法系国家一般采用司法审查机制[①]，典型的如美国土地征收制度。根据美国宪法第五修正案"非依正当法律程序，不得剥夺任何人的生命、自由或财产"的规定，美国土地征收受制于严格的司法审查程序规制。用地者如果需要征收他人土地，要先由政府发布土地征收公告和召开征收听证会，说明土地征收的必要性。如果土地权利人对征收存在异议，则由法院居中裁判土地征收的合法性和必要性，从而避免了行政机关在司法监督之外行使征收权的可能性，彰显了美国政治体制中三权分立的原则。[②] 而大陆法系国家一般采用行政程序认定机制，典型的如日本、法国。如日本立法单独设置了公共利益认定程序，由国土交通大臣或者都道府县知事进行公共利益认定，如果土地权利人对公共利益认定不服，可以提起异议申诉或者直接提交司法审查。大陆法系另一公共利益认定模式的代表是法国模式。根据 1977年法国颁布的《公用征收法典》，法国土地征收规定了"批准公益目的阶段"，即由总理、部长和省专员对用地项目是否具备公共利益属性进行认定，公共利益获得认定后，发布公共利益认定批准书，如果土地权利人对此持有异议，则向宪法法院提起越权之诉，即由行政法院审查公用目的决定的合法性。1971 年"新东城案"后，法国宪法法院逐步采用损益对比分析机制，[③] 不仅审查用地项目的一般公益性，而且要对具体项目是否符合公共利益进行审查。实践表明，以上两种模式皆能很好地保障土地征收的合法性和正当性。

　　笔者认为，将来我国公共利益认定机制的设立首先要保障我国土地征收制度价值目标的实现。在我国现阶段，土地征收不仅涉及社会各方利益的平衡，保障社会公正的价值目标，而且土地征收具有强烈的政策目标性，要服务于我国经济建设发展的大局。由于公共利益的抽象性和复杂性，立法机关只能概括性规定公共利益的一般内涵，以及不完全列

---

　　① 英国的土地征收程序与我国比较接近，没有独立的公共利益判断环节，而是将该环节内置于土地征收审批环节，采用公共利益一并审查模式。但是，英国法律赋予了土地权利人较为充分的程序性权利，如异议权、参与权等来制衡行政征收权，从而保障行政权的正当行使。

　　② 于鹏、孔腾：《公共利益认定程序之比较研究》，《国家行政学院学报》2014 年第2 期。

　　③ 张莉：《法国土地征收公益性审查机制及其对中国的启示》，《行政法学研究》2009 年第1 期。

举公共利益的基本类型，而具体公共利益的认定必须由行政机关自由裁量，否则无法保障土地征收的正当性与合理性。另外，公共利益认定机制要与一国国情相互适应，即考虑一国的政治和法律体制。就我国现有政治体制而言，我国人大尽管是民众利益的直接代表，但是由于我国并没有英美法系国家议会"一事一议"的行政审查机制，如由立法机关进行公共利益判定则不具有现实可操作性。因此，笔者认为，我国应借鉴大陆法系国家的成熟立法经验，如日本的土地征收立法，在由行政机关进行公共利益判定的同时引入司法审查机制，这一方面能够保证行政运行效率；另一方面也能兼顾社会利益的平衡。就具体公共利益认定机构而言，我国可以在省级人民政府或者国务院内设公共利益认定机构。如属于全国性土地开发项目或者跨省土地开发项目要由国务院公共利益认定机构进行认定，其他项目则由省级公共利益认定机构认定。同时公共利益认定机制要与公众参与机制以及司法审查机制相互结合，共同发挥作用。详言之，就是在公共利益审查报批前，由行政机关召集原土地权利人及与矿地征收有关各方举行听证会，就土地征收是否符合公共利益进行实质听证，并将听证内容作为公共利益判定的重要依据。同时，公共利益判定作为具体行政行为，必须引入司法审查机制，对公共利益认定的争议予以司法审查。

2. 缺乏用地协商程序

公共利益是采矿用地征收的必要条件，但并非充分条件，只有在民事协商途径无效的情况下，才能启动土地征收程序。西方发达国家对于采矿用地征收均规定了征收协商前置程序，即在采矿用地征收之前要求用地方要与土地产权人就土地购买进行协商，协商不成的，才能启动土地征收程序。[①] 例如美国俄亥俄州的土地征收程序。根据该州 1971 年《新统一法典》第 163 条规定，土地征收程序的第二个环节就是土地协商程序，非经用地协商并且无效情况下，不得进入司法程序。[②] 这种法律规定一方面保障了土地产权人的意志自由，允许其就土地价格进行讨价还价，从而更好地维护自身经济利益，同时，用地协商由于是土地权

---

① 王坤：《论我国土地征收制度的创新》，《中共杭州市委党校学报》2008 年第 5 期。

② 李蕊：《从美国司法判例看我国土地征收制度的完善》，《广西社会科学》2005 年第 12 期。

利人自愿选择的结果，符合其效用最大化的价值需求，因而能够减少行政执行成本，间接实现了效益最大化原则。另一方面，由于规定了协商不成要由土地征收机关进行裁决，也避免了土地权利人漫天要价，从而保障社会公共利益得到实现。

我国目前土地征收法律制度并没有任何征收协商的制度规范，无论是土地征收的决定还是土地征收补偿标准都由行政机关单方面确定，缺少土地权利人与行政主管机关讨价还价的机会，即使在我国采矿用地实践中，也存在行政机关和土地权利人就用地补偿进行协商并签订补偿安置协议的情形，但是，由于我国法律缺乏矿业用地协商制度规定，导致实践中的个案也难以获得法律上的充分保障。因此，我国采矿用地应该增加征收协商前置程序的规定，并把其放在征收方案审批前。同时应该规定，如果没有履行该协商程序的，不得进行土地征收审批，唯有如此，方能实现土地征收程序的和平价值。

3. 公示程序的不足

根据程序正义原则，正当程序意味着行政机关针对私人做出不利行为决定之前就应使行政相对人获得适当的通知以及有意的听证或被听取意见的机会。[①] 我国现有法律没有规定采矿用地征收前的公告制度，现行法律规定"两公告一登记"制度仅仅为实施阶段的公告，即公告时间在征地审批获准之后。在这样的情况下，现有征收过程中被征收对象在土地征收发布公告之前，不享有知情权，也不能参与到程序之中，没有决定土地征与不征的自由和表达机会，除非征收决定具有重大瑕疵，否则征收公告仅仅起到让土地权利人在规定时间到指定地点办理手续的通知功能，而缺乏对行政机关公权力进行监督的作用。基于此，2004 年我国国务院发布了《关于深化改革严格土地管理的决定》（国发〔2004〕28 号）规定了征地申请机关的"预公告"的义务，要求在征地报批前征地申请机关必须"调查土地现状"和举行"听证会"，[②] 告知被征地对象"土地征地的位置、补偿以及安置途径"等事项。2004 年国土资源部发布了《关于完

---

① ［美］恩斯特·盖尔霍恩、罗纳德·M. 莱文：《行政法》影印本，法律出版社 2001 年版，第 191 页。

② 参见 2004 年国土资源部下发的《关于深化改革严格土地管理的决定》（国发〔2004〕28 号）有关规定。

善征地补偿安置制度的指导意见》（国土资发〔2004〕238号），对上述预公告要求进一步予以明确和细化。[1] 随后，我国部分省份出台了地方法规，对这一要求进行了贯彻与落实，将组织听证和签订补偿（安置）协议环节也被放在报批前进行，即公示程序前置。然而上述文件仅仅为政府规范性文件，而非效力更高的法律，其在我国法院目前审理案件时并不能作为判案依据。今后我国应通过立法将上述要求进行规范，从而提升采矿用地征收公示的法律正当性和有效性。

另外，我国也存在公示公告方式的瑕疵。我国目前矿业土地征收公示一般采用在被征收区域张贴公告的方式。该方式无法保障被征收对象都能看到该公告，无法真正保障其知情权得到实现。同时，目前的矿业征地公告仅仅告知征收决定和补偿标准，缺乏对征收的事实依据和法律依据以及政府据以自由裁量的公共政策和公共利益进行解释与说明。

4. 听证程序的不足

听证程序是正当程序的核心程序。目的是为了保障被征收对象在征收过程中的参与权。为此，国务院国土资源部分别于2001年和2004年颁布了《征用土地公告办法》（10号令）和《国土资源听证规定》（22号令），规定了包括矿业用地在内的土地征收听证程序。但是，我国目前矿业土地征收听证依然存在听证范围较窄、听证时间滞后和听证法律后果缺失等缺陷，导致实践操作中听证程序往往流于形式。[2] 例如，根据我国目前听证的相关规定，我国土地征收听证的范围仅仅限于征地补偿方案，而对于最为关键的征收合法性问题，即征收是否属于公共利益目的范围不能提出听证要求。在听证形式上，规定征收听证必须制作听证笔录，在征地报批时必须附具该笔录，但是，由于目前法律法规并没有规定报批未附具笔录的法律后果，从而难以实质保障被征收人的知情权和参与权，容易为行政机关"假公共利益之名而行实质私人福利之实"留下操作空间。

5. 缺乏对土地征收的监督和救济机制

目前我国采矿用地征收是行政机关主导的公法行为，无论是土地征

---

① 参见2004年国土资源部下发的《关于完善征地补偿安置制度的指导意见》（国土资发〔2004〕238号）文件有关规定。

② 李集合：《土地征收征用法律制度研究》，中国政法大学出版社2008年版，第106页。

收决定还是土地征收补偿都由行政机关单方面做出，与其具有利益关联的被征收对象不具有任何话语权，即使被征收对象对征收事宜产生争议，也只能由土地征收机关进行裁决。① 这种由行政机关既做运动员也当裁判员的体制，显然违反了"自己不得做自己的裁判"的正当程序原则，实践中无法起到防止行政机关滥用征地权，以保障被征收对象权利的作用。基于此，其解决的程序方案一般包括两种：其一，扩大被征收对象参与的范围与时间，在征收决定前就允许被征收对象参与进来，在征收与征收补偿方案制定过程中，应允许被征收对象充分表达意见，维护其知情权和参与权，即通过赋予被征收对象更多的程序性权利，以权力制衡和监督权力；其二，将土地征收及其补偿纳入司法审查范围，通过司法权来制衡行政权。其理由在于：司法审查作为一种程序性救济，可以为土地纠纷的解决"提供一种组织方法与求得正解的公式"。② 可以为土地征收双方提供一种直接对话的平台，从而使土地征收双方更好地就征地的目的、对价等达成共识。③ 另外，司法审查可以通过司法权对行政权的行使进行监督，以防止行政权在做出行政决定时的恣意和擅断，从而更好地保护被征收对象的利益。基于此考量，我国 2014 年修订《行政诉讼法》时，规定行政诉讼对象包括了"土地征收、征用及其补偿"，首次把"土地征收、征用及其补偿决定"纳入司法审查范围④，正式结束了我国长期实行的土地征收争议非诉化的历史，体现了我国当前对农民财产权保护的社会正义性要求。但是，我国目前土地征收司法审查机制也存在诸多问题，比如仅仅将被征收对象实体性权利受侵害纳入司法审查范围，而对于程序性权利的损害，如公示环节的知情权、听证环节的参与权受损并不能提出司法审查。同时，我国土地征收司法审查机制还存在司法介入较晚的弊端，即一般只有在征收决定已经生效后，司法审查才能开始介入。此时，由于征收决定事实上已经"生米煮成熟饭"，法院很难再推翻已经生效的征收决定，即使能够推翻，也将导致较大的社会成本，从而损害社会整体福利。从比较法层面看，目前

---

① 参见《行政复议法》第 14 条和第 30 条规定。
② 程洁：《土地征用的司法审查权》，《法学研究》2004 年第 2 期。
③ 程洁：《土地征收征用中的程序失范与重构》，《法学研究》2006 年第 1 期。
④ 参见 2014 年修订的《行政诉讼法》第 12 条第 5 项受案范围的法律规定。

大多数国家的土地征收司法审查都在征收启动前开始介入。如日本在公益认定环节就可以提起司法审查。再如美国征收立法规定，土地征收程序启动前，土地征收权利人向土地权利人发出购买征收客体的邀约请求。当该邀约请求被土地权利人拒绝后，征收权利人可以向法院提起征收的诉讼，由法院审查土地征收的合法性与必要性。因此，我国今后应将包括矿业用地征收在内的司法审查环节提到土地征收启动前，从而更加有助于征收权的合法行使，以维护被征收对象的合法权益。

综上所述，通过对我国与西方国家采矿用地征收程序之比较分析，基于我国目前采矿用地程序出现的困境，结合我国现有的土地管理制度框架，笔者认为，我们目前采矿用地程序应进行必要的调整和重构，其至少应该包括以下一些程序：（1）土地征收的前置程序，包括征前协商购买、用地申请、用地调查、公告和听证程序；（2）公共利益的认定和公告程序，由行政机关召集征收各方当事人举行听证会，就采矿用地征收的社会公共利益性与必要性进行审议与认定；（3）用地补偿协商与谈判程序；（4）土地争议裁判委员会的补偿数额的裁定程序；（5）司法审查程序，包括行政诉讼和民事诉讼两部分。前者主要适用于对不符合征地程序的诉讼、土地征收决定的诉讼；后者为对于征收补偿数额争议的诉讼。通过以上程序的优化与重构，一方面有利于保障我国行政机关土地征收权的正当行使；另一方面也有助于平衡矿业权人与土地权利人之间的利益关系，保障矿业经济的可持续性发展与社会的和谐稳定。

四　采矿用地征收的补偿

征收是国家基于强制力将私人所有权"合法转移"，国家须对这种"合法转移"支付对价，征收补偿构成了征收制度的"唇齿条款"，"无补偿禁征收"。根据一般法理，对于被征收对象给予相应补偿无非是基于公平和效率的双重价值目标的考量。从公平的角度而言，由于征收是社会个体为了社会公共利益的需要而所承担的财产权限制的义务，并且"在所有相似情形下的个人对政府的成本负担应付相同的义务"，[1] 因此，对于税收之外的额外负担或特别牺牲应由国家以纳税人缴纳的税收

---

[1]　William B. Stoebuck. "A General Theory of Eminent Domain". *WASH. L. REV*, 1972 (47)：575-579.

予以补偿，以此实现主权国家和个人之间利益的纵向均衡，以及每个社会主体对于国家共同体所负责任的横向平等。从效率角度而言，规定对征收予以公正补偿能够迫使政府比较征收客体在政府手中还是在私人手中的价值的大小，从而促使政府将征收财产的成本内在化，[1] 以此促进资源的合理配置和有效利用。基于此，世界各国无不在其宪法或者其他部门法律中确定了公正补偿制度。如美国宪法第五条修正案规定任何人"不经正当程序以及给予公正补偿，公民私有财产不得为公共使用"。德国基本法第 14 条第 3 款也规定了对于公共征收，必须依据土地征收的法律并进行相应补偿，否则不得征收。[2] 确定补偿的原则是公共利益与原所有者利益保持平衡。日本宪法第 29 条第 3 款也有相似表述："私有财产经过正当补偿后，始得可以收用。"

2004 年，我国在修改《宪法》时，增加了对公益性征收要给予补偿的相应规定。[3] 但是，在我国目前具体的法律制度中并没有专门的采矿用地补偿规定，而是适用于一般土地征收补偿。通过对我国现有学术研究成果进行梳理，可以发现，我国当前采矿用地征收补偿在补偿原则、补偿标准、补偿对象、补偿方式等方面存在一些不足之处。

（一）征收补偿原则

从学理上进行划分，征收补偿原则包括了完全补偿原则、不完全补偿原则和公平补偿原则三种类型。

第一，完全补偿原则。完全补偿原则的法律目标就是要对财产征收所造成的权利侵害的实质损伤予以完全填补，以恢复权利没有受到任何损害前的理想状态，从而实现法律所追求的公平正义精神。美国是采用完全补偿原则的典型国家。美国的征收补偿原则虽然名义上称之为公平补偿，但其补偿范围既包括现存财产价值的损失，也包括未来合理可得价值的损失，因此其实际上奉行的是完全补偿原则，充分体现了美国对私有财产予以充分保障的产权自由精神。

第二，不完全补偿原则。该原则的立法指导思想为财产权社会化。其认为私有财产在现代社会不应再是神圣不可侵犯的，而是应该负载一

---

① 　Richard A. Posner, *Economic Analysis of Law*. 1988.
② 　参见德国基本法第 14 条第 3 款。
③ 　参见 2004 年《宪法》第 13 条第 3 款规定。

定社会功能，如果基于公共利益的需要对私有财产加以一定限制，并不需要对其全部损失予以补偿。

第三，公平补偿原则。该原则认为鉴于征收而导致的"特别牺牲"的复杂性，难以通过统一标准进行衡量，因此，对其补偿需要具体情况具体分析，采用不同的补偿原则，可以是完全补偿，也可以是不完全补偿，至于其合理的标准，要根据社会的一般公平观念进行判断。[1]

我国 2004 年的《宪法修正案》规定对征收和征用要"依照法律规定……给予补偿"，但并没有明确规定我国土地征收的补偿原则。而通过梳理我国现行的与征收有关的法律规定，如《物权法》第 42 条、《矿产资源法》第 36 条，以及《土地承包经营法》第 16 条等。这些法律规范虽然没有明确我国土地征收补偿原则，但是都提出了要给予被征收对象"相应补偿"、"合理补偿"，以及"适当补偿"。同时，根据我国《土地管理法》第 47 条对土地征收具体补偿标准和范围的规定，我们可以推断出我国目前法律所蕴含的土地征收补偿原则。根据《土地管理法》第 47 条规定，我国目前土地征收补偿标准为土地原用途，范围包括"土地补偿费、安置补助费以及地上附着物和青苗的补偿费"，其中的土地补偿费计算依据是该土地被征收前三年的平均农业产值，而非土地的市场价格。因此，我们可以推论，我国目前的土地征收补偿的原则实际上应属于不完全补偿原则。

（二）补偿的标准

一般而言，矿业土地征收补偿的标准有主观价值、市场价值、收益价值以及重置成本等几种类型。目前，世界上大多数国家和地区都以市场价值作为矿业用地征收补偿的标准。所谓的市场价值就是被征收人作为自愿的卖方在市场信息完全的情形下所愿意接受的市场价格，或者一个人作为买方自愿而不是被迫购买时所愿意支付的金额，[2] 其体现了市场经济的"等价交换"原则。同时，市场价值具有简单明确，容易衡量的特点，因此，以市场价值作为矿业用地征收补偿标准符合了公平正义的法律精神。同样以美国矿业用地制度为例。根据美国最高法院的司法解释，美国矿业用地征收补偿一般包括被征收土地的现有市场价值以

---

[1]　杨建顺：《日本行政法通论》，中国法制出版社 1998 年版，第 102—118 页。

[2]　Kansas, *Senate Bill 323*, Signed into law on May 18, 2006.

及将来土地盈利的贴现价格，属于典型的市场价值标准。目前，我国采矿用地征收补偿并没有采纳市场价值标准，究其原因在于我国和美国具有完全不同的制度环境。我国实行土地公有制，农民个体并不享有土地的所有权，同时，由于我国建设用地使用权的城乡二元结构，矿业权主体如要获取矿业用地，只能通过国有土地出让或者转让取得，集体建设用地在市场上无法交易，因此，在市场上无法真实地发现集体土地的市场价格。另外，由于现阶段我国土地还负载着农民的生产保障功能，土地权利具有严格的身份限制，因此，我国目前对于矿业用地征收的补偿，采纳的是"土地原用途"标准，即根据土地农业用途收益的若干倍数，来确定征收的补偿标准。但是，随着我国土地的市场化程度不断提高以及农民土地权利的物权化①，如果我国还在适用计划经济时代确定的"土地原用途"的补偿标准，将会导致征地实践中困难重重，不仅会严重地损害农民的土地财产权益，也不利于我国目前和谐社会的建设。因此，随着我国步入工业化建设的中后期阶段，我国应逐步改变目前的矿业用地征收补偿的标准，应参照世界上大多数国家的立法经验，采纳市场价值的补偿标准。

（三）明确补偿的范围

我国目前矿业用地征收补偿的立法指导思想是对与该土地征收有关的直接财产损失予以补偿，但对有关的间接损失以及非财产损失不予考虑。在这种立法思想指导下，我国《土地管理法》第 47 条明确了我国土地征收补偿范围包括"土地补偿费、土地安置补助费、青苗补偿费以及地上附着物补偿费"四个部分。与发达国家矿业用地补偿相比，我国采矿用地征收补偿范围明显偏窄。如根据美国的土地征收实践，美国矿业用地补偿一般包括了土地所有权损失的补偿、土地他项权损失的补偿（如租赁权、渔业权、矿业权）、被征收土地通损的补偿（如搬迁费补偿、经营损失补偿、农林渔业补偿等）、失业的补偿、土地残余地损失

---

① 根据十七届三中全会土地政策，对于城市规划区外经营性用地项目，应该允许农民依法通过多种方式参与开发经营并保障农民合法权益，但对于公益性用地依然采用征收方式。鉴于此，本书认为，无论是征收还是市场化用地，其目的不是剥夺农民财产权益，而是防止矿业用地市场失灵损害社会公共利益，因此，二者的补偿标准都应该是一样的，即市场化补偿。至于农民集体获取土地增值收益的公平性问题，可以采用税收等制度加以解决。

的补偿等。① 2005 年 "凯伦诉新伦敦案" 后，美国许多州修订了土地征收法律法规，规定征收补偿必须考虑被征收对象的主观情感，把土地补偿范围扩展到精神损失。目前，随着我国社会结构逐步由农业社会转型为工业社会，社会发展已经步入工业化发展中后期，我国目前对于土地征收补偿的总体趋势是逐步提高补偿标准和扩大补偿范围。在此趋势背景下，今后我国的矿业用地征收补偿范围也应逐步扩大。另外，扩大补偿范围能够抑制政府土地征收的冲动，平衡政府和失地农民之间的利益关系。因此，笔者认为我国今后矿业用地征收补偿应该逐步扩展土地征收补偿的范围，将原来只补偿与征收有关的直接财产损失，扩展到各种可以量化为确定具体数额的因征地而导致的必要财产损失和相应费用。详而言之，就是征收补偿不仅应包括土地所有权的损失，还应包括土地经营权、土地相邻权、其他与土地有关的用益物权等权利损失，同时还应该包括土地残余地损失、迁移费损失、土地改良费损失等必要的费用损失。唯有如此，这将一方面有助于政府考虑矿业用地征收的机会成本，迫使政府将征地成本内部化，从而实现土地资源配置帕累托最优标准，促进土地资源的节约和有效利用；另一方面明确和扩大补偿范围也是与我国当前进入工业化发展后期，工业反哺农业时代需求相适应，可以更好地增加我国农民财产收入，促进社会和谐与均衡发展。

（四）规定征地补偿先行制度

西方国家土地征收制度大多规定了征地补偿先行制度，即 "征用者的占取必须取决于补偿的事先支付"。② 如法国《矿业法典》（1985）第 71 条规定了在支付矿业用地补偿费或者提供担保之前，不能对该矿业用地实际进行占用。③ 日本土地征收法也有类似的制度规范。④ 矿业用地征收补偿先行制度的理论依据在于矿业用地征收本质上就是土地权

---

① 朱红英：《土地征收补偿范围国际比较》，《学界》2008 年第 9 期。

② 张千帆：《西方宪政体系》（下册），中国政法大学出版社 2001 年版，第 76 页。

③ 第 71—1 条（1970 年 1 月 2 日第 70—1 号法律第 18 条）法令的受益人，只有在支付了第 72 条中所指的占用补偿费或为支付提供了担保以后，才能占用省法令所指的土地。

④ 第九十五条　在获得权利的裁决中确定的获得权利时间之前，创业人必须支付与获得权利的裁决相关赔偿金、追加费和罚款（以下称为 "赔偿费等"），转让或者交出置换土地，或者按照第八十六条第二款的规定修造住宅用地。第九十七条：在出让裁决规定的出让期限以前，创业人必须交付出让裁决确定的赔偿费，必须按照第八十五条第二款的规定代替执行物件的迁移，或者按照第八十六条的规定修造住宅用地。

人基于公共利益的需要，而容忍国家对其土地权利的剥夺，因此，其必须事先获得土地权利的价值替换物。反之，如果矿业权人没有事先支付相应补偿费用，则可能导致其事后缺乏相应的支付补偿费的动力，从而怠于支付相应补偿费，导致土地权利人利益受损。在我国现行立法中，2011 年的《城市房屋征收管理条例》第 97 条规定了"先补偿、后搬迁"的法律规则。① 今后，我国采矿用地征收补偿制度也应参照国内外相关立法的经验，明确规定征地补偿先行制度。

小　　结

通过上文对我国采矿用地征收的适用范围、征收条件、用地程序以及用地补偿等内容进行分析，以中共十八届三中全会土地政策为导向，结合我国现行的采矿用地改革试点做法，借鉴国外相关制度的样本经验。笔者认为，我国今后采矿用地征收制度改革的方向是逐步缩小采矿用地征收范围，规范征地程序，建立起一套合理、规范和多元的土地补偿制度。

所谓"缩小征地范围"，就是仅仅对于纯公益性矿业开发，并已纳入《划拨用地目录》范围，同时被列入当地国民经济发展规划与土地利用规划以及矿产资源规划的，可以直接通过征收的方式取得采矿用地，而对于以营利性为目的采矿用地，包括国家扶持的能源、矿业经营性基础设施用地不得直接通过征地方式取得土地使用权，而只能先通过市场协商方式取得土地。但在市场机制失效的情况下，对于长期性、规模化采矿用地需求，或者采矿用地使用完毕后无法恢复原土地用途的，可以采用征收用地的模式。

所谓"规范用地程序"，就是在采矿用地征收过程中要保障被征收对象的知情权、参与权、异议权和监督权，尤其重要的是，在采矿用地征收程序启动之前必须增设一道用地协商程序，只有在市场化用地机制用尽之后，才可启动土地征收程序。通过用地程序的规范与优化，一方面可以保障我国行政机关土地征收权的正当行使；另一方面也有利于矿

---

① 第二十七条　实施房屋征收应当先补偿、后搬迁。做出房屋征收决定的市、县级人民政府对被征收人给予补偿后，被征收人应当在补偿协议约定或者补偿决定确定的搬迁期限内完成搬迁。

业权利人与土地权利人之间的利益平衡，从而实现土地资源可持续性利用的政策目标。

建立一套合理、规范和多元的土地补偿机制。此处的合理是指用地补偿要保障土地权利人对矿业开发土地增值利益的分享，要考虑现有土地所承担的社会保障功能的实现，因此，采矿用地补偿应该按其土地所在区位，采用市场化补偿机制，① 从而减少社会矛盾，维护社会公平。而规范用地补偿是指在采矿征地范围、程序、补偿标准确定之后，必须按照现有的法律规定办事，防止土地权利人基于对土地权利的垄断而追求法外的利益，损害社会公共利益，从而保障法律规定的强制性和权威性。所谓"多元化补偿"，是指破除目前的单一货币补偿机制，补偿要考虑被征地对象的长远利益诉求，将货币补偿和非货币补偿结合起来，如以土地换社保、安排失地农民就业等，从而更好地满足被征地对象的现实需求。

---

① 刘守英：《中共十八届三中全会后的土地制度改革及其实施》，《法商研究》2014 年第 2 期。

第七章

我国农村集体土地上采矿用地取得相关配套制度

第一节　采矿用地用途管制制度的完善

一　采矿用地用途管制的法理分析

土地用途管制是指国家制订土地利用规划划定土地用途，限制土地利用条件的强制性制度安排。[①] 作为国家土地利用的基础性制度，土地用途管制包括宏观的用途管制和微观的用途管制两种类型。宏观用途管制作为一种消极、僵化的限制性法律工具，通过赋予政府用地规划权的法律形式，明确土地开发利用性质、开发的强度，给土地权利人设定行为的范围和边界，其目标在于为市场主体利用土地提供"明确的可供依循的普适性的"[②] 行为指引。而微观管制是对国家土地利用规划的执行，通过授予国家土地开发许可权的方式，市场主体在开发利用土地时必须取得行政主管部门的行政许可，包括了政府对进入特定市场从事开发活动的事前准入、对土地使用权人开发过程的事中监管以及对违反市场禁限规则行为的法律责任追究三层结构，[③] 其目标在于对土地权利人的土地利用行为进行限制，从而实现国家所追求的公共利益目标。

用途管制属于发达国家对土地利用进行管控的普遍做法，比如美国为加强对农业用地的保护和强化城市规模的控制，从 20 世纪初开始就通过土地分区规划对土地利用进行用途管制，各州都制定了专门的《土

---

① 郭洁：《土地用途管制模式的立法转变》，《法学研究》2013 年第 2 期。
② 杨惠：《用途管制制度研究》，博士学位论文，西南政法大学，2010 年。
③ 黄永香：《财产权结构理论视域下的市场与政府》，《理论与改革》2012 年第 4 期。

地分区管制条例》，到 20 世纪 70 年代，有 90% 以上的城镇采取了分区制①；德国则以《联邦空间秩序法》与《州规划法》来指导其联邦空间秩序方案、联邦发展计划以及地区发展计划的制订。为加强对农村土地交易的控制，德国制定了《土地交易法》和《农地用益租赁交易法》等法律规范，禁止农村土地随意转变用途。我国台湾地区也在《区域计划法》之外制定了专门的《非都市土地使用管制规则》②。

随着我国 1998 年《土地管理法》的修订，开始对土地利用采用用途管制制度。各级地方政府根据国民经济与社会发展需要，编制土地利用总体规划，划定土地利用的用途，规定建设用地总体数量，限制农业用地任意转换为建设用地，从而保障我国耕地保护目标的实现。十八届三中全会通过的《中共中央关于全面深化改革若干重大问题的决定》规定："建立城乡统一的建设用地市场。在符合规划和用途管制前提下，允许农村集体经营性建设用地出让、租赁、入股，实行与国有土地同等入市、同权同价。"即随着我国城乡统一建设用地市场政策的推进，国家将逐步缩小土地征收范围，但是，国家退出土地非农化市场并非是取消行政权力在土地配置资源中的作用，而是合理配置行政权力介入的范围与程度，在穷尽市场机制在土地资源配置基础作用的前提下，通过政府有形之手，为防止土地市场机制失灵保驾护航。

具体到采矿用地领域，就是矿业企业在农村土地市场直接获得集体土地使用权后，并非直接可以用于矿业开发，矿业企业对采矿用地的使用还必须受到采矿用地用途管制的限制。其具体内容是：如果矿业开发属于用地规划区内，用地单位必须向城乡规划部门申请办理"一书两证"，即建设项目选址意见书、建设用地规划许可证（建设用地规划许可证或者乡村建设用地规划许可证）以及建设工程规划许可证，矿业企业取得用地规划许可证后才能向土地管理部门申请办理采矿用地许可证。如果矿业开发涉及农地占用，还必须办理农地占用和转用许可手续。

---

① William J. Stull. "Land Use and Zoning in an Urban Economy". *The American Economic Review*, 1974, 64（3）：337-347.

② 杨惠：《用途管制制度研究》，博士学位论文，西南政法大学，2010 年。

二　采矿用地用途管制的必要性：对市场失灵的纠正

土地利用具有经济和社会双重属性。一方面土地具有财产经济属性，土地权利人从经济理性出发，追求土地利用价值的最大化。另一方面土地利用还具有社会属性，具有满足社会公共利益的职能，换言之，土地作为一种重要的社会资源，是一切社会财富的源泉，关系国民经济和社会的可持续发展。市场作为资源配置的有效工具，能够使土地从利用效率低的社会主体手中流入利用效率较高的社会主体手中，在土地经济价值实现最大化的同时，实现了社会资源配置的帕累托优化。进言之，市场机制能够使土地的经济属性得到极大化实现。但是，由于市场无法识别社会的公平正义，其只服从于价格信号的引导，而土地所承载的社会价值，诸如环保、粮食安全，无法在土地市场上体现为货币价值，其相对于土地权利人而言属于"外部收益"，无法被纳入土地权利人土地利用行为的决策中，从而导致私人经济利益最大化的时候，社会整体利益不一定最大化。换言之，市场机制往往导致公益性用地供应不足，从而出现市场规律失灵现象。

随着我国将来城乡统一建设用地市场政策的逐步落地，矿业企业可以直接从农村获取采矿用地。从农村直接获取集体土地可以避免烦琐的用地程序、节约矿业企业用地成本，从而更加符合矿业企业利益最大化的经济目标。而就土地权利人而言，由于农地农用比较效益低下，而农业土地用于矿业开发会产生更高的经济价值，这种边际收益的提升激励着农业用地转向矿业用地。另外，由于农业用地直接用于矿产开发能够给地方政府带来更多的税收与 GDP 增长，更加符合地方政府的政治利益。这样，多方利益的竞合势必会加快农地非农化的速度，从而危及农村土地目前所承担的粮食安全、农村社会保障等社会功能，使这部分社会利益面临威胁。由于粮食安全等社会利益损失无法量化为货币成本，也不可能反映到生产成本中由土地权利人负担，而土地权利人土地利用决策只服从个人利益最大化的价值目标，以致土地利用人私人利益最大化时，社会整体利益未必会最大化，从而出现土地市场失灵，损害社会整体福利。因此，弥补市场机制的不足是国家用途管制介入的时机和理由，国家作为社会的管理人和公共利益的代表，应该从社会整体利益出发，对矿业用地进行用途管制，以弥补市场机制实现其社会功能的制度缺陷。但是，行政管制作为市场经济背景下政府对市场主体自由决策的强制性限制，是市场经济的产物，必须尊重市场资源配置的基本规则，[1] 因此，土地用途管制不能替代土地市场在资源配置中的基础作用，而是在尊重土地市场配置决定性作用的前提下，通过培育和促进土地市场，从而在土地资源配置优化的前提下，实现社会公共利益的目标。

三　采矿用地用途管制的正当性：权利行使的社会化

对采矿用地进行用途管制的正当性理由来自于权利行使的社会化。根据现代民法的财产权社会性理论，"出于维护社会正义的目的，财产权应当做自我限缩。在个人维护其财产自由的同时，应使其财产亦有助于社会公共福祉的实现"。[2] 即财产权不仅具有实现自身价值最大化的私法功能，同时负载着资源配置优化，增加社会产出，实现社会福利最大化的社会功能。为了平衡物的私用和公用的关系，必须对物权的传统效力范围进行一定程度的限制。但是，就采矿用地而言，对其物权限制是对该物权的交易进行限制还是对该物权的行使进行限制呢？

对此，目前理论界和实务界存在较大争议。我国农村土地法律问题专家王小映教授认为，农村集体土地进入建设用地市场，"必须进行交易许可管制，只有符合土地利用规划、用地手续齐全、用地性质合法、不存在权属争议的集体建设用地，并经政府部门交易许可后，方可进入用地市场"，[3] 即农村的土地资源的配置必须以土地规划和用途管制为主导，土地市场化配置必须以服从于政府的土地用途管制为前提；而我国矿业用地法律专家康纪田教授认为，矿业用地资源配置应以市场为主导，因为如果矿业用地交易受制于政府用途管制，则无异于政府参与甚至主导了农村土地流转，那么目前中央土地政策所倡导的发挥市场在土

---

① 徐晓松：《管制与法律的互动：经济法理论研究的起点和路径》，《政法论坛》2006 年第 5 期。

② 张翔：《财产权的社会义务》，《中国社会科学》2012 年第 9 期。

③ 王小映：《平等是首要原则——统一城乡建设用地市场的政策选择》，《中国土地》2009 年第 4 期。

地要素市场配置中的决定性作用将流于空洞。① 笔者赞同康纪田教授的观点。笔者认为，目前理论界之所以对此问题存在争议，其理论根源在于对物权社会性理解不同。物权社会性并非是物权的整体都要社会化，而应该对物权社会性进行解构。

根据"物权状态二元结构"理论，物权结构可以区分为静态的归属物权和动态的利用物权两部分。静态归属权和动态利用权并非两个独立的物权，而是同一个物权的两个层面，是物权内在结构的两种状态。② 我们谈论物权的绝对性和排他性不是指物权的整体状态，而应是从物权归属状态而言。由于物权归属解决的是物的排他性支配问题，反映的是在物的利用上人与物的支配关系，一般不涉及第三人或者社会公共利益，其他主体只需要负载消极的不干预的义务，因此，除非为了实现公共利益，并且要遵循特定法律程序，如对物权进行征收或者征用外，一般不涉及物权的社会化。而对于物权的动态利用属性而言，由于物的利用单纯依靠权利人对物的支配不可能实现其利益，还有赖于其他社会主体的默契配合与协助才可以实现，因此，其不可避免使其他物权人负载一个协助的义务。从这个意义上而言，物权不仅负载实现自身利益最大化的利己功能，而且还负载一个有助于其他物权实现的利他功能，此即权力行使的相互性或者社会性。物权的社会性是人类历史发展的产物，随着人类进入工业化阶段，物的利用的广度和深度大大加强，同一个物在同一时间可以被不同的主体进行利用，这也导致同一个物上可能负载多个物权。多个物权之间由于客体相互重叠或相互连接，其权利边界在实践中难以准确区分，导致权利行使不可避免会互相冲突。因此，物权社会化理论应运而生。

德国《基本法》第 14 条第 2 款规定"财产应履行义务。财产权的行使应有利于社会公共利益"即是该理论的典型立法体现。2007年我国的《物权法》也明确规定物权法立法功能是"明确物的归属，发挥物的效用"，即采用物的归属和效用二元区分模式。因此，物权的社会化仅仅是对物的利用行为而非归属关系进行限制。其限制包括

---

① 康纪田：《农村矿业用地用途管制探析》，《重庆工商大学学报》（社会科学版）2014年第 5 期。

② 黄永香：《财产权结构理论视域下的市场与政府》，《理论与改革》2012 年第 4 期。

通过私法对权利的限制，比如通过对相邻法律关系的规范来限制私人的物权，从而实现物的整体效用最大化；也包括通过公法方式对物的利用行为进行限制，其制度规范主要体现在土地管理法、环境保护法、城乡规划法、文物保护法等公法中，土地用途管制制度即是其中典型的制度。①

就土地利用而言，由于土地是社会最基本的生产资料，其利用关系较一般之物更为复杂，其权利关系也更为多样化，如果每个权利主体都根据自己的意愿恣意地利用自己土地，其结果必然是所有人的土地物权都无法实现。因此，为了发挥土地资源整体效用的最大化，现代国家普遍以公法的方式对土地利用进行干预，即通过赋予国家土地规划权和用地管制权的方式，限制私人的土地利用关系，从而更好地平衡私人利益与社会公共利益。土地用途管制作为政府公权力干预私人土地利用行为的一种特殊形式，其在权力内容上包括了对建设用地开发的管制和对土地转用的管制两部分，前者主要通过建设用地许可对土地利用的范围和强度（容积、密度等）进行开发强度的控制；而后者将土地规划用途区分为农用地、建设用地和未利用地，土地权利人如果改变土地用途必须取得国家主管部门的审批许可，其管制目标主要是保护耕地。

四　采矿用地用途管制的路径分析

通过前文论述，对采矿用地进行用途管制当无疑问，现在的问题是如何对采矿用地进行用途管制，其管制手段和方式应该是什么？探求采矿用地用途管制的法律路径才能把采矿用途管制落到实处。用途管制一般包括宏观的规划管制和微观的许可管制两种类型，因此，其具体路径也应从这两部分进行探讨。

（一）采矿用地用途管制的基本途径

根据管制对象的不同，我们可以把市场区分为要素市场和产业市场。要素市场解决的是资本、劳动、土地等生产资料配置的途径和方式问题。根据十八届三中全会精神，为了建立现代市场制度，在要素市场

① 吴胜利：《土地规划权与土地财产权关系研究》，博士学位论文，西南政法大学，2016年。

中应该发挥市场对资源配置的决定作用。土地作为重要的生产要素，理应通过市场价格信号的引导，通过市场竞争机制来进行配置，从而提高资源配置的效率。在要素市场资源配置过程中，政府的作用就是对于交易客体进行明确的产权界定，维护市场交易的秩序，并对交易结果予以法律的保护。

一般而言，产权界定得越清晰，市场配置效率就越高。在此，政府一般不能介入要素市场资源配置过程，否则容易导致价格机制失灵，市场配置机制扭曲。而对于产业市场问题，其解决的生产要素如何利用的问题。由于生产要素的利用会涉及他人的利益以及社会整体利益的实现，行政主管部门应从维护社会整体利益出发，对产业市场行为进行管制。产业市场的管制一般是通过产业市场准入、物的用途改变许可以及对于违法用途管制的处罚来实现。就采矿用地产业市场而言，十八届三中全体提出的"允许集体经营建设用地进入土地市场"，此处的建设用地不仅仅包括存量建设用地，也应包括增量建设用地。[①] 申言之，矿业企业获取集体建设用地既可以在一级土地市场通过出让方式获取，也可以在二级土地市场从原土地权利人以转让、出租或者出资入股的方式获得。但是，无论一级市场还是二级市场的土地取得，只要是增量建设用地的开发，都会涉及城乡规划的变更和建设用地指标的分配，其土地开发都会产生外部溢出效应，涉及国家能源供应以及粮食安全问题，国家必须对其土地供应进行用途管制，其具体途径就是矿业开发实行严格的市场准入制，只有获得行政主管部门的开发许可才可进行。

如果矿业开发发生在规划区内（城镇和乡村规划区），用地单位必须向城乡规划部门申请办理建设用地规划许可证或者乡村建设用地规划许可证[②]，取得规划许可证后才可以向土地部门申请用地审批手续；如果矿业用地需要利用集体土地，必须持有法律、行政法规规定的相关文件，向有批准权的土地管理部门申请办理用地许可，取得矿业用地许可证；如果矿业开发同时涉及占用耕地、林地或草地的，还必须分别向其

---

① 陆剑：《集体经营性建设用地入市的实证解析与立法回应》，《法商研究》2015 年第
3 期。
② 我国实践中对于乡村建设基本放任自留，只要不涉及基本农田的利用。

主管部门（农业部门、林业部门、草原部门）办理农地占用许可手续[1]。即通过矿业用地市场准入对矿业土地的利用进行限制和干预，而非对矿业土地市场交易过程进行限制，从而在实现土地市场自由的前提下，避免了土地利用的外部性，保障了社会管制目标的实现。

无论是用地规划许可还是土地利用许可，行政主管部门进行审批的法律依据都是国家土地用途规划。根据土地管理法的规定，国家根据国民经济发展需要编制一定期限内的土地利用总体规划，确定土地利用的时序和规模，对未来土地利用进行引导和控制，从而优化土地利用的空间布局。[2] 采矿用地土地利用规划涉及土地利用总体规划和矿产资源开发规划，是两个规划的结合点。在两个规划的编制、审批和执行过程中，应该协调好两个规划之间的关系，即把矿业资源开发规划中涉及的土地利用面积、地块布局落实到土地利用总体规划或者土地利用专项规划中，在土地利用总体规划中为矿业发展预留足够的矿业开发用地，[3] 同时根据矿业开发进度安排，将采矿用地列入土地利用年度计划中。但是，由于两个规划编制时间的不一致，以及矿产资源开发的不确定性等因素，实践中，矿产资源开发用地难以被落实到土地利用规划或者土地利用专项规划中，导致土地主管部门在审批采矿用地时，由于缺乏用地规划的依据而无法进行矿业用地的审批。换言之，正是国家土地利用总体规划执行的刚性和矿产资源开发的动态需求导致了目前采矿用地中深层次的矛盾。

（二）采矿用地用途管制的新方向：激励性管制工具

由于我国实行土地利用总体限额制度，矿业开发不仅受到土地用途规划限制，而且还应遵循矿业用地计划，即矿业用地审批必须取得建设

---

[1]　我国目前只有宏观管制的农地转用许可和占用林地、草地、水利用地许可制度，唯独缺少微观管制的耕地占用许可制度。我国《森林法》以及林业部《占用征用林地审核审批管理办法》要求占用林地要取得林业主管部门的《使用林地审核同意书》；《草原法》以及农业部《草原征占用审核审批管理办法》要求占用草原要取得草原行政主管部门的《使用草原审核意见书》；《水法》中对农田水利利用和养殖水面中也有类似要求。参见杨惠《用途管制制度研究》，博士学位论文，西南政法大学，2010年。

[2]　严金明：《关于土地利用规划本质、功能和战略导向的思考》，《中国土地科学》2012年第2期。

[3]　康纪田、刘卫常：《矿业用地用途管制的路径取向》，《上海国土资源》2015年第3期。

用地指标，从而实现国家对建设用地总量和节奏控制的目的。我国建设用地指标实行计划配置方式，即中央政府根据地方经济发展状况和国家产业布局，采取自上而下，层层分解的方式，逐级下达建设用地指标。土地使用权申请人只有获得了建设用地指标，才能申请地方政府征收农民集体土地，办理农地转用手续，进而把土地使用权出让用于非农开发。同时，土地申请人在获得建设用地使用权时，必须缴纳一笔不菲的土地出让金，因此，从一定意义上而言，建设用地指标也形成了当前地方政府财政的重要源泉。在我国当前工业化快速发展阶段，各地建设用地指标的供给相对于需求都是远远不足，尤其县乡作为基层地方政府，其所获得的建设用地指标更是处于供需紧张状态。而矿业开发大多发生在偏远农村地区，且占地面积庞大，地方政府从土地财政最大化出发，并无意愿将宝贵的建设用地指标配置给采矿用地，从而导致农村集体土地上采矿用地无法获取合法的用地手续。

在此，我国各地正在推行的城乡建设用地增减挂钩制度对于解决采矿用地建设用地指标不足问题是一个很好的制度工具。建设用地增减挂钩是指在符合土地利用总体规划的前提下，地方政府将若干"拆旧区"建设用地与"建新区"建设用地进行挂钩，将"拆旧区"的土地进行整理，为此将节约出来的建设用地指标平移到"建新区"进行土地开发，从而在建设用地总量保持不变的前提下，实现城乡建设用地的布局优化以及耕地资源保护的法律目标。具体到采矿用地而言，根据我国目前矿业用地试点地区的经验，采矿用地增减挂钩就是矿业企业把废弃的矿业用地复垦为耕地，经过地方政府部门的验收之后，颁发其建设用地指标权益证书，矿业企业凭借该权益证书可以向土地管理部门申请置换成等面积的新增矿业用地开发指标，换言之，其等面积的新增矿业用地不再受到新增建设用地指标约束，从而可以获得地方政府的用地审批。而地方政府通过这种存量建设用地的复垦，一方面，实现了其土地占补平衡义务；另一方面，新增耕地面积也可以向中央政府申请折抵部分新增建设用地指标。城乡建设用地增减挂钩作为一种私法与公法相结合的激励性管制工具，属于一种总量控制下许可证交易模式，代表着当今世界管制由传统的"命令—控制"模式转为"激励—引导"模式的发展趋势。2010年国务院颁布了《关于严格规范城乡建设用地增减挂钩试点切实做好农村土地整治工作的通知》，此后，一些地方政府在国家统一政策基础上结合当地经济发展的实际，对城乡建设用地增减挂钩进行了进一步的探索。可以说，正是由于城乡建设用地增减挂钩具有在保持农村耕地总量的动态平衡的制度优势，解决了建设用地开发的空间优化问题，其不失为我国今后采矿用地用途管制改革的一个发展方向。

　　激励管制模式在我国的另一种立法代表是重庆的"地票"交易制度。发端于成渝经济区的"地票"制度中的"地票"是指"包括农村宅基地及其附属设施用地、乡镇企业用地、农村公共设施和农村公益事业用地等农村集体建设用地，经过复垦并经土地管理部门严格验收后产生的指标"。① 可见，所谓的"地票"并非是土地使用权本身，也不是土地使用权的"证券化"，而是指建设用地指标的"证券化"。目前，学术界对"地票"的法律属性界定存在一定的争议，一种代表性观点认为"地票"属于民事权利，本质上是土地发展权②；另一种代表性观点认为"地票"并非是一种民事权利，而是一种通过行政规划而产生的公权力。笔者认为，"地票"并非简单的私权或者公权，而是一种公私法交叉领域的一种权利形态，兼具规划权和物权的特征，是一种复合性的地权衍生品。③ 尽管"地票"是基于行政权而产生的物权，但在市场经济条件下，"地票"作为一种生产要素，为实现其配置的效率，理应引入市场机制配置机制，换言之，"地票"的初始配置一般应更多考虑配置公平，需根据地区人口和国民经济发展需要通过行政权力来配置，但是由于信息不对称，行政配置往往配置失灵，建设用地指标配置并非完全符合国民经济用地的实际需求，因此，需引入市场配置机制对建设用地指标进行再配置，即"地票"交易。"地票"交易的市场化机制能在保证同一规划区内建设用地动态平衡的基础上，一方面有助于国家耕地保护目标的实现；另一方面也能够解决地方经济建设用地指标不足的问题。就采矿用地而言，我们可以借鉴"地票"制度的逻辑思路来解决建设用地指标不足的问题，即通过社会上专业复垦公司把农村集

---

① 参见 2008 年《重庆农村土地交易所管理暂行办法》。

② 崔之元：《重庆地票交易的本质是"开发权转移制"的创新》，《重庆时报》2011 年 2 月 10 日第 4 版。

③ 靳相木：《新增建设用地指令性配领管理的市场取向改进》，《中国土地科学》2009 年第 3 期。

体存量建设用地复垦为耕地，经过地方政府的验收后颁发其"地票"，即建设用地指标。复垦公司可以将该建设用地指标在公开土地市场进行交易，矿业企业作为土地利用指标需求方，在公开土地市场购买建设用地指标后，其等面积的采矿用地开发将不再受到建设用地指标的束缚，可以直接获得地方政府的用地审批。

"地票"制度是城乡建设用地增减挂钩制度的延伸探索，解决了在一个较大空间范围对建设用地指标的调剂使用问题，同时，"地票"制度也是对城乡建设用地增减挂钩制度的优化，"地票"制度通过市场交易机制克服了国家建设用地指标配置的政府失灵，其把建设用地指标视作可以为土地使用权人带来经济利益的法律财产，由于该"财产"对于每个市场主体的边际效用的差异，通过市场进行交易，可以使"财产"流入到边际效用较高的市场主体手中，从而带来社会整体效用的提升，促进了土地资源配置的优化。从市场交易范围而言，由于增减挂钩制度一般只适用于同一个规划区的建设用地指标调剂使用，而我国目前实践中"地票"则允许跨县进行交易，从而可以在更大空间范围内实现土地资源的优化配置，因此更具经济上的优势。① 另外，"地票"制度采取"先复垦、后交易"的模式，从而可以避免增减挂钩实践中的"减优增劣"现象，使耕地保护更具实效。但是，"地票"竞购方即使成功竞购"地票"，也并不当然地取得建设用地使用权。"地票"竞购方获得的仅仅是建设用地使用权的"资格"，要想实际取得建设用地使用权，还必须通过政府征收农民集体土地，再通过划拨或者出让的方式，或者根据新的中央政策直接从农村集体经济组织手中取得建设用地使用权。因此，"地票"交易成功后的"落地权"还要取决于政府部门的实际运作，"地票"竞购方并无实际的土地权利。同时，由于建设用地指标是因政府用途管制而产生的"财产"，期间寻租空间较大，为避免政府受到社会强势主体的"俘获"，对于用地指标的交易必须受到政府严格的监控与管制，从而更好地发挥其制度功效。

但是，无论是"增减挂钩"还是"地票交易"制度，最终还要解决所获取的建设用地指标如何落地的问题，换言之，如果获取的建设用

---

① 黄忠：《浅议地票的风险》，《中国土地》2009 年第 9 期。

地指标用于矿业开发的区域不符合用地规划，同样无法获得主管部门的用地审批。例如，矿业开发区域在用地规划中的土地利用类型属于基本农田，而我国现有法律禁止基本农田用于经济建设，从而导致获取的建设用地指标并无用武之地。在此，可以通过基本农田专项置换制度解决，① 即把矿业开发区域的基本农田区设置为待置换区域，而在其他土地类型区把土地改造成基本农田，并且在规划上变更为基本农田，二者进行等面积置换，从而实现基本农田的空间区域转移，这样，就可以在保障基本农田数量动态平衡的基础上实现采矿用地的落地问题。在我国采矿用地实践中，广西平果铝土即是按照此种模式进行运作，即通过土地利用总体规划五年一次的调整机会，② 将基本农田进行异地调整（异地调整可以是一个县域内调整，也可以是一个省域范围内），从而使采矿用地符合土地利用总体规划的要求。但是，受制于我国法律规定的基本农田占耕地面积最低限额的限制，如果一个规划区中采矿用地需求太大，地方政府土地利用规划基本农田专项置换的可行性就颇成疑问。

小　　结

土地用途管制是我国土地利用的基础性制度，对于我国粮食安全保障目标，实现土地资源的可持续性利用都具有重要的意义。根据党中央十七届三中全会和十八届三中全会精神，对于城市规划区外的土地，允许农民集体在符合土地规划和用途管制的前提下，通过多种方式参与开发经营，并保障农民利益。该土地政策大大突破了我国现有农村建设用地格局，为我国采矿用地直接利用集体土地开辟了广阔的用地空间和提供了强力的政策支撑。建立城乡统一的建设用地市场，必须以土地利用规划为依托，③ 强化用地市场的用途管制是我国当前城乡建设用地统一市场的前提与关键。矿业开发一般发生在于城市规划区外的农村集体土地上且占地面积较大，受制于土地用途规划的刚性和建设用地指标限制，从根源窒息了矿业开发合法获得土地审批的可能。因此，矿业用地

---

① 康纪田、刘卫常：《农村矿业用地用途管制探析》，《重庆工商大学学报》（社会科学版）2014 年第 5 期。

② 实践中每年都可进行调整。

③ 戴双兴：《农地入市要遵守利用规划和用途管制》，《中国社会科学报》2014 年 2 月 21 日第 3 版。

用途管制必须引入市场机制的理念和管制工具，让看得见的手和看不见的手相互结合，从而在避免矿业用地市场失灵情况下克服政府管制失灵。为此，我国应在各地"增减挂钩""地票"土地政策的基础上，探索其与矿业开发相结合的实现机制，从而在建设用地总量动态平衡的基础上，满足矿业开发合理的用地需求，最终在我国形成健康有序的城乡统一采矿用地市场。

第二节　采矿用地取得利益分配制度的完善

一　采矿用地取得利益分配制度完善的必要性

党的十八届三中全会通过的《关于全面深化改革若干重大问题的决定》提出："建立城乡统一的建设用地市场。在符合规划和用途管制的前提下，允许农村集体经营性建设用地出让、租赁、入股，实行与国有土地同等入市、同权同价。"同时还提出要"建立兼顾国家、集体、个人的土地增值收益分配机制，合理提高个人收益"。在市场经济体制下，开放集体矿业用地市场，允许采矿权人通过平等协商方式直接获取集体采矿土地，国家不再通过征收直接干预采矿用地的取得。在此情况下，通过土地的直接交易，农民必然能够获得了土地原用途的市场价值，而且还获得了土地用于矿业用途的增值收益。对于这部分增值价值，如何在国家、采矿权人以及原土地权人之间进行分配？处理好集体采矿用地入市所获得的增值收益对于促进城乡统一矿业用地市场的建设，进而实现集体土地与国有土地同等同权的政策目标具有重大的现实意义。

在原有的征收用地模式下，随着土地由农业用途转为工业用途，由于土地用途规划的改变，土地用于矿业用途所产生的社会价值要高于农业用途，其必然产生土地价值的增值，这部分土地增值实际上属于土地发展权的内容。在我国现有土地利用模式下，这部分价值增值通过征收环节实际上被收归国家所有。详而言之，在原有用地模式下，如果土地现状用途为农业用地，根据土地利用总体规划和矿产资源规划，该土地规划用途为矿业用地。国家作为矿产资源所有权人通过授予矿业权的方式，授予市场主体进行开发，市场主体开发矿产需要利用土地，如果土地属于集体所有，则须通过办理农地转用和土地征收模式。在此转用过程中，矿业权人要缴纳耕地占用税、耕地开垦费，地方政府也要向上级政府（省政府和国务院）缴纳新增建设用地使用费，这些政策性税费目的在于保障国家耕地保护政策目标的实现，属于宏观调节税。集体农地转为国有建设用地后，地方政府再通过出让的方式将土地使用权让渡给矿业权人使用，矿业权人通过缴纳土地出让金而取得采矿用地使用权，并通过土地的使用获取地下矿产资源，从而实现矿业权的经济价值。而地方政府根据征地补偿方案的标准，需要支付原集体土地权利人土地补偿费、土地安置费、青苗费等费用，使原土地权人的损失得以弥补，从而实现矿业用地上的利益公平。一般而言，地方政府获得的土地出让金在扣除新增建设用地使用费和农民集体土地补偿费后，还将会有一定的盈余。从经济属性而言，该部分盈余是土地开发权的对价，属于土地发展权的范畴。换言之，国家通过征收模式实现了土地发展权的国有化。因此，在原有的征收用地模式下，不仅省却了采矿权人与土地权人就用地达成协议，大大节约交易成本，而且也实现了土地发展权的国有化。因此，在一定意义上而言，土地征收实现了土地利用效率，而且也实现了土地收益公平分享的价值目标。但是，正如前文所论述的，矿业用地征收不符合矿业用地的自然属性，会导致土地利用效率的降低，而且征收也和我国当前逐步缩小土地征收范围的发展趋势相互背离，同时，按照原土地用地对农民集体进行补偿也容易激化社会矛盾，损害社会公平。目前，征地已经成为引发社会矛盾的焦点，农民因土地征占问题的上访占到全部上访量的2/3，严重影响社会安定和谐。[①] 因此，我国将来土地利用政策发展的总体趋势是对于包括矿业开采在内的经营性建设项目用地，如果发生在城市规划区外，将不再通过征收模式用地，而是赋予农民集体土地处置权，让农民分享社会经济发展的成果。换言之，在新的中央政策引导下，集体土地上采矿用地必然要通过直接入市的方式来解决。那么现在的问题是，采矿如果直接利用集体土地，农民将会通过出租、地役权等模式获得土地使用的经济价值，对于这部分经济价值，国家是否可以分享？如果可以分享，将采取何种制度模式分

---

① 戴双兴、李建建：《建立城乡统一的建设用地市场：前提、步骤及保障》，《中国特色社会主义研究》2014年第5期。

享？总之，采矿用地模式发生改变，原有的土地收益分享法律机制也必须加以改变，否则，将会由一种社会不公而转为另一种社会不公。

二 市场经济条件下采矿用地取得利益分配制度完善的路径

笔者认为，在新的用地模式下，土地收益分配应该采取"初次分配根据产权，再次分配根据税收"的分享模式。所谓"初次分配根据产权"是指农民集体根据土地利用规划和国家土地用途管制需求，将农业用地转换为建设用地，同样需要办理农地转用手续，但是不需要再办理土地征收手续。在此转用过程中，为保障国家耕地目标的实现，依然要通过税费方式进行宏观的调节。采矿权作为土地使用人要缴纳耕地占用税和耕地开垦费政策性税费，地方政府也要缴纳新增耕地建设用地使用费。农民通过出让、租赁或者地役权获得土地收益后，必须缴纳土地增值税费。其缴纳土地增值税费的理由在于，在我国现有土地利用模式下，土地所有权并非完全的所有权，而是一种受到国家用途管制下的不完全的土地所有权。农民集体仅仅只能对土地用途管制下的现有用途进行使用和收益，而对于土地转用途而导致的增值收益不能享有所有权，增值收益应该归属国家所有。其理由在于，这部分收益产生的原因不属于土地自然属性，跟土地自然状况、区位无关，而是一种基于国家用途管制而导致的建设用地稀缺性所引起的增值。这种稀缺性的增值，并非是国家对所有土地权人的一种普惠性收益，而是仅仅对规划为矿业用地区的收益，即是一种特别性的收益。如果这部分收益完全归属于地表权人享有，将导致没有被规划为矿区范围的人一种不公平，因此，从促进社会公平的角度看，在规划许可管制下，国家必须从社会管理人的角色，通过税收等手段对规划管制造成的土地财产价值增加或减损进行调节和平衡，防止一些财产权利人因为规划管制获得意外所得而另一些人遭受财产价值损失。[①] 最后把这部分税费收益通过一定的使用机制用于社会的用途，从而实现土地增值收益的社会公平分享，实现最终的社会公平。从我国用地实践角度看，尽管从全国层面看，我国至今没有出台统一的集体土地收益分配规定，但是，在我国很多集体土地利用改革试

---

① 王小映：《论农村集体经营性建设用地入市流转收益的分配》，《农村经济》2014 年第 10 期。

点地区，都对集体土地收益分配改革进行了探索，并出台了相应的管理办法对集体土地收益分享进行了规范。目前，我国大部分试点地区规定了政府可以分享集体土地入市土地收益①，当然，也有少部分地方规定，集体土地入市收益全部归集体经济组织享有。② 今后，我国应出台全国性法规，规定以土地增值税的方式分享集体土地入市收益。其具体收取的比例可以采用定额方式收取，③ 也可以"按照超率累进税率，对存量建设用地基准地价和出让总价款之间的差额，增量集体建设用地的区片综合地价和出让总价款之间的差额，征收土地增值收益金"。④

　　对于缴纳税费后的结余，必须在农民集体内部根据一定的原则进行分配。其中对于土地补偿费，要兼顾集体组织和农户个人利益的平衡⑤，要确保农民土地财产权益不能因此受损，当然，土地补偿费用也不能全部分配给农民个人，否则极容易导致农民暴富后返贫现象，严重威胁农村社会稳定。同时，对于扣除归公的土地收益和腾退补偿之后形成的集体经营性建设用地出让纯收益，集体组织应将其作为社会保障、公益事业基金⑥，其具体使用要根据我国现有《土地承包法》相关规定，保障农民参与权和处分权，如对集体土地收益的分配使用，必须经本集体经济组织村民会议 2/3 以上成员或者 2/3 以上村民代表的同意，并接受公众监督。⑦

---

　　① 如安徽、苏州、无锡等地区规定土地收益主要归集体土地所有者，市（县）区人民政府可以收取不超过 10% 的土地收益。

　　② 例如，《河北省集体经营性建设用地使用权流转管理办法（试行）》第十七条规定："集体经营性建设用地使用权出让、出租取得的土地收益属所有权人所有，其他单位和个人不得截留或者挪用。"

　　③ 《烟台市集体经营性建设用地使用权流转管理试行办法》第二十一条规定："土地使用者除向土地所有者支付土地补偿费外，应向市、县（市）人民政府缴纳土地流转收益，标准为 3—6 元/平方米，按市、县（市）、乡（镇）、村 1：2：5：2 比例分配。"

　　④ 王小映：《平等是首要原则》，《中国土地》2009 年第 4 期。

　　⑤ 如南京市《集体建设用地使用权流转管理办法》规定再次流转的土地增值收益中土地所有者分配额不得低于 50%，广东省《集体建设用地使用权流转管理办法》规定集体土地收益中 50% 以上用于本集体经济组织成员的社会保障。参见操小娟《中国统一城乡建设用地市场的法律路径》，《中国土地科学》2015 年第 5 期。

　　⑥ 《广东省集体建设用地使用权流转管理办法》第 25 条规定："集体土地所有者出让集体建设用地使用权所取得的土地收益纳入集体财产统一管理，其中 59% 以上应当存入银行专户，专款用于本集体经济组织成员的社会保障安排，不得挪作他用。"

　　⑦ 王小映：《论农村集体经营性建设用地入市流转收益的分配》，《农村经济》2014 年第 10 期。

参考文献

一 中文部分（著作类）

［1］江平主编：《中国矿业权法律制度研究》，中国政法大学出版社1999年版。

［2］崔建远：《土地上的权利群研究》，法律出版社2004年版。

［3］刘俊：《土地所有权国家独占研究》，法律出版社2008年版。

［4］刘俊：《中国土地法律理论研究》，法律出版社1996年版。

［5］李显冬：《中国矿业立法理论与实务》，中国政法大学出版社2015年版。

［6］孙英辉：《矿业用地管理制度改革与创新》，中国法制出版社2013年版。

［7］朱训主编：《中国矿业史》，地质出版社2010年版。

［8］崔建远：《准物权研究》，法律出版社2012年版。

［9］张鹤：《地役权研究：在法定和意定之间》，中国政法大学出版社2014年版。

［10］傅英：《矿产资源法修订理论研究与制度设计》，中国大地出版社2006年版。

［11］康纪田：《矿业法论》，中国法制出版社2011年版。

［12］黄锡生：《自然资源物权法律制度研究》，重庆大学出版社2012年版。

［13］高圣平：《中国土地法制的现代化》，法律出版社2015年版。

［14］杨惠：《土地用途管制法律制度研究》，法律出版社2010年版。

［15］许明月、邵永昌：《土地利用与土地用益法律制度》，重庆大

学出版社 2005 年版。

［16］董彪：《财产权利保障与土地权利限制》，社会科学文献出版社 2013 年版。

［17］付坚强：《土地空间权制度研究》，东南大学出版社 2014 年版。

［18］孟勤国：《物权二元结构论》，人民法院出版社 2009 年版。

［19］李宴：《农村土地市场化法律制度研究》，中国法制出版社 2012 年版。

［20］史尚宽：《物权法论》，中国政法大学出版社 2000 年版。

［21］陈洪：《不动产物权冲突研究》，中国法制出版社 2013 年版。

［22］朱冰：《公用物法律问题研究》，上海人民出版社 2010 年版。

［23］傅英：《中国矿业法制史》，中国大地出版社 2001 年版。

［24］曹燮明主编：《采矿手册》，冶金工业出版社 2005 年版。

［25］金平主编：《民法学教程》，中国社会科学出版社 1999 年版。

［26］史尚宽：《物权法论》，中国政法大学出版社 2000 年版。

［27］江平主编：《民法教程》，中国政法大学出版社 1986 年版。

［28］李显冬主编：《中国矿业立法研究》，中国人民公安大学出版社 2006 年版。

［29］汪军民：《土地权利配置论》，中国社会科学出版社 2008 年版。

［30］陈明灿：《财产权保障：土地使用限制与损失补偿》，翰芦图书出版有限公司 2010 年版。

［31］陆剑：《中国农地使用权流转法律制度研究》，中国政法大学出版社 2014 年版。

［32］郑冲、贾红梅译：《德国民法典》，法律出版社 1999 年版。

［33］谢在全：《民法物权论》（上册），中国政法大学出版社 1992 年版。

［34］高富平：《土地使用权和用益物权：我国不动产物权体系研究》，法律出版社 2001 年版。

［35］吕文生、杨鹏编：《矿产资源法基础》，化学工业出版社 2009 年版。

［36］刘承韪：《产权与政治：中国农村土地制度变迁研究》，法律出版社 2012 年版。

［37］操小娟：《土地利用中利益平衡的法律问题研究》，人民出版社 2006 年版。

［38］王利明：《国家所有权研究》，中国人民大学出版社 1991 年版。

［39］梁慧星主编：《中国物权法研究》，法律出版社 1998 年版。

［40］李昌麒主编：《经济法学》，中国政法大学出版社 2007 年版。

［41］蒋文军：《矿业权行政管理实务——矿业律师的实务经验与视角》，法律出版社 2012 年版。

［42］国土资源部地质勘查司：《各国矿业法选编》，中国大地出版社 2005 年版。

［43］李显冬主编：《矿业权法律实务问题及应对策略》，中国法制出版社 2012 年版。

［44］陈华彬：《物权法原理》，国家行政学院出版社 1998 年版。

［45］曹克奇：《农村集体建设用地流转法律问题研究》，法律出版社 2012 年版。

［46］容志：《土地调控中的中央与地方博弈——政策变迁的制度经济学分析》，中国社会科学出版社 2010 年版。

［47］王卫国：《中国土地权利研究》，中国政法大学出版社 1997 年版。

［48］孙宪忠：《德国当代物权法》，法律出版社 1997 年版。

［49］林森田：《土地经济理论与分析》，三民书局 1996 年版。

［50］苏永钦：《走入新世纪的私法自治》，中国政法大学出版社 2002 年版。

［51］李昌麒：《经济法：国家干预经济的基本法律形式》，四川人民出版社 1999 年版。

［52］罗结珍译：《法国民法典》，中国法制出版社 2000 年版。

［53］王智斌：《行政特许的私法分析》，北京大学出版社 2008 年版。

［54］温丰文：《现代社会与土地所有权理论的发展》，五南图书出

版公司 1984 年版。

[55] 吕忠梅:《规范政府之法——政府行为的法律规制》,法律出版社 2001 年版。

[56] 黄茂荣:《法学方法与现代民法》,法律出版社 2006 年版。

[57] 刘平辉:《土地利用分类与城乡发展规划》,中国大地出版社 2005 年版。

[58] 殷章甫:《中外土地法制之比较研究》,中国台湾地区"行政院"经济建设委员会健全经社法规工作小组 1989 年版。

[59] 应飞虎:《信息失灵的制度克服研究》,法律出版社 2004 年版。

[60] 杨建顺:《日本行政法通论》,中国法制出版社 1998 年版。

[61] 丁关良:《农村土地承包经营权流转制度立法研究》,中国农业出版社 2009 年版。

[62] 扬重光、吴次芳:《中国土地使用制度改革 10 年》,中国大地出版社 1996 年版。

[63] 贺雪峰:《地权变革的真相与谬误》,东方出版社 2013 年版。

[64] 杨松龄:《实用土地法精义》,五南图书出版股份有限公司 2006 年版。

[65] 刘国臻:《论我国土地利用管理制度改革》,人民法院出版社 2005 年版。

[66] 黄小虎主编:《新时期中国土地管理研究》,当代中国出版社 2006 年版。

[67] 曹建海:《中国城市土地高效利用》,经济管理出版社 1998 年版。

[68] 郑诗华:《中国台湾及日本农地政策与管理制度之比较》,丰年出版社 1991 年版。

[69] 李集合:《土地征收征用法律制度研究》,中国政法大学出版社 2008 年版。

[70] 孙弘:《中国土地发展权研究:土地开发与资源保护的新视角》,中国人民大学出版社 2004 年版。

[71] 王文宇:《民商法理论与经济分析》,中国政法大学出版社

2002 年版。

［72］陈江龙、陈会广：《经济发展与中国土地非农化》，商务印书馆 2007 年版。

［73］贺雪峰：《地权的逻辑——中国农村土地制度向何处去》，中国政法大学出版社 2010 年版。

［74］姜贵善译：《日本的国土利用及土地征用法律精选》，地质出版社 2000 年版。

［75］杜念峰：《党的十八大文件汇编（汇编本）》，党建读物出版社 2012 年版。

［76］潘嘉玮：《城市化进程中土地征收法律问题研究》，人民出版社 2009 年版。

［77］王书江译：《日本民法典》，中国法制出版社 2005 年版。

［78］苏永钦：《民事立法与公私法的接轨》，北京大学出版社 2005 年版。

［79］贾引狮、宋志国：《环境资源法学的法经济学研究》，知识产权出版社 2008 年版。

［80］张慧芳：《土地征用问题研究——基于效率与公平框架下的解释与制度设计》，经济科学出版社 2005 年版。

［81］陈舜：《权利及其维护：一种交易成本观点》，中国政法大学出版社 1999 年版。

［82］蒋省三、刘守英：《中国土地政策改革：政策演进与地方实施》，上海三联出版社 2010 年版。

［83］梁慧星、陈华彬：《物权法》，法律出版社 2007 年版。

［84］［美］雷利·巴洛维：《土地资源经济学》，谷树忠译，北京农业大学出版社 1989 年版。

［85］［美］詹森：《所有权控制权与激励》，三联书店 1998 年版。

［86］［希］柏拉图：《理想国》，郭斌和、张竹明译，商务印书馆 1986 年版。

［87］［希］亚里士多德：《亚里士多德全集（第 9 卷）》，中国人民大学出版社 1994 年版。

［88］［美］约翰·罗尔斯：《正义论》，何怀宏译，中国社会科学

出版社 1988 年版。

[89] [美] R. 科斯:《财产权利与制度变迁——产权学派与新制度学派译文集》,上海人民出版社 1994 年版。

[90] [美] 道格拉斯·C. 诺思:《制度变迁与经济绩效》,刘守英译,上海三联书店 1994 年版。

[91] [美] 保罗·萨缪尔森:《经济学(第 16 版)》,萧琛等译,华夏出版社 1999 年版。

[92] [日] 我妻荣、丰岛升:《矿业法》,有斐阁出版社 1958 年版。

[93] [英] 洛克:《政府论(下篇)》,叶启芳、瞿菊农译,商务印书馆 1996 年版。

[94] [德] 卡尔·拉伦茨:《德国民法通论》(上册),法律出版社 2004 年版。

[95] [德] 鲍尔、施蒂尔纳:《德国物权法》,张双根译,法律出版社 2004 年版。

[96] [美] 科斯等:《财产权利与制度变迁》,上海三联书店 1991 年版。

[97] [美] 道格拉斯·C. 诺思:《经济史中的结构与变迁》,陈郁译,上海三联书店 1991 年版。

[98] [美] 阿瑟·奥肯:《平等与效率》,华夏出版社 1987 年版。

[99] [荷] 何·皮特:《谁是中国土地的拥有者——制度变迁、产权和社会冲突》,林韵然译,社会科学文献出版社 2008 年版。

[100] [美] 凯斯·R. 桑斯坦:《权利革命之后:重塑规制国》,钟瑞华译,中国人民大学出版社 2008 年版。

[101] [美] 斯蒂格利茨:《政府为什么干预经济》,郑秉文译,中国物资出版社 1998 年版。

[102] [美] E. 博登海默:《法理学:法律哲学与法律方法》,邓正来译,中国政法大学出版社 1999 年版。

[103] [德] 卡尔·拉伦茨:《法学方法论》,陈爱娥译,商务印书馆 2004 年版。

二　中文部分（论文类）

［1］严金明等：《关于土地利用规划本质、功能和战略导向的思考》，《中国土地科学》2012 年第 2 期。

［2］康纪田、刘卫红：《探索多元的农村矿业用地方式》，《华中农业大学学报》2015 年第 1 期。

［3］李锴：《矿业用地使用权取得方式的改革》，《湖南社会科学》2011 年第 3 期。

［4］许坚：《矿业用地征用取得引起的问题及对策》，《资源经济》2003 年第 12 期。

［5］李卫华：《关于对国有企业划拨土地授权经营模式的分析》，《经营管者》2015 年第 10 期。

［6］康纪田：《现代矿业地役权制度探析》，《北方法学》2016 年第 3 期。

［7］刘广栋：《1949 年以来中国农村土地制度变迁的理论和实践》，《中国农村观察》2007 年第 2 期。

［8］钱忠好：《中国土地市场化改革——制度变迁及其特征分析》，《农业经济问题》2013 年第 5 期。

［9］彭俊：《中国公立高校校生纠纷研究》，博士学位论文，华中师范大学，2011 年。

［10］党新朋：《地与矿的恩恩怨怨——对当前矿业用地管理的思考》，《中国土地》2010 年第 10 期。

［11］孙英辉、肖攀：《完善矿业用地使用权的法律设置》，《理论月刊》2011 年第 6 期。

［12］姜升：《煤矿区用地规划研究》，博士学位论文，中国矿业大学（北京），2009 年。

［13］周伟、白中科：《我国矿业用地现状及其节约集约利用途径》，《资源与产业》2012 年第 8 期。

［14］洪远朋：《改革开放三十年来我国社会利益关系的十大变化》，《马克思主义研究》2008 年第 9 期。

［15］杨寿庭：《土地征收法律制度研究——基于利益平衡的理论

分析与制度构建》，博士学位论文，西南政法大学，2010 年。

[16] 郭洁：《矿业权民事立法浅论》，《法学研究》2002 年第
5 期。

[17] 刘守英：《中国城乡二元土地制度的特征、问题与改革》，
《国际经济评论》2014 年第 3 期。

[18] 刘燕鹏、陈念平：《中国资源、产业、市场与跨国公司及基
本对策》，《中国经济评论》2007 年第 2 期。

[19] 马秀鹏：《中国农村集体建设用地流转法律制度创新研究》，
博士学位论文，南京农业大学，2008 年。

[20] 梅东海：《社会转型期的中国农民土地意识——浙、鄂、渝
三地调查报告》，《中国农村观察》2007 年第 1 期。

[21] 梅东海：《社会转型期的中国农民土地维权研究》，博士学位
论文，中国社科院，2008 年。

[22] 孙英辉、肖攀：《完善矿业用地使用权的法律设置》，《理论
月刊》2011 年第 6 期。

[23] 李建功：《创新矿业用地机制、拓展跨越发展空间》，《国土
资源通讯》2011 年第 19 期。

[24] 康纪田、刘卫常：《矿业用地用途管制的路径取向》，《上海
国土资源》2015 年第 3 期。

[25] 钱忠好：《中国土地市场化改革——制度变迁及其特征》，
《农业经济问题》2013 年第 5 期。

[26] 王小映：《我国企业制度演变中的城市土地制度变迁分析》，
《中国经济史研究》2000 年第 3 期。

[27] 王淑华：《城乡建设用地流转法律制度研究》，博士学位论
文，复旦大学，2011 年。

[28] 陈鹏、孙涌：《农村信用社改革模式选择：贵州证据》，《改
革》2006 年第 9 期。

[29] 高圣平、刘守英：《集体建设用地进入市场：现实与法律困
境》，《管理世界》2007 年第 3 期。

[30] 康纪田、刘卫常：《农村矿业用地用途管制探析》，《重庆工
商大学学报》2015 年第 5 期。

［31］王永红：《以租代征，此风不可长——访国土资源部耕地保护司司长潘明才》，《国土资源》2007 年第 10 期。

［32］王清华：《澳大利亚矿业权授予和转让制度及对我国相关立法的借鉴意义》，《河北法学》2011 年第 6 期。

［33］康纪田、黄永香：《矿业用地的临时性向常规性过渡》，《内蒙古社会科学》2014 年第 6 期。

［34］唐恒：《我国矿山生态环境与保护现状》，《内蒙古环境保护》2006 年第 3 期。

［35］黄忠：《浅议地票的风险》，《中国土地》2009 年第 9 期。

［36］康纪田：《矿业地役权合同理论及其适用》，《天津法学》2015 年第 1 期。

［37］康纪田：《现代矿业地役权制度探析》，《北方法学》2016 年第 3 期。

［38］张鹤：《采矿用地使用权的取得》，《昆明理工大学学报》2009 年第 11 期。

［39］李显冬：《从"重归属"到"重利用——30 年土地法律制度的巨大变革》，《中国土地》2008 年第 12 期。

［40］许坚、钟京涛：《矿业用地征用取得引起的问题及对策》，《资源经济》2003 年第 12 期。

［41］梁启学：《土地年租制若干问题剖析》，《农村经济》2008 年第 7 期。

［42］徐阳：《浅析澳大利亚矿业法律制度》，《理论界》2010 年第 11 期。

［43］耿卓：《我国地役权现代发展的体系解读》，《中国法学》2013 年第 3 期。

［44］王海明：《平等问题的哲学思考》，《法律科学》2006 年第 4 期。

［45］谌洪果：《法律实证主义的功利主义自由观：从边沁到哈特》，《法律科学》2006 年第 4 期。

［46］袁华江：《采矿用地之契约式供给——以采矿通行权的分析为视角》，《海峡法学》2012 年第 9 期。

［47］付坚强：《论土地空间权产生的现实动因和法理基础》，《江淮论坛》2013 年第 1 期。

［48］张翔：《财产权的社会义务》，《中国社会科学》2012 年第 9 期。

［49］黄胜开：《矿业用地价值目标的检讨与重构》，《理论月刊》2016 年第 9 期。

［50］刘玉：《国有企业改制与土地使用权》，《学问馆》2012 年第 1 期。

［51］钟京涛：《国企改革中土地资产作价出资处置政策评析》，《上海土地》2001 年第 3 期。

［52］雷爱先：《关于国有土地使用权授权经营问题的探讨》，《中国土地科学》2001 年第 1 期。

［53］李帅、白中科：《山西省露天采矿用地方式改革研究》，《中国土地科学》2013 年第 5 期。

［54］赵淑芹、刘树明：《我国矿业用地退出机制研究》，《中国矿业》2011 年第 10 期。

［55］任群芳：《关于石油开采业用地政策的调查与建议》，《当代石油石化》2012 年第 7 期。

［56］李乐、薛剑：《我国临时用地管理与土地征用存在的问题与分析》，《中国国土资源经济》2015 年第 11 期。

［57］李倩：《广西平果铝：采矿用地方式破茧》，《中国土地》2012 年第 6 期。

［58］曹光明：《浅谈我国煤炭资源赋存特点和开采技术现状》，《综采放顶煤技术理论与实践的创新发展——综放开采 30 周年科技论文集》2012 年 10 月。

［59］史际春、李青山：《论经济法的理念》，《华东政法学院学报》2003 年第 2 期。

［60］周其仁：《农地产权与征地制度——中国城市化面临的重大选择》，《经济学》2004 年第 1 期。

［61］王静：《美国土地征收程序研究》，《公法研究》2011 年第 2 期。

[62] 张忠利：《论庞德的社会学法学思想》，《吉林大学学报》2000年第5期。

[63] 麻宝斌：《关于公平与效率关系的政治学分析》，《中共宁波市委党校学报》2003年第3期。

[64] 强世功：《法理学视野中的公平与效率》，《中国法学》1994年第4期。

[65] 倪盟蛟：《对改革开放以来我国处理效率与公平关系问题的回顾与思考》，《武汉学刊》2009年第4期。

[66] 戚桂锋：《公平与效率关系的历史考察与展望》，《兰州大学学报》2009年第5期。

[67] 郑风田、吴涛：《城市化进程中如何确保失地农民利益》，《人民论坛》2011年第23期。

[68] 陈小君：《农村集体土地征收的法理反思与制度重构》，《中国法学》2012年第2期。

[69] 乔新生：《集体建设用地流转的法律问题——对〈广东省集体建设用地使用权流转管理办法〉的解析及其启示》，《中国土地》2005年第10期。

[70] 殷盈：《我国改革开放以来效率与公平关系：演变与展望》，《世纪桥》2014年第8期。

[71] 陈树文：《平等与效率：论阿瑟·奥肯的抉择理论及其现实意义》，《马克思主义与现实》2008年2月。

[72] 崔建远、晓坤：《矿业权立法研究》，《法学研究》1998年第4期。

[73] 李国际：《对我国土地征收与安置补偿的思考》，《贵州大学学报》2009年6月。

[74] 张雷：《论我国地征收制度的完善》，硕士学位论文，湘潭大学，2005年。

[75] 张合林、郝寿义：《城乡统一土地市场制度创新及政策建议》，《中国软科学》2007年第2期。

[76] 茆荣华：《我国农村集体土地流转制度研究》，博士学位论文，华东政法大学，2009年。

［77］张建东、高建奕：《西方政府失灵理论综述》，《云南行政学院学报》2006 年第 5 期。

［78］张文显：《权利本位之语义和意义分析——兼论社会主义法是新型的权利本位法》，《中国法学》1990 年第 4 期。

［79］童之伟：《权利本位说再评议》，《中国法学》2000 年第 6 期。

［80］李双元：《法律理念及其现代化取向》，《湖南省政法管理干部学院学报》1999 年第 1 期。

［81］吕世伦、张学超：《以人为本与社会主义法治——一种法哲学上的阐释》，《法制与社会发展》2005 年第 1 期。

［82］邸振龙：《现代警务理论创新——从权力本位回归权利本位》，《净学月刊》2013 年第 6 期。

［83］李龙、龙晟：《论人本法律观的基本理念》，《社会科学战线》2005 年第 6 期。

［84］温世扬：《集体经营性建设用地同等入市的法制革新》，《中国法学》2015 年第 4 期。

［85］钱忠好：《中国农村土地市场改革、制度变迁及其特征》，《农业经济问题》2013 年第 5 期。

［86］张鹤：《采矿用地使用权的取得——以地役权解采矿用地之结》，《昆明理工大学学报》（社会科学版）2009 年第 11 期。

［87］刘守英：《农村土地法律制度改革再出发——聚焦〈中共中央关于全面深化改革若干重大问题的决定〉》，《法商研究》2014 年第 2 期。

［88］康纪田：《对农村矿业用地首选租赁制的质疑》，《中国煤炭》2009 年第 11 期。

［89］高海：《农地入股合作社的嬗变及其启示》，《华北电力大学学报》（社会科学版）2013 年第 2 期。

［90］周晓东：《土地入股合作社有关问题探讨》，《农村经营管理》2012 年第 8 期。

［91］康纪田、黄永香：《农村矿业用地遴选股份合作的制度创新》，《学术论坛》2009 年第 10 期。

［92］高海：《农地入股合作社的组织属性与立法模式》，《南京农业大学学报》（社会科学版）2014 年第 1 期。

［93］温世扬：《土地承包经营权入股农民专业合作社法律问题探析》，《甘肃政法学院学报》2014 年第 3 期。

［94］杨劲：《农村集体资产产权改革的探索与深化》，《现代乡镇》2008 年第 4 期。

［95］王廷惠：《外部性与和谐社会的制度基础——兼论政府角色定位》，《广东经济管理学院学报》2006 年第 1 期。

［96］胡元聪：《法与经济学视野中的外部性及其解决方法分析》，《现代法学》2007 年第 6 期。

［97］罗垚：《科斯与威廉姆森的交易费用理论的比较分析》，《中国市场》2012 年第 36 期。

［98］汪进元：《程序控权论》，《法学评论》2004 年第 4 期。

［99］汪新胜、汪进元：《公益性建设用地与经营性建设用地的界分及其法律化》，《江汉大学学报》2011 年第 1 期。

［100］卞宏波：《我国公益用地市场取得方式法律制度研究》，博士学位论文，辽宁大学，2015 年。

［101］沈开举：《论征收征用权》，《理论月刊》2009 年第 2 期。

［102］杨忠蝴：《中英土地征收制度比较研究》，《品牌》2013 年第 5 期。

［103］欧海若、吴次芳：《韩国的土地征收制度及其借鉴》，《国土经济》1999 年第 4 期。

［104］胡锦光、王锴：《论我国宪法中公共利益的界定》，《中国法学》2005 年第 1 期。

［105］朱红英：《土地征收补偿范围国际比较》，《学界》2008 年第 9 期。

［106］许迎春、文贯中：《中关农地征收补偿制度比较研究》，《西北农林科技大学学报》（社会科学版）2013 年第 5 期。

［107］任群芳：《关于石油开采业用地政策的调查与建议》，《当代石油石化》2012 年第 7 期。

［108］康纪田：《现代矿业地役权制度探析》，《北方法学》2016

年第 3 期。

［109］张红霄、杨萍：《公共地役权在森林生态公益与私益均衡中的应用与规范》，《农村经济》2012 年第 1 期。

［110］耿卓：《我国地役权现代发展的体系解读》，《中国法学》2013 年第 3 期。

［111］胡鸿高：《论公共利益的法律界定》，《中国法学》2008 年第 4 期。

［112］郭洁：《土地用途管制模式的立法转变》，《法学研究》2013 年第 2 期。

［113］黄永香：《财产权结构理论视域下的市场与政府》，《理论与改革》2012 年第 4 期。

［114］徐晓松：《管制与法律的互动：经济法理论研究的起点和路径》，《政法论坛》2006 年第 5 期。

［115］张翔：《财产权的社会义务》，《中国社会科学》2012 年第 9 期。

［116］吴胜利：《土地规划权与土地财产权关系研究》，博士学位论文，西南政法大学，2016 年。

［117］陆剑：《集体经营性建设用地入市的实证解析与立法回应》，《法商研究》2015 年第 3 期。

［118］康纪田、刘卫常：《矿业用地用途管制的路径取向》，《上海国土资源》2015 年第 3 期。

［119］陈柏峰：《土地发展权的理论基础与制度前景》，《法学研究》2012 年第 4 期。

［120］李尚杰：《对工业用地管理的几点建议》，《国土资源情报》2011 年第 5 期。

［121］郑美珍：《灵活供地明确退出——解决采矿用地两头难问题》，《国土资源情报》2011 年第 8 期。

［122］李平：《矿业用地专章入法呼声再起》，《中国矿业报》2014 年 6 月 26 日第 4 版。

［123］裘燕燕、李晓妹：《国外矿业用地制度面面观》，《中国国土资源报》2005 年 3 月 3 日第 5 版。

［124］郑美珍：《改革矿山用地管理制度的探索与实践》，《中国国土资源报》2013 年 6 月 13 日第 3 版。

［125］雷爱先：《国有土地配置制度变迁》，《中国国土资源报理论导刊》2005 年 4 月 11 日第 5 版。

［126］戴双兴：《农地入市要遵守利用规划和用途管制》，《中国社会科学报》2014 年 2 月 21 日第 4 版。

三　外文类

［1］Green and Henderson, Land Law, London: Sweet& Maxwell, 1988.

［2］Andrew Dana and Michael Ramsey, Conservation Easements and the Common Law, New York: Stan. Envtl. L. J., 1989.

［3］T. S. Jayne, "Land Constraints in Kenya's Densely Populated Rural Areas: Implications for Food Policy and Institutional Reform", *Food Security*, vol. 4, no. 3, April 2013.

［4］Gavin Hilson, "An Overview of Land Use Conflicts in Mining Communities", *Land Use Policy*, Vol. 19, No. 5, Sep. 2002.

［5］Jayakumar Muthuramalingam, "Effective Resource Management in Construction Industries for Success", *Mondern Applied Science*, Vol. 2, No. 6, March 2009.

［6］William B. Stoebuck, "A General Theory of Eminent Domain", *WASH. L. REV*, Vol. 47, No. 4, May1993.

［7］William J. Stull, "Land Use and Zoning in an Urban Economy", *The American Economic Review*, Vol. 64, No. 3, July 1994.

［8］Desloges, Gauthier, "Land Conflict: Concepts and Classification", *International Journal of Conflict management*, Vol. 16, No. 12, April 2005.

［9］Humphreys D, "Sustainable Development: Can the Nuning Induscry Afford", *Resource B Policy*, Vol. 6, No. 27, June 2001.

［10］Natural Resource Canada. Background Paper on Land Access, Protected Areas and Sustainable Devcloprnem［R］. 1998.

［11］Kansas, Senate Bill 323, Signed into law on May 18, 2006.

[12] The Trust for Public Land, San Francisco, California, USA, 2005.

[13] Tario Bakheit, Mining and Land Accessed Access Issues in South African Mineral Laws, In: http: //www. Dundee. ac. uk/cepmlp/car/html/ CAR9_ ARTICLE22. pdf.

致　谢

　　本书稿是在我博士学位论文基础上补充、修订而成的。三年前，当我选择以矿业用地作为博士论文选题时，就注定博士论文写作期间的忙碌与不堪。矿业用地取得制度并非单纯的自然资源法内容，而是牵涉大量的民法、经济法以及行政法内容。同时，在建构矿业用地具体制度时，必须要考虑矿业用地的配置效率问题，需要运用法经济学的交易成本、外部性等理论，因此，也涉及大量制度经济学知识。为此，在后三年的博士论文写作期间，我不是忙于在资料堆中收集整理资料，就是在采矿用地实务部门考察与调研。不知经历多少个不眠之夜，文章终于成型并付诸出版，自己深感欣慰。毕竟能将自己的所思所想公开发表，以求教于学界同人，是一个学者的最高理想。当然，本书很多观点仍不太成熟，很多论据也有待进一步考证，学海无涯，我将一直求索。

　　本书出版首先要感谢我的博士生导师刘俊教授。十几年前，当我考入了西南政法大学法律硕士研究生时，就追随在刘老师门下求学。四年前，我又重新回到刘老师门下，从事自然资源法学的研究。多年来，刘老师在学术领域一直对我谆谆教诲与辛苦培养。博士论文写作期间，刘老师从论文选题、篇章结构以及论文内容，都一一为我把关指点。博士论文拟出版后，刘老师还为本书作了序言，为此倾注了刘老师大量心血与努力，令我深深地感动！同时，刘老师严谨求实的治学风范，渊博的学识造诣、无微不至地关心学生都是我学习的楷模。

　　感谢西南政法大学徐以祥教授、张志辽教授、赵爽副教授、张辉副教授等，在我四年求学生涯中，老师们给予我大量学术上的帮助与指引。感谢吕惠琴、郑若瀚、吴健勇等同学，感谢你们在四年期间给予我的支持与协助。

　　感谢我的爱人余燕女士，在我漫长的求学生涯期间，承担了家庭所有的家务与琐事，并对我生活和工作给予了大量的帮助，让我能够心无旁骛地完成博士论文。同时感谢我的父母给予我的鼓励，您的支持是我学习最大的动力。

　　最后，文章出版也要感谢中国社会科学出版社的各位编辑老师，任明等编辑老师为此书的编辑整理付出了大量的辛苦劳动，在此一并感谢。